KB057061

# Growing Up

LG생활건강 **멈춤 없는 성장의 원리**

# 그로잉업

—————————— 홍성태 지음 ——————————

북스톤

# 무엇이 성장을 가능하게 하는가?

경영자와 마케터들이 가장 좋아하는 선은 그래프의 성장곡선이라는 말이 있다. 기업의 지속적인 성장은 누구나 바라는 바이지만 말처럼 쉽지 않다. 실제 어느 정도 성장했다가 조금 하락세를 보인 후 다시 올라가는 회사들은 많아도, LG생활건강(이하, 엘지생건)처럼 최대 실적을 경신하며 꾸준히 성장해온 회사는 동서양을 막론하고 찾아보기 힘들다. 기울기 차이는 있을지언정 엘지생건의 성장 그래프는 마이너스 없이 계속 플러스 행진을 이어왔다. 그것이 차석용 부회장 부임 이후 일관되게 나타난 결과이기에, 그가 만들어낸 반전의 원동력을 더욱 궁금해하게 된다.

운 좋게 2007년부터 6년간 엘지생건의 사외이사를 하며 성장을 지켜볼 기회가 있었다. 이사회가 있을 때마다 기록적인 성과를 보여주니 더할 나위 없이 좋았으나, 경영학자의 눈으로 봐도 그런 성과를 가능케 한 그 '한 방'을 찾을 수 없었다.

기어코는 차석용 사장에게 단도직입적으로 물어보았다.

"회사가 참 잘되는데, 어떻게 해서 이렇게 잘하시는지 안 보이네요."

그랬더니 웃으면서 "많은 분들이 궁금해하세요"라고 했다. 그러면 뭐라고 대답하냐고 물었더니 "저희는 강편치나 KO편치가 없어요. 그러니까 멋있는 광고, 히트, 화제가 되는 건 없고 오히려 잽으로 경영해요"라는 것이었다.

"그 잽이 뭔데요?"

"그건 저도 몰라요. 하하."

그 잽이란 게 뭘까?

본인도 모른다는 그 잽을 파악해내 대한민국 경영계의 발전을 도모하고자 책을 쓰고 싶어졌다. 그래서 몇 번의 인터뷰를 하자고 했더니, 그럴 만한 내용이 없다며 한사코 망설이셨다.

## 1.

KO편치를 날리면 폼은 난다. 하지만 움직임에 낭비가 심하고 리스크도 크다. 차 부회장은 잽을 날리듯이 빠르게 치고 빠지는 경영을 위한 체질개선에 주력한다.

그가 말하는 체질개선이란 게 거창한 것도 아니다. 쓸데없는 회의를 하지 말자, 보고서는 한 페이지로 하자, 구두口頭로 보고할 수 있으면 한 장도 필요 없이 구두로 하자, 우르르 모여서 하는 워크숍도 필요 없다, 그런 거 하지 말고 각자 일에 몰두할 수 있도록 하자는 것이다. 정리하자면 '정해진 시간에 열심히 일하고 퇴근하자'쯤 될까. 쓸데없이 남아서 잔업하지 말고 정해진 시간에 집중적으로 할 일을 다 하자는 이야기다.

체질개선은 어느 회사나 다 하고 싶어 하고, 실제로 추진도 많이 한다. 그런데 옆에서 보고 있으면 조금 하는 듯하다 흐지부지되기 일쑤다. 하지만 엘지생건은 지독하리만치 꾸준하게 했다. 실제로 차 부회장 자신도 오후 4시에는 칼같이 퇴근한다. 오전 6시에 출근해 각종 서류를 검토하고, 8시에 부회장실 문을 열며, 오후 4시에 퇴근하는 루틴을 지금껏 지켜오고 있다.

체질개선이면서 어떻게 보면 문화를 바꾸는 시도들이다. 제도나 시스템보다 바꾸기 어려운 것이 사람의 생각이요 문화인데 엘지생건에서는 어려움이 없었을까? 더욱이 위에서 시작하는 개선은 구성원들의 혼란과 반발에 부딪혀 원래대로 돌아가버리기 십상이다. 그의 '잽'이 더욱 궁금해졌다.


**2.**

그렇다면 도대체 무엇을 어떻게 한 것인가?

나뿐 아니라 차 부회장이 엘지생건을 성장시킨 비결을 궁금해하는 사람이 적지 않다. 언론을 만나는 일도 삼가고, 외부인들과 활발히 교류하는 편이 아니다 보니 외부에 드러난 바가 적다.

내가 몇 년을 기다린 삼고초려 끝에 허락을 받아낸 것이 작년(2018년) 추석 무렵이다. 이제는 부회장이 된 차석용 CEO의 허락 하에, 일차적으로 주요 임직원들을 만나 개인 면담을 했다. 그리고 차 부회장을 직접 면담해 정리한 것이 이 책이다.

차 부회장은 본인의 혁신이 'KO펀치'가 아니라 '잽'이라고 하지만, 그와 함께 혁신을 추진해온 임원들은 "조직의 펀더멘털fundamental 면에서 보자면 충분히 획기적인 혁신"이라고 말한다. 보고서를 만들지 않고 곧바로 윗선에 보고한다든가, 실시간으로 의견을 나눈다든가 하는 것들은 실제로 글로벌 기업이 추진하는 프로세스 혁신 방식이기도 하다.

그것이 불러온 변화는 결코 작지 않았다. 아모레퍼시픽의 '설화수'에 비해 한참 후발주자인 엘지생건의 '후' 브랜드가 설화수와 대등하게 경쟁하다 결국 추월한 것도 무시할 수 없다. 비록 경영행보가 KO펀치처럼 강력하지는 않지만, 자동차나 IT기업처럼 파괴적 기술이 등장해 혁신을 주도하는 산업군이 아니라는 점을 감안하면 결코 작은 혁신이라 할 수 없다.

## 3.

2001년에 LG화학에서 분리된 직후 엘지생건의 실적은 연매출 1조 2000억 원, 영업이익 1000억 원이었다. 그런데 실적이 하향세로 꺾이면서 매출이 매년 5%씩 줄어들었으니, 엘지생건 같은 내수기업에는 엄청난 고통이었다. 결국 2003~04년에는 엘지생건의 구조조정 이야기가 나올 만큼 분위기가 심각했다.

차석용 부회장은 2004년 12월말에 전격적으로 스카우트되었다. LG그룹에서 외부인사를 사장으로 영입하는 것은 드문 일이다. 그는 P&G에서 경력을 시작하여 P&G쌍용제지 사장,

P&G 한국총괄사장을 거쳐 2001년 10월에는 부도 후 해외컨소시엄에 인수된 상태였던 해태제과의 사장이 되었다. 그가 해태제과를 1년여 만에 기사회생시키고 신제품을 연달아 성공시키면서 세간에서도 그의 능력에 주목하기 시작했다.

그가 사장을 맡기 직전인 2004년의 엘지생건은 매출 1조 원에 영업이익은 600억 원 수준이었는데, 2018년의 실적을 보면 매출이 무려 6조 7475억 원에 이익은 1조 393억 원에 달하는 회사로 탈바꿈했다. 더불어 같은 기간 시가총액도 4287억 원에서 17조 1956억 원으로 40배가 뛰었다. 믿기 어려운 성과다.

나는 학생을 가르치는 교수이기도 하지만 연구자로서 경영 현장이 진화하도록 마중물을 제공하는 역할도 크다고 생각한다. 그래서 경영계, 나아가 일하는 이들이 반드시 새겼으면 하는 화두를 고민해오고, 그것을 일련의 졸저들을 통해 담아왔다. 《모든 비즈니스는 브랜딩이다》에는 '나음'을, 《나음보다 다름》에는 '다름'을, 《배민다움》에는 '다움'을 거쳐 이 책에서는 '키움'이라는 화두를 다루어보고자 한다.

세간에 흔한 '지속가능경영(sustainability)'이란 말이 자칫 구호로 그치는 것은 의욕은 있되, 멈춤 없는 성장을 이룰 밑바탕을 마련하지 않기 때문이라고 생각한다. 체질개선에서부터 본질 파악, 원칙 수립, 문화 형성에 이르기까지 지속적 성장을 위한 작업을 차근히 해온 생생한 사례로서 엘지생건만큼 적절한 본보기는 없을 것이다.

**4.**

수능시험 전국 1등에게 공부비법을 물으면 한결같이 교과서 위주로 착실히 공부했으며 8시간씩 꼬박꼬박 잤다고 대답한다. 차석용 부회장의 경영비결도 다를 바 없다. 그저 원칙을 충실히 따랐을 뿐 비결을 딱 꼬집어 말할 수 없어서 본인도 답답하다고 한다. 그래서 지근거리에서 차 부회장을 지켜보며 배우고 같이 일했던 임직원들을 면담했다. 이를 바탕으로 그간의 성과를 분석하고 차 부회장과의 인터뷰를 통해 그가 엘지생건에서 날린 '잽'이 무엇인지 추적했다.

이 책은 엘지생건 발전의 단계를 따라가며 조직 내부의 혁신과 성장과정을 정리한 것이다. 1부는 성장의 토대를 다진 이야기다. 차 부회장은 특유의 '내진설계 전략'에 따라 일하는 방식과 사업구조를 고도화하는 데 집중했다. 구체적으로 1장에서는 차 부회장이 우선적으로 실행한 체질개선을 다룬다. 혁신적인 이노베이션이 아니라 작은 수리들을 해나가는 리노베이션이었다. 다만 꾸준하게 추진하며 구성원들의 공감구조를 만들어갔다.

어떤 위기에도 흔들림 없는 사업구조를 갖추고 더 나아가 도약하기 위해서는 유기적 성장(organic growth) 외에 흡수합병과 같은 비유기적 확장(inorganic growth)이 필요하다. 그 첫걸음인 코카콜라 인수의 과정을 2장에서 다루었다.

2부에서는 펀더멘털을 다진 후 본격적으로 도약한 성장전략을 다룬다. 3장에서는 모든 기업이 탐내는 중국시장을 공략해 성공한 전략을 소개했다. 사드 사태 때도 움츠러들지 않고 지속적인 성장을 유지한 비법을 들여다보았다.

이어 4장에서는 유기적이며 지속가능한 성장을 위해 고심해 진행한 마케팅 전략방향과 실행과정들을 살펴봤다. 잘 알려졌다시피 차 부회장은 CPA여서 회계 및 재무 전문가다. 그런 그가 마케팅을 잘한다고 알려지게 되기까지 어떤 고뇌와 실행이 녹아 있는지 살펴보았다.

차 부회장을 수식하는 표현 중에 'M&A의 귀재'가 있다. 30여 건의 입수합병을 어떻게 성공시켰는지, 5장에서 그 과정을 되짚어보고 성공비결을 파보았다.

성장은 하루아침에 이루어지지 않는다. 또한 성장가도에 있다 해도 자칫하면 흔들려 꺾이기 쉽다. 성장을 지속하기 위해 엘지생건이 어떤 원칙을 세우고 노력을 기울이고 있는지 3부에서 되새겨보았다. 6장에서는 방향을 정하고 성과를 만들고 조직을 키운 리더십 조성의 지혜를 엿보았다.

7장에서는 소홀하기 쉽고 드러나 보이지 않지만, 경영성과에 매우 중요한 정도경영을 어떻게 진행하며 조직문화를 만들어 갔는지 다루었다.

책에는 중간중간 차석용 부회장이 사내 구성원들과 공유한 'CEO 메시지'가 소개돼 있다. 책에 나오는 엘지생건의 실행과 실적은 CEO인 차 부회장의 경영철학 및 의도와 떨어뜨려 생각할 수 없다. 그러므로 이 책의 내용 전반이 그의 경영원칙에 뿌리를 두고 있지만, 독자 여러분이 그의 메시지를 본인의 생생한 목소리로 접해보면 좋겠다는 생각에 'CEO 메시지'와 더불어 책 말미에 '차석용 부회장과의 대화'를 별도로 구성했다.

경영학자로서 원고를 집필하면서 엘지생건의 잘한 면 못지 않게 부끄러운 면이나 문제점도 가감 없이 드러내고자 노력했다. 하지만 이 책의 본질이 그들의 성장에서 배울 점을 가려내는 데 있는 만큼, 어쩔 수 없이 칭찬일색 같아 보일 수 있으리라 생각한다. 그러나 나는 엘지생건과 아무런 이해관계가 없으니 그들을 위해 용비어천가를 부를 이유도 없다.

있는 그대로가 엘지생건이며 차석용 부회장이고, 그것이 그대로 실적에 반영되지 않았던가. 한두 해도 아니고 15년 동안 지속적인 열정으로 밀고 나간 전문경영자는 보기 드물다. 차부회장은 기본적인 원칙에 근거해 기업을 이끌었을 뿐이라며 끝까지 출간되는 것을 주저하였지만, 바로 그 원칙을 지키는 것이 가장 어려운 일이라는 걸, 경영을 해본 사람은 안다. 그리고 그것이 이 책을 쓴 이유이기도 하다.

차석용 부회장의 경영스타일과 성장전략을 파헤친다고는 했지만 그저 코끼리 다리나 만졌는지 모르겠다. 책의 내용만으로도 배울 점이 많다고 생각하지만, 부족함투성이리라. 그럴 것을 알면서도 출판 기획부터 면담 과정, 원고작업, 편집 등에 이르기까지 긴 시간 동안 묵묵히 협조를 아끼지 않은 차석용 부회장의 인내심과 지원에 무한 감사를 드린다.

아울러 바쁜 가운데 이 책을 위해 성심성의껏 면담에 응해준 임직원분들께 감사한다. 그들의 진솔한 이야기는 원고를 집필하는 매우 소중한 자료가 되었다. 일일이 찾아뵙고 인사드려야 하나, 깊은 감사의 말씀을 지면으로 대신 전한다.


성큼 다가온 성장의 계절,
여름 앞에서


저자

| 목차 |

1부

# 성장의 토대

[ 내재된 잠재력을 키우다 ]

# 체질개선과 혁신

## 1장

## 이노베이션이 아니라
## 리노베이션이다

차 부회장이 엘지생건에 와서 가장 먼저 시작한 일은 M&A
도, 신사업 개발도 아니다. 차 부회장 경영의 1단계는 이노베이
션이 아니라 리노베이션renovation이다. 그의 표현에 의하면 이
노베이션은 아파트를 다 무너뜨리고 새로 짓는 것이고, 리노베
이션은 아파트를 수선해서 편리하게 하는 것에 가깝다. 차 부
회장은 수선해서 더 잘되게 하는 편을 택한 것이다.

이렇게 결정한 데에는 배경이 있다. 부임 직후 각 부문 임원
들에게 현황보고를 받고 나서 차 부회장이 한마디 했다.

"이렇게 좋은 조직, 이렇게 좋은 제품, 이렇게 좋은 체질을 가
진 사람들이 이것밖에 못하는 건 말이 안 된다."

지금이야 사정이 비교할 수 없이 좋아졌지만 당시만 해도 주
가 3만 원, 매출 1조 원 수준에 수년간 머물러 있었으니 그런 탄
식이 나올 법했다. 체질개선이 필요했다. 완전히 뒤엎는 이노베
이션이 아니라 가지고 있는 자원으로 어떻게 하면 잘할 수 있
게 하느냐, 그게 가장 중요하다고 보았다. 그때부터 엘지생건의
리노베이션 작업이 시작되었다.

## 시작은 군살 빼기

부임 초기부터 차 부회장은 조직에 '심플리피케이션(sim-plification, 단순화)'을 강조했다. 보고서도 단순하게, 조직도 단순하게 가자는 것이다. 일단 불필요한 회의를 없애고, 모든 직급도 3단계로 줄였다. 마케팅부서는 ABM(Assistant Brand Manager)-BM(Brand Manager)-MD(Marketing Director), 연구소는 연구원-선임연구원-책임연구원으로 나뉘는 '팀원-팀장-부문장'의 체제다.

전자결재도 간소화했다. 과거에는 'ㅇㅇㅇ의 건件' 하는 식의 어렵고 딱딱하고 형식적인 문어체 표현을 많이 썼는데, 이런 것들도 쓰지 말자고 해서 사라졌다. 쓰지 말자고 권유하는 정도가 아니라 강하게 요구해서 없앴다. 조직을 살펴보면 군더더기 같은데 관습적으로 방치하는 것들이 많지 않은가? 굳이 하지 않아도 문제없는 것들을 찾아 확실히 없애는 작업은 지금도 계속되고 있다. 그야말로 심플과 효율을 추구하는 것이다.

회의도 대부분 없앴다. 많은 사람들이 시간을 들여 동시에 뭔가를 할 필요가 있는지에 대한 문제의식에서다. 그래서 모두가 반드시 알아야 할 것들을 공유하는 정도로 최소화하고, 나머지는 그때그때 당사자들끼리 직접 접촉해 해결하도록 했다. 리더들만 모이는 별도의 경영회의도 없다. 월요일 아침에 열리는 부문장급 회의도 직접 모이지 않고 컨퍼런스 콜로 30분 만에 끝낸다. 그럼에도 임원 및 부문장들의 핵심과제, CEO의 경영 메시지, 전사적 공유사항 등 100여 명의 리더들이 다 같이 알아야 할 것들이 빠짐없이 공유된다.

영업조직의 사무공간을 줄이고 '스마트 스테이션(Smart Station)'으로 바꾼 것도 낭비를 없애고자 하는 노력의 일환이다. 보통 9시 출근을 하려면 집이 아무리 가까워도 최소한 20~30분 전에는 나와야 한다. 그 시간을 길에 버리고, 사무실에 나왔다가 거래처에 외근 가느라 또 시간을 쓴다. 이러다 보니 실제로 일하는 시간보다 길거리에 뿌리는 시간이 많은 날도 있다. 당연히 비효율적이다.

이를 개선하기 위해 2013년에 스마트 스테이션을 오픈했다. 영업사원들은 서울을 비롯해 전국에 있는 스마트 스테이션 중 편한 곳으로 출근해 업무를 보면 된다. 대개 자신이 관할하는 영업지역이 있으니 그 지역에서 가장 가까운 곳에 간다. 예를 들어 강남 스마트 스테이션은 삼성역 인근의 KT&G 빌딩에 있는데, 강남에 거래선이 있는 영업사원의 사무실은 그곳이 된다. 요즘의 코워킹 스페이스와 비슷한 개념이다. 그마저도 일주일에 서너 번은 거래선으로 직접 출근한다. 사무실 중심의 기존 영업시스템을 현장 중심으로 재편하려는 시도다.

사무실을 없앤다고 하니 처음에는 불안과 불만이 있었다. 본사에서 동떨어진 지역에 영업부서만 따로 있게 되니 아무래도 소외감 같은 걸 느끼지 않았겠는가. '회의가 안 된다', '신입사원 육성이 어렵다'는 등의 불만도 있었다.

전체적인 방향성에 대해 설득하고 공감을 얻는 과정이 계속되면서 이제는 정착된 상태이지만, 지금도 계속 모니터링하면서 자극을 주려고 한다. 사무실을 떼어냈다고 해서 저절로 현장 중심으로 돌아가게 되는 것은 아니기 때문이다. 주기적으로 현황을 모니터링해서 문제되는 부분이 있으면 원인을 파악하고, 필요하면 원래대로 돌려놓기도 하는 등의 시도와 개선이 계속되고 있다. 더 나아가 채널마다 특성이 있으니 각자의 R&R(Roles & Responsibility, 역할과 책임)에 맞춰 시간관리도 스스로 하게끔 유도하고 있다. 길거리에 버리는 시간을 1분 1초라도 줄이자는 것이 기본 방향이다.

차 부회장은 단순화를 하려면 먼저 우리가 무엇을 위해 일하는지 생각해보아야 한다고 말한다. 엘지생건이 찾은 대답은 '소비자 중심(consumer focus)'이다. 소비자를 중심에 둔 활동이 아니면 하지 말아야 한다는 것을 조직의 과제이자 목표점으로 삼았다.

이들은 런던 경찰서의 사례에서 교훈을 얻었다. 경찰관의 주임무는 치안을 유지하는 것인데, ABC(Activity Based Costing, 활동기준원가관리)를 해보니 런던 경찰서의 활동 중 약 15%만 치안 유지 활동이고, 나머지 85%는 내부 업무를 한다는 분석 결과가 나왔다고 한다. 이 결과에 경찰관 자신들도 충격을 받았다.

## Simplicity = Core + Compact

우리는 소비자들이 원하는 모든 것을 제품에 다 넣으려는 경향이 있습니다. 우리 회사 샴푸만 봐도 좋다고 알려진 성분이 거의 다 들어 있습니다. 샴푸에 실리콘을 넣으면 머리를 차분히 가라앉게 하는 효과가 있어 한때 크게 유행했습니다.

하지만 소비자에 따라서는 실리콘이 들어가면 퍼머가 풀린 것처럼 보이기도 하고, 머리가 짧고 숱이 적은 경우는 머리숱이 더 없어 보이게도 만듭니다. 그런데도 여전히 소비자의 다양한 특성과는 상관없이 모든 샴푸에 습관적으로 실리콘을 넣고 있습니다.

좋은 성분들을 아낌없이 다 넣는다고 반드시 소비자들을 위하는 것은 아닙니다. 예전에는 감기에 걸리면 다들 종합감기약을 먹었지만 지금은 그렇지 않습니다. 기침감기약, 콧물감기약, 두통약, 해열제 등 자기에게 필요한 것만 골라서 먹습니다.

이처럼 제품, 마케팅, 커뮤니케이션뿐 아니라 우리가 회사에서 하는 모든 일들을 단순화할 필요가 있습니다. 단순하다는 것은 영어로 말하면 'simple'인데, 심플에는 'core'와 'compact'라는 두 가지 요소가 있습니다. 꼭 필요한 것(core)만 살리고, 나머지는 과감하게 없애야 합니다(compact).

여러분이 제품을 개발하거나 커뮤니케이션을 할 때, 또는 회의를 하거나 서류를 작성할 때, '코어core가 있는가? 군더더기 없이 콤팩트compact한가?'라고 지속적으로 반문할 필요가 여기에 있습니다.

C.E.O. **Message**

체질개선과 혁신

'나는 대체 무엇을 하는 사람인가? 이렇게 앉아서 서류만 작성하고 있으면 누가 치안을 유지하는가?'라는 반성을 한 후에 수년간의 개선과정을 거쳐 지금은 잡무를 거의 없애고 90% 이상을 치안유지에 쓸 수 있도록 변경했다.

이처럼 내부적인 일보다는 소비자들이 무엇을 원하고 무엇을 불편해하는지 파악하고 신속히 대응하는 등 소비자 중심적인 일에 집중하는 것이 엘지생건이 추진하는 심플리피케이션의 목적이자, 나아가고자 하는 방향이다.

## 체질개선의 동력은 스피드다

엘지생건식 체질개선의 뿌리가 '소비자 중심'이라면, 이를 지속적으로 실행할 수 있도록 하는 동력은 '스피드'다. 다른 회사에 다니다 입사한 사람들이 엘지생건에서 가장 먼저 실감하는 것도 다름 아닌 휘몰아치는 업무속도다. "이렇게 빠른 회사는 처음 본다"는 말을 누구나 한다.

그만큼 엘지생건의 의사결정은 빠르다. 차 부회장도 의사결정을 빨리 해주자고 입버릇처럼 말한다. 물론 빠르다고 다 정답은 아니지만, 의사결정을 미루고 고민만 하는 것보다는 실패를 하더라도 빨리 결정해서 빨리 실패하는 게 훨씬 낫다는 게 차 부회장의 지론이다.

웬만한 사안은 보고하는 그 자리에서 결론이 난다. 당장 결정하기에 정보가 부족하다 싶으면 즉석에서 컨퍼런스 콜을 한다.

곧바로 관련 부서 담당자에게 전화를 걸어 자세한 사항을 물어보고 의견을 구한 다음 "그럼 이렇게 합시다" 하고, 대부분 결론을 내려버린다.

엘지생건의 구성원들이 꼽는 자신들의 가장 큰 장점 중 하나가 '적시성'이며, 그 기반이 이처럼 빠른 의사결정이다. 얼마나 타이밍을 잘 맞추느냐가 사업에서 매우 중요한데, 의사결정이 바로바로 이루어지는 덕분에 액션이 경쟁사보다 한발 빠를 수 있다.

조직의 최상위 리더인 차 부회장부터가 액션이 매우 빠르다. 대부분의 품의결재는 전자결재로 하는데, 담당자가 품의를 올리면 해당 임원과 사업부장, CFO까지 3단계를 거쳐 부회장에게 들어가게 돼 있다. 그런데 임원이 결재하고 추가 설명을 위해 부회장실에 가서 운을 떼면 "나 벌써 결재했는데요? 그거 7억을 이쪽으로 지원하라는 거 아니에요?"라고 말하기 일쑤다.

사실 차 부회장은 업계에서 알아주는 워커홀릭이다. 오후 4시에는 칼같이 퇴근하지만 그 뒤로도 이메일 업무는 계속돼 자는 시간 외에는 언제든 확인하고 피드백을 준다.

몇 년 전 엘지생건 미국 법인에서 현지 회사와 계약할 때의 일이다. 법인장이 "계약서를 써서 이메일로 보내드리겠습니다"라고 보고했더니 차 부회장이 "그쪽에서 계약서를 만들면 시간이 걸리니 본사 법무팀에서 만들어 보내줄게요"라고 했단다. 계약서처럼 까다로운 문서는 작성해서 검토하고 완성하는 데 대개 일주일 정도 걸리고, 서두른다고 해도 3~4일은 있어야 한다. 그런데 법인장이 다음 날 출근하니 메일함에 계약서가 딱 와 있었다. 그가 오후 4시 55분에 보낸 메일을 차 부회장이 5시 59분에 확인하고, 다음 날 아침 6시 42분에 답장을 했더란다. 반나절 만에 10쪽짜리 영문계약서가 사인까지 된 상태로 온 것이다. 외국 기업에 10년 넘게 근무한 법인장도 그런 속도는 처음이었다며 혀를 내둘렀다. M&A로 조직이 한창 긴박하게 움직일 때에는 새벽에도 예사로 회신이 오곤 했다고 한다.

구성원들에게는 '워라밸'을 권유하면서 본인은 이렇게 워커홀릭으로 움직이니 이율배반적이기도 하지만, 그와 함께 일하는 임직원들은 '불필요한 기다림'이 없어서 좋다고 말한다. 상사에게 보고했는데 피드백이 오지 않으면 어떤 생각이 들까? '보셨나?' '어떤 마음이신가?' '내일도 피드백이 없으면 하지 말라는 뜻인가?' 하는 초조함이 생긴다. 이 마음이 하루 종일 담당자를 누르고 있을 텐데, 불필요한 기다림을 없애주니 담당자는 자유로움을 느낀다. 이메일 쓰고, 피드백 받고, 결정에 따라 팔로우업하면 된다고 생각하면 보고하는 마음이 무거울 이유가 없다.

스피드를 강조하다 보면 잘못된 판단을 할 위험도 커진다. 따라서 오류를 최소화하는 노력이 반드시 필요하다.

매일 아침 6시에 출근하는 차 부회장은 오전 6~8시와 점심

시간에는 혼자만의 시간을 갖는데, 그때 의사결정을 보완한다. 전날이나 오전에 보고받고 결정한 사항에 대해 좀 더 자세히 검토해야겠다고 생각하면 그 시간에 깊게 보는 것이다. 그러다 보완이 필요하면 담당자에게 전화를 건다.

"아까 내가 부향이라고 해서 혼선이 있었을 것 같은데, 그건 이런 의미였어요."

퍼스널케어(Personal Care, 바디로션 등) 사업부의 MD가 어느 날 오후에 받은 전화다. 오전에 뭔가를 논의하면서 "스프레이 향이 마음에 걸리니 부향을 다시 해보세요"라고 요청한 터였다. 일반적으로 부향<sup>附香</sup>이란 향을 가미해 좋게 한다는 뜻이다. 그런데 차 부회장이 의도한 것은 나쁜 냄새가 나지 않게끔, 사람들이 향을 느끼지 못할 정도로만 마스킹을 하라는 것이었다. 미팅이 끝나고 나서 생각해보니 담당자가 잘못 받아들였을 것 같아 다시 전화로 의도를 명확히 설명한 것이다.

이런 전화가 결코 드물지 않다. '내가 다시 생각해보니 이건 아닌 것 같다', '어제는 이렇게 얘기했지만 다시 보니 요렇게도 검토했으면 좋겠다'는 내용들이다. 대개의 리더들이 의사결정한 후에는 번복하는 경우가 많지 않고, 자신이 잘못 판단했다고 말하는 경우는 더욱 드물다. 하지만 차 부회장의 실용주의에는 그런 체면이 없다. '내가 아까 말한 것 중에서 이건 잘못됐더라. 이건 다시 보자'는 식으로 명확하게 짚는다.

## 빠른 실행은 빠른 결정에서 나온다

CEO의 액션이 빠르면 그에 맞춰 조직 전체도 빨라지게 마련이다. 그럼에도 차 부회장은 항상 더 빠르게 움직이기를 원한다. 일을 하다 보면 외부의 카운터 파트너와 협업해야 할 경우도 많은데, 그들이 엘지생건의 속도를 따라오지 못할 때도 있다. 그럼에도 원칙은 '하기로 했으면 바로 해야지'다.

결정된 사항 중에 중요하다고 생각하는 것들은 차 부회장이 매일매일 묻고 체크하며 팔로우업을 하니 담당자가 서두르지 않을 재간이 없다. 챙기는 강도도 남다르다. 다른 회사들은 대개 주간회의든 월간회의든 정해진 회의체가 있고, 그사이에 준비할 시간 여유가 있다. 그만큼 속도는 느려진다. 한번 기각되면 일주일이든 한 달이든 다음 회의 때까지 기다려야 하는데, 엘지생건에서는 있을 수 없는 일이다.

임원들도 직원들에게 업무를 지시한 다음 보고하기를 기다렸다가 부회장에게 가려면 시간이 너무 늦어지므로, 자기 선에서 할 수 있는 일은 알아서 빨리 처리하려고 노력하게 된다. 마치 CEO와 구성원이 핑퐁을 주고받는 탁구게임 같다. 한정된 시간 내에 많은 일을 해야 하고, 실무를 디테일하게 파악하고 있어야 하니 임원들에게는 매우 빡빡한 구조인 것도 사실이다. 밑에서 올라온 보고를 결재해서 위로 올리고 지침 받아서 다시 아래로 전달하는 게 아니라, 그 내용을 잘 알고 같이 고민하고 필요한 게 있으면 CEO에게 함께 가서 보고하는 역할이라 분주하게 움직여야 한다.

이렇다 보니 실무를 직원들에게만 맡겨놓고 닦달하는 스타일의 임원들은 위아래로 갈등을 겪을 수밖에 없다. 조직 차원에서 정시퇴근을 장려하는 분위기이다 보니 직원들을 붙잡아 두고 일을 시킬 수도 없고, 직원들이 안 도와주면 자신이 보고를 못하니 직접 일을 하지 않으면 못 배길 지경이라고.

왜 이렇게 빨라야 할까? 어떤 일이든 의사결정 단계가 문제이지, 결정된 다음에는 주저하며 시간 끌 필요가 없다고 생각하기 때문이다. 더욱이 의사결정하는 시점과 실행하는 시점에 차이가 있으면 그사이 팩트fact가 많이 달라지기도 한다.

의사결정이란 가지고 있는 정보와 사실 안에서 최선의 선택을 하는 것이다. 그렇기 때문에 최선의 결과를 얻기 위해서는 행동이 곧바로 따라와줘야 빠른 결정이 빛을 발한다.


## 소통의 벽 허물기

의사결정이 빨라지려면 보고와 소통이 긴밀하게 이루어져야 한다. 회사의 조직구조상 위에서 아래로 내려갈수록 더 디테일하게 잘 알게 마련이다. CEO보다는 임원이 잘 알고, 그 밑의 팀장과 실무자가 자기 일을 자세히 알 수밖에 없다.

그런데 의사결정은 아래서부터 올라오는 조각조각의 정보를 바탕으로 위에서 이루어진다. 덜 아는 사람이 실수 없이 결정하려면, 그것도 빠르게 결정하려면 실무자와 대등한 수준으로 정보를 갖고 있어야 한다.

이를 위해 엘지생건은 철저히 수평적 커뮤니케이션을 지향한다. 언론에서는 차 부회장을 '은둔의 경영자'라 하지만 회사 내부에서는 천만의 말씀이라는 반응이다.

그가 출근해서 퇴근하기까지 하루에 만나는 사람은 줄잡아 80명이 넘는다. 오전 8시부터 11시까지, 오후 1시부터 4시까지 부회장실은 언제나 열려 있다. 누구든 사안이 있으면 CEO와 회의를 할 수 있다. 임원뿐 아니라 대리, 신입사원도 자유롭게 부회장과 의견을 나눈다. 미리 예약을 하고 찾아갈 필요도 없이, ABM이나 MD나 임원이나 누구든 부회장실 밖에서 대기했다가 차례로 들어가서 말한다. 다른 기업에서는 흔히 볼 수 없는 광경이다. 퍼스널케어 사업부장은 차 부회장이 부임한 이후 가장 인상적이었던 기억으로 이것을 꼽는다.

"제가 대리, 과장 때는 사업부장님과도 얘기해본 적이 없어요. 저희 팀장님만 중요했지 팀장님 이상의 임원이나 그 위의 사람들이 무슨 생각을 하는지 알 수도 없었고, 사장님 얼굴을 직접 본 적도, 얘기해본 적도 없었어요."

그러다 차 부회장이 온 이후 팀장도 아닌 자신에게 전화해서 질문하고 대답 듣고, 자신이 CEO에게 직접 보고한 것이 매우 신기한 경험이었다고 말한다.

실제로 차 부회장은 임원이 보고할 때 함께 들어온 실무자의 의견을 더 많이 묻는 편이다. 그중에는 대리 직급 이하도 있지만 그런 건 전혀 문제되지 않는다.

　한 번은 영업운영 방식에 대해 파일럿 테스트를 했는데, 이때에도 영업사원을 프로젝트 담당자로 정하고 그 사원에게 직접 보고서를 쓰게 했다. 실제로 그 방식을 적용받을 실무 담당사원의 이야기를 CEO가 바로 들을 수 있도록 해야지, 중간 단계를 거쳐서 오면 핵심이 흐트러진다는 이유에서였다.

　중간관리자 입장에서는 입맛이 쓸 법도 하다. 초반에는 의사결정 프로세스에서 소외된 느낌에 기분이 언짢을 때도 많았다고 한다. 그러다 시간이 지나면서 그런 의도가 아니라는 것을 알고 차 부회장의 스타일을 이해하게 되면서 불필요한 오해는 없어졌다. 지금은 부회장이 담당자를 직접 찾아도 이해하고, 논의된 내용이나 결정사항을 공유하고 함께 팔로우업하면 된다고 유연하게 받아들인다.


　의사결정을 하다 보면 특정 사업부만으로 해결하기 어려운 이슈들이 있다. 이때에는 앞서 말한 것처럼 다른 사업부가 컨퍼런스 콜에 호출되곤 한다. 어떤 사업부의 현안을 구매에서도 파악해야 하고 마케팅에서도 파악해야 한다면 이들을 모두 불러 의견을 묻고 크로스 체크를 한다. 관련 부서 사람들에게 바로 전화해서 "A사업부장이 이런 생각을 하고 있는데 그쪽은 어떻게 생각해요?" 하며 종합적으로 들은 다음에 방향성을 정하는 것이다. 이때에도 호출 기준은 '누가 가장 잘 아느냐'다. 그 기준으로 볼 때는 부문장보다는 팀장이나 실무를 담당하는 대리, 과장이 적임자다. 그러면 그 사람에게 연락하는 것이다. 다른 회사 같으면 CEO에게 보고하기 전에 다른 부서와 미리 상의해서 말을 맞출 텐데 여기는 거꾸로인 셈이다.

갑자기 전화 받은 부서에서는 당황하거나 불만을 가질 수도 있지 않을까? "A사업부장은 나한테 미리 얘기도 안 하고 위에 가서 먼저 말해버리면 어떻게 해?"라고 말이다. 처음에는 그런 일도 있었지만, 차 부회장이 부서 간 견제와 균형을 맞추기 위해 그런다는 것을 알기에 이제는 오해가 없다.

여기에는 커뮤니케이션 방식도 중요한 역할을 한다. "A사업부에서 이렇게 한다는데 구매에서는 왜 지원하지 않았어요?" 하며 추궁하는 게 아니라 "이런 현안이 문제라던데 어떻게 생각해요?"라고 질문하는 형식이라 유관부서에서도 "저희 쪽의 생각은 이렇습니다"라고 편하게 말할 수 있다.


경험 많은 기장과 경력이 짧은 부기장이 함께 비행할 때, 누가 조종간을 잡았을 경우 추락사고율이 더 높을까? 답은 경험 많은 기장이 잡았을 때다. 위기 상황에서 때로는 부기장이 더 적절한 해결방안을 갖고 있음에도 기장에게 자기주장을 제대로 펴지 못할 가능성이 크기 때문이다. 이러한 이유로 대한항

공은 기장과 부기장 간 대화를 영어로 하게 하여, 서로 대등한 입장에서 소통하도록 배려하고 있다고 한다.

엘지생건이 강조하는 수평적 커뮤니케이션도 이와 같은 맥락이다. 수직적이고 위계적인 질서를 앞세우면 좋은 아이디어를 가진 구성원들이 자신의 주장을 제대로 펴지 못할 가능성이 크고, 언젠가 위기가 닥쳤을 때 의사소통이 원활하지 못해 위기를 극복하지 못하고 무너질 수도 있다는 경각심의 발로다.

## 조직이 커지면 소통 부재가 따른다

일선 현장의 목소리를 듣는 것이 중요하다고 누구나 말은 하지만, 현실에서는 업무상 우선순위에 밀려 간과하기 쉽다. 더욱이 성장이 빠를수록 조직도 급속히 비대해지게 마련이므로, 잘나가는 기업은 커뮤니케이션 단절이라는 문제를 필연적으로 겪곤 한다. 다만 이것이 한 번의 성장통으로 끝날지 기업을 망가뜨리는 고질병이 될지는 조직의 대응에 따라 달라진다.

2018년 엘지생건은 영업이익 1조 원을 달성했다. 차 부회장이 부임할 때만 해도 영업이익 1조는커녕 전체 매출이 겨우 1조 규모였는데 이만큼 성장한 것이다. 이는 그만큼 조직이 커졌다는 뜻이기도 하다. M&A를 활발히 하면서 엘지생건 내의 법인도 2배 이상 늘었다. 1만 2000여 명의 구성원이 국내는 물론 해외 곳곳에 흩어져 있다.

수적으로도 늘었지만, M&A를 통해 서로 다른 문화가 결합

하면서 조직의 복잡도가 몇 곱절 높아졌다. 거대하고 복잡해진 조직에서 예전처럼 빠른 의사결정이 가능할까? 이런 우려가 내부에서도 나오는 게 사실이다.

다른 대기업과 비교해보면 수평적 커뮤니케이션이나 실용주의 조직문화가 상당히 안착된 상태이지만, 그럼에도 문제가 없을 수는 없다. 군대 말로 '짬밥'이라는 걸 내세우는 이들도 소수이지만 여전히 있다. 자신의 높은 직급을 즐기려 하는 사람들도 있고, "이런 건 네가 알아서 해야 하는 것 아니냐"며 직원에게 일을 미루는 경우도 없지 않다.

더 우려스러운 것은 현장의 목소리가 CEO에게까지 올라오지 못하는 경우가 여전히 있다는 사실이다. 부회장실은 언제나 열려 있지만 중간에서 가지 못하게 막아버리는 것이다. 어떤 불만사항이 있을 때 "직접 가서 이야기하라"고 길을 터주는 임원도 있지만 차단시키는 임원도 있다. 일단 언로言路가 뚫려 있으면 대화가 가능하고, 충분히 합리적이고 납득할 만한 주장이라 판단되면 받아들여질 수도 있다. 대부분의 문제는 막혀 있어서 일어난다.

그래서 커뮤니케이션의 중요성이 더 강조되고 있다. 부회장실에서 하는 이야기가 현장까지 빠짐없이 전달되는가? 왜곡 없이 오롯이 전달되는가? 반대로 저 아래의 목소리가 위로 잘 올라오고 있는지에 대해서도 계속 체크한다. 조직이 커지면서 서로의 생각이 예전만큼 전달되지 않는다고 느끼기 때문이다.

이러한 커뮤니케이션의 부족은 본사보다는 백화점이나 면세점과 같은 매장에서 더 자주 발견된다.

회사의 방향성이나 원칙에 대해 차 부회장이 구성원들과 나누고 싶은 이야기는 'CEO 메시지'라는 이름으로 사내 인트라넷에 올라가고 업무공간 곳곳에 게시된다. 그런데 매장에는 PC가 한 대밖에 없고, 용도는 주로 매출 등을 입력하는 것이다. 더군다나 인트라넷에는 사내정보가 많이 들어 있기에 물리적으로 사무실 밖에 있는 외부인이 접근할 수 없도록 사용자 권한을 많이 제한해둔 상태였다.

이렇게 이중삼중의 장벽이 있으니 안 그래도 바쁜 매장 판매 직원들이 PC를 열어 CEO 메시지를 읽을 짬이 있겠는가. 요즘 같은 모바일 시대에 휴대폰에서 볼 수 있도록 어플 하나만 깔아줘도 어느 정도는 해결될 문제 아니었을까. 물론 그래도 귀찮으면 안 보겠지만 말이다.

톱다운 메시지가 도달하기 어려운 만큼이나 아래에서 의견을 올리기도 힘들었다. 하다못해 매장 직원이 휴가를 사용하려해도 PC가 한 대밖에 없으니 휴가계를 제때 제출하지 못하고 선임에게 말로 하거나 종이에 손으로 써서 신청하기 일쑤였다. 바쁜 선임은 요청사항을 모아뒀다가 나중에 한꺼번에 입력하고, 그러다 보면 누락이 생기고, 결국 오해가 생기곤 했다. CEO는 매일 직원들과 소통하고 있다고 생각했는데 정작 현장의 직원들이 느끼기에는 소통이 잘 안 되었던 것이다.

커뮤니케이션이 안 되면서 민심은 '내가 말해도 개선되는 게 없구나. 휴가 하나 내려고 해도 너무 복잡해. 우리 회사는 성과가 엄청난데 왜 나에게는 돌아오는 게 없을까' 하고 생각하게 되고, 실망이 쌓이며 소통을 위한 노력도 멈추게 되는 악순환이 일어났다.

## 현장의 목소리에 응답하다

혈행이 좋지 않아서 생긴 건강의 적신호는 자각증세가 천천히 오는 게 문제다.

문제의 심각성을 인지한 차 부회장은 구성원들과의 소통을 강화하기 위해 온·오프라인을 가리지 않고 다양한 제도를 운영하기 시작했다. 회사의 발전을 위해 불만족사항을 익명으로 제안할 수 있는 〈나라면?〉과 개인의 고충을 수렴하는 〈불만제로 우체통〉이 온라인에서 이루어지고, 오프라인에서는 12개 조직 단위에서 모인 사원대표들이 사원협의체를 운영한다. 장기적으로는 익명이 아니라 이름을 밝히고도 자유롭게 불만을 말할 수 있는 문화, 불만을 이야기하는 걸 부끄러워하거나 백안시하지 않는 문화를 만드는 것이 차 부회장의 바람이다. 그는 이것을 '건전한 불만족'이라 부른다.

"건전한 불만족이란 불만만 넘치는 것이 아니라, 건설적인 대안을 제안할 수 있는 불만(constructive discontent)을 의미합니다. '나라면 이렇게 할 텐데…'라는 대안을 갖춘 불만이 넘쳐

날 때 창의적인 아이디어가 넘쳐나게 됩니다."

해당 분야를 속속들이 잘 아는 현장의 인재들이 건전한 불만족을 가질 때 창의적 아이디어가 나올 수 있다는 것이다.

이와 더불어 리더로서 직접 커뮤니케이션을 주도하는 노력도 병행한다. 엘지생건은 분기마다 사업실적과 경영 메시지를 공유하는 '컴퍼니 미팅'을 여는데, 1년에 두 번은 차 부회장이 직접 마이크를 잡는다. 봄에는 한 해의 경영목표와 방향을 설명하고, 가을에는 그때까지의 실적을 요약하고 이듬해에 무엇을 준비할지 그림을 제시한다.

최근에는 조직 차원에서 커뮤니케이션에 대한 언급이 더 많아지고 있다. 임원 및 부문장들에게 "백화점과 면세점 현장에서 판매하는 분들의 이야기를 다 듣고 오라"는 임무가 주어지기도 한다. 현장의 목소리를 가감 없이 듣고 그날 바로 메일로 보고해달라는 것이다.

현장 파악의 중요성이 커지면서 영업정책도 현장 중심으로 바뀌었다. 면세점 상황이 매일 어떻게 돌아가는지, 어떤 변화가 필요한지 현장에서 파악해 안정적인 성과를 낼 수 있도록 도우라는 의도도 있지만, 현장과 본사와의 소통을 돕는 것도 중요한 임무다. 영업사원들이 매일 매장에 가고 지원활동을 하면서 현장의 어려움도 보고, 시장 상황의 변화도 빨리 감지하라는 조치다.

현장의 목소리를 계속 모니터링해서 보고하는 것은 해당 사업부장이나 영업 부문장들로서는 엄청나게 부담되는 일이다. 그럼에도 계속한다. 현장의 모든 목소리가 CEO까지 곧바로 오기는 현실적으로 어려우니 중간에 딱 한 명만 거치도록 한 것이다.

초기에는 주로 불만사항이 접수되었다면, 시간이 지나면서 이제는 회사의 '경청 모드'를 반기는 목소리들이 들어오곤 한다. 개선할 수 있는 합리적인 요구는 그 자리에서 바로 개선하니 현장에 있는 직원들도 조금씩 변화를 체감하는 중이다. '내가 말한 것들에 회사가 바로 응답할 준비가 되어 있구나' 하는 믿음이 생기면서 현장에서의 불만도 점차 해소되었다.

조직이 커질수록 CEO가 커버하는 데 한계가 있기에 바로 아래 레이어(layer, 임원층)들의 역할이 점점 중요해진다. 임원들 스스로도 절감하는 바다. 모든 층위에 공감대가 형성돼 있어야 이 큰 조직에서 일어나는 모든 상황이 이해되고 한 몸처럼 딱딱 움직여지는데 그게 안 되고 있다는 고민이다. 임원이나 팀장들은 CEO로부터 회사가 어떤 방향으로 가고 있는지, 가야 하는지를 자주 들을 수 있다. 이들의 역할이라면 이런 이야기들을 직원들에게 잘 전하는 것 아닐까.

리더층이 중간에서 CEO와 같은 생각으로 움직이느냐, 그저 상황을 모면하려고만 하느냐, 아예 남들이 알지 못하도록 가리고 덮어버리느냐, 이에 따라 이 큰 조직의 일사불란함이 계속 살아 있느냐 사라지느냐가 결정될 것이다.

## 초간략 보고

일사불란하게 움직이는 것도 맹훈련이 필요하다. 위에서 정해지는 것은 큰 방향성에 관한 의사결정이고, 그에 따른 크고 작은 일들이 줄줄이 이어진다. 실무선의 의사결정도 차 부회장의 결정만큼 빨리 될까?

처음에는 익숙하지 않았을 것이다. 의사결정 이전에 보고를 적시에 하는 것도 실무자에게는 쉬운 일이 아니다. 예전에는 회의를 한번 시작하면 하루 종일 이어지기도 했고, 회의 준비한다며 컨설팅 보고서처럼 50쪽씩 되는 자료도 만들곤 했다. 그 많은 자료를 보고하다 보면 1시간이 넘는 것은 예사였다.

한 번은 그런 보고가 1시간 30분쯤 계속되자 차 부회장이 도중에 나가버렸다고 한다. 그렇게 길게 할 보고라면 받을 필요도 없다는 것이었다.

"보고라는 것은 보고하는 사람이 핵심만 얘기하고, 보고받는 사람도 그 핵심을 받아들여서 의사결정하면 되는 겁니다. 지금 당장 의사결정하기 어려우면 하루 정도 더 생각해서 결정하면 되는 것이고요. 사람들 모아놓고 30분 이상 만연체로 경제여건이 어떠니 저떠니 하는 식의 보고는 아무 필요 없습니다. 그냥 보고할 것만 얘기하세요. 주변 상황에 대해서는 보고하지 마십시오."

## 보고가 길어지면 정보가 왜곡된다

윗분의 의중을 알아서 챙기면 똑똑하다고 칭찬받지 않았던가.

예를 들어 과거에는 CEO가 "오늘 환율이 얼마지?"라고 재경 쪽에 물어보면 질문 받는 사람은 '아, 저게 무슨 의미일까?' 부터 생각했다. 그런 다음 과거에는 어땠고, 지금은 어떤 이슈 때문에 환율이 이렇게 됐고, 미래는 어떤 트렌드 때문에 이렇게 될 것 같다는 보고서를 썼다. 나름대로 서두른다고 1시간 정도 부지런히 쓴 다음에 "사장님, 작년 이맘때에는 1250원이었는데 어떤 사건 때문에 1150원이 됐고, 전문가 정보에 따르면 곧 1100원이 될 것 같습니다. 그래서 오늘 1150원입니다"라고 보고하는 게 과거 엘지생건의 문화였다.

그런데 차 부회장이 오면서 싹 바뀌었다.

"물어보는 것만 대답하면 되지요. 오늘 환율 얼마냐고 물으면 1150원이면 1150원이라고만 하면 됩니다. 과거 것은 나도 알아요. 미래 것은 당신도 모르고 나도 몰라요. 그런 쓸데없는 일을 왜 합니까? 물어보는 것만 대답하도록 하세요."

이렇게 하면서 의사결정에 속도를 낸다. 아울러 구구절절 장표 만들지 말고 팩트만 말하라고 한다. 장표 만들면서 일한다고 착각하지 말라는 것이다. 오히려 보고서 만든다면서 팩트를 가공하다 정보가 왜곡될 수도 있기 때문에 더 금기시한다. 세세한 정보까지 알기 어려운 CEO는 보고서에 적힌 데이터를 사실로 받아들이고 판단해야 하는데 그 데이터에 때가 묻어 있으

## 장표 만드는 것은 실행이 아닙니다

제가 우리 회사에 와서 장표는 되도록 없애도록 했지만 잘 지켜지지 않고 오히려 늘고 있습니다. 장표 만드는 것이 일이라고 생각하시는 분들이 아직도 줄지 않고 있다는 뜻입니다. 이는 조직의 낭비입니다. 장표 작성은 실행이 아니기 때문입니다.

우리 회사가 다른 회사보다 앞서갈 수 있는 것은 우리 회사가 실행력이 매우 강한 조직이기 때문입니다. 이러한 조직에 실행하지 않는 사람들의 존재는 조직역량을 약화시키고 회사의 경쟁력을 떨어뜨립니다.

장표는 꼭 필요한 경우에 한하여 작성하시고, 상사에게 장표를 보여주어야 보고가 되는 것처럼 생각하는 문화 역시 빨리 개선되어야 합니다.

실행은 모두 필드에서 일어납니다. 그런데 현장에 계셔야 할 분들이 자리에서 전화를 받는 경우가 많습니다. 부지런히 돌아다니며 직원들을 격려해주시기 바랍니다.

윗분들부터 직원들까지 모두가 실행력을 강화하는 데 많은 노력을 기울여주시기 바랍니다.

C.E.O. **Message**

면 판단에 오류가 생긴다. 그래서 장표 만드는 것은 실행이 아니고, 심지어 회사의 경쟁력을 떨어뜨리는 일이라고까지 강하게 말하며 못하게 한다.

투명하지 않아 앞이 잘 보이지 않으면 바라보는 각도에 따라 보이는 바가 달라진다. 그러면 올바르지 않은 의사결정을 할 수 있기 때문에 모든 것을 투명하게 만들어야 한다. 의사결정하기 전에 실무를 가장 잘 아는 사람에게 반드시 사실을 묻는 이유와도 통한다.

음료 사업 담당 부사장은 차 부회장에게 배워서 체득한 것으로 '팩트 중심의 의사결정'을 가장 먼저 꼽는다. 팩트를 기반으로 커뮤니케이션하고 생각하고, 그에 따라 업무를 수행하기 시작한 것이 가장 큰 변화라고 한다.

CEO에게 팩트 중심으로 보고하는 것이 습관화되면서 임원을 비롯한 중간관리자들도 하부조직에 비슷한 주문을 하기 시작했다. 질문 포인트에 집중해 대답하고, 부수적이거나 쓸데없는 미사여구는 붙이지 말라고 한다.

이렇게 하니 직원들도 불필요한 업무에 시간을 허비하지 않고 꼭 필요한 답만 하면 된다. 1150원만 말해야 한다면 구태여 보고서 들고 찾아올 필요 없이 전화로 얘기하면 된다. 그렇게 조직 전체의 문화가 불필요한 형식을 허용하지 않는 방향으로 바뀌어갔다.

## 한 장 보고서조차 필요 없어진다

요즘은 많은 기업에서 한 장짜리 보고서를 시도한다. 그런데 하고 싶은 말이 많은 실무자들은 글자를 작게 해서 빡빡하게 넣어오곤 한다. 그 한 장짜리를 만드는 데 수도 없이 수정을 거친다. 상사 또한 이것 고쳐라, 저것 고쳐라 지적하는 과정 자체를 하나의 트레이닝이라 생각한다. 실제로 그 과정에서 논리 세우는 법을 알게 되고 펀더멘털이 강해지니 엄청난 트레이닝이 될 수도 있다. 그러나 한편으로는 관료주의적 문화인 데다 시간을 많이 써야 하므로 비생산적인 것도 사실이다. 원페이지 리포트one-page report는 보고서의 두께를 줄이려는 목적에서가 아니라 핵심을 잡으라는 의미에서 중요하다.

엘지생건의 변화한 문화를 보여주는 단적인 예가 '보고서는 한 장으로'다. 엘지생건의 보고문화는 단순함이다. CEO에게 들고 오는 보고서는 최대 한 장으로 만든다. 한 페이지에 정리해서 핵심만 이야기하자는 것이다. 예전에는 보고 한 번 하려면 자료를 몇 십 장씩 만드느라 그것만 해도 큰일이었다. 자료 만드는 데 투자되는 쓸데없는 시간을 없애자는 것이다.

"우리 회사에는 아직도 불필요하고 복잡한 것들이 많이 남아 있습니다. 전화로 한두 마디 하면 충분히 될 수 있는 일을 몇 장짜리 보고서를 만들어 불필요한 시간과 노력을 낭비하고 있고, 보고서의 내용 또한 쉽게 이해하지 못하는 단어를 쓰는 경우가 많습니다."

50쪽으로 만들던 보고서를 갑자기 한 장으로 만들라고 하니 실무자 입장에서는 여간 획기적인 조치가 아니다. 좋기도 하지만 막상 줄이려고 하면 어떤 내용만 담아야 할지 가늠이 안 된다. 일해본 사람은 알겠지만, 짧게 쓰는 게 더 어렵다. 처음에는 글씨를 작게 하는 꼼수까지 동원해서 50쪽짜리를 10쪽으로 줄여가는 과정을 거쳤다. 지금은 이 단계를 넘어 꼭 전달해야 하는 정보만 담는 데까지 발전했다.

비즈니스란 업무를 치열하게 고민하고, 정교하게 계획하고, 빠르게 실행하는 것이다. 불필요한 보고서 작성에 우수한 인재들의 시간과 에너지를 사용하는 것은 조직 전체의 낭비다. 따라서 관행적 형식에 얽매이지 않는 보고방식을 택하고, 필요할 경우 핵심만 담은 간결한 보고서를 통해 실시간 소통하고 실제 업무에 집중할 때 업무 효율이 더 향상된다.

보고를 준비할 때 서면 보고가 반드시 필요한지, 구두 보고나 이메일 보고가 더 효율적인 것은 아닌지 먼저 생각해봐야 한다. 보고서 형식을 갖출 필요도 없다. 로우 데이터(raw data, 미가공 자료)만 담아도 상관없고, 손으로 써간 메모도 괜찮다. 그것만 가지고도 얼마든지 커뮤니케이션할 수 있기 때문이다. 실제로 손으로 쓴 한 장짜리 안건을 들고 오는 실무진도 생겼다. 당사자들은 예의 없는 행동 같아 민망하다고 하지만, 이 또한 그럴듯한 보고서 만드는 것보다 빨리 가서 의사결정하는 게 더 중요하다는 데 실무진도 공감한다는 방증이다.

차 부회장은 한 술 더 떠 "한 장도 필요 없고, 말로 할 수 있으면 말로 하라"고까지 한다. 한 장씩 가져오라고 했더니 다들 한 장씩 만들어가지고 와서 책상에 서로 다른 안건이 70~80장씩 쌓이더라는 것이다. 그때부터 말로 보고할 수 있는 것은 문서 자체를 만들지 않는 것으로 더 간소화되었다.

나아가 이제는 굳이 얼굴 보며 상의할 필요도 없다는 수준까지 나아갔다. 이메일로 해도 되고, 전화로 해도 된다. 같은 이유로 비효율적 출장도 금기시된다.

어느 임원은 BM 시절에 출장 갔다는 이유로 부회장에게 혼난 일화를 얘기해주었다. R&D 건으로 대전에 갔는데 부회장에게 전화가 왔기에 대전이라고 하니 용건을 묻고 나서는 "왔다 갔다 하느라 길에 낭비하는 시간이 얼마인데, 전화나 메일로 충분히 할 수 있는 일을 왜 굳이 얼굴 보면서 하느냐"고 질책하더란다.

차 부회장 본인도 출장은 반드시 필요한 경우 최단기간으로 끝낸다. 미국 출장은 무박 2일이나 2박 3일, 일본 출장은 당일이다. 메일이나 전화로 할 수 있으면 그걸로 다 처리한다. 메일 쓰는 것도 주고받는 데 시간이 걸리니 전화로 처리할 수 있는 사안이면 곧바로 수화기를 든다. 시간낭비가 용납되지 않는 분위기다. 임원들의 증언(?)을 듣다 보면 뒷골이 으스스해진다.

## 90분 안에 골을 넣어야 '워라밸'이 된다

엘지생건의 체질개선은 요즘 말하는 '워라밸'로도 이어진다. 주52시간 근무제가 시행되기 이전에도 엘지생건은 유연근무제를 실시해 8시간 근무만 맞추면 오전 7~9시 출근, 오후 4~6시 퇴근이 자유로웠다.

실제로 이게 지켜지느냐가 쟁점이긴 한데, 지금은 꽤 정착된 상태다. 처음에는 기존 관습이 있어서 상사 눈치 보느라 혹은 밀린 업무 때문에 재량껏 출퇴근을 못하자 제도를 어떻게든 시행하려고 저녁 6시면 무조건 불을 끄며 밀어붙인 적도 있다고 한다.

야근할 것을 염두에 두고 느긋하게 일하던 사람들은 새로운 제도에 적응하는 데 애를 먹기도 했다. 초기에는 '어떻게 일하라는 거냐' 싶었는데, 정해진 근무시간에 어떻게든 일을 해야 하니 결과적으로 효율화가 엄청나게 이루어졌다. 이건 당장 해야 할 일이고, 이건 우선순위가 낮으며, 이건 필요 없는 일이라고 판단하는 능력이 사실 누구에게나 있지 않은가. 그런 능력이 자연스럽게 발현되는 것이다. 물론 일이 밀리는 경우도 있지만, 최소한 "너무 일이 많아서 어렵다"라는 말을 상사에게 마음 편히 할 정도의 자유로운 소통이 가능한 문화도 정시퇴근 제도의 정착을 도왔다.

그에 따라 일 잘하는 기준도 바뀌었다. 과거에는 야근하는 사람이 고생한다고 칭찬받았지만, 이제는 일찍 끝내고 가는 사람을 능력 있다고 보는 편이다. 같은 업무시간에 빨리 퇴근하고 일 잘하는 사람이 인정받고, 늦게까지 일해서 아웃풋이 나온다면 그건 일을 못하는 것으로 생각한다.

축구에서 이기려면 '90분 안에' 골을 넣어야 한다. 워라밸은 골은 넣지 않고 짧게 일하라는 것도 아니고, 90분을 넘겨서 넣으라는 것도 아니다. 정해진 시간 안에 업무를 처리하고 쉴 때 쉬라는 것이다. 이것이 차 부회장이 생각하는 워라밸이다. 주어진 시간 안에 성과를 내라는 것이니 하루가 얼마나 치밀하고 치열하겠나.

최근 법제화된 주52시간 근무제를 지키느라 많은 회사들이 일괄적으로 컴퓨터를 끄거나 출퇴근 시간을 체크하는 등 대책을 내고 있는데, 엘지생건은 10년 이상 쌓였던 문화를 이어서 주52시간 근무제로 자연스럽게 넘어가는 분위기다.

그 밖에도 한 달에 한 번씩 동시휴가를 실시해 전사가 쉬게 하고, 영업직에 스마트 스테이션을 실시하는 등 워라밸에 대해 오래전부터 신경 써오고 있다. 가족과 더 시간을 보내라는 배려도 있겠지만, 리프레시refresh 시간이 충분해야 더 생산적일 수 있기 때문이다.

리프레시가 필요하다고 하면서 실제 업무는 덜어주지 않으면 말이 안 된다. 그런데 의사결정이 빠르고 페이퍼 작업이 적으니 회사의 평소 메시지와도 자연스럽게 부합한다.

## 솔직한 문화

"차 부회장이 각별히 좋아하는 임직원 스타일이 있을 것 아니에요? 어떤 스타일을 좋아하세요?"

이번 책을 위해 임직원들 인터뷰를 하며 슬쩍 물었다. 임직원들과 개인적인 식사 한 번 하지 않을 정도로 곁을 주지 않는 성격이지만, 일할 때 높이 평가하는 유형이 있을 것 같아서였다.

여러 가지 이야기가 나왔는데, 가장 공통적인 의견은 '정직한 사람을 좋아한다'는 것이었다. 잘못한 건 잘못한 대로, 잘한 건 잘한 것대로 정직하게 커뮤니케이션하는 것을 좋아하고, 그런 사람을 좋아한다고 했다. 기본적으로 겉치레나 형식적인 것을 싫어해서 의전도 없앴을 뿐 아니라 일할 때에도 꾸며서 하는 것을 극도로 싫어하는 성격이니 이해가 간다.

### 나쁜 소식은 24시간 안으로

특히 좋지 않은 소식은 곧바로 전해야 한다. 회사에 나쁜 소식이 있으면 업무시간을 따지지 말고 즉시 보고하는 것이 원칙이다.

일을 하다 보면 크고 작은 사건사고를 피할 수 없다. 과거의 잘못이 몇 년 후 담당자가 바뀐 다음에야 드러날 수도 있고, 예전부터 이어져온 관행이 현재 법에는 맞지 않는다는 것을 뒤늦게 알게 되는 경우도 있다. 또는 자신의 실수로 잘못된 표기사항이 나갈 수도 있는 일이다.

이런 문제가 생기면 으레 실무자 선에서 대책을 마련하느라 시간 들이거나 가급적 문제를 축소하는 방법을 찾아서 보고하곤 한다. 최대한 수습해서 그냥 조용히 넘어가려고 하는 수도 있다. 차 부회장이 가장 싫어하는 대응방식이다. 이처럼 문제를 바로 공개하지 않고 혼자 끌어안고 있다가 사태가 악화되었을 때에는 반드시 담당자에게 책임을 묻는다.

반면 문제가 발생했다고 즉시 공유하면 담당자의 책임이 되지 않는다. 설령 담당자의 잘못 때문에 생긴 일이어도, 먼저 찾아와서 이실직고하는 사람을 혼낸 적은 없다고 한다. 문제를 오픈한 순간 해결은 CEO의 책임이 되고, CEO가 구체적인 대안을 함께 고민할 수 있다. 그게 스트레스를 반으로 줄이는 방법이니 혼자 고민하고 숨기지 말라는 것이다.

한 예로, 이런 경험을 한 MD의 얘기를 들어보자. 새로 맡게 된 라인이 있어 재고를 조사해보니 3년 전에 캐릭터 업체와 콜라보레이션한 제품 재고가 상당량 쌓여 있었다. 장기재고라 팔 수도 없고, 콜라보 계약상 외부에 기부할 수도 없었다. 계약사항이 그렇다면 재고로 남은 즉시 보고가 됐어야 했는데 방치돼 있었던 것이다. 캐릭터 업체에 얘기해도 협의가 안 되고, 아무리 봐도 방법은 폐기밖에 없어 보였다. 너무 답답하고 막막했지만 보고는 해야 했다. 대안도 없이 부회장실로 갔다.

"잘못했습니다, 부회장님. 판매가 어려운 재고가 상당량 있는데 도저히 해결방법이 생각나지 않습니다."

그렇게 보고하면 으레 '왜 그랬어? 그게 아직까지 왜 있어? 얼마나 있는데? 어디까지 해봤어?' 같은 질문이 돌아올 수 있다. '그때 보고 안 한 담당이 누구야?' 하고 물어볼 법도 하다. 하지만 그런 질문은 나오지 않았다. 차 부회장은 사실부터 점검했다.

"그래요? 기부가 안 돼요? 안 되는 이유가 있나요?"

계약사항을 설명하자 "일단 캐릭터 업체랑 사업부장이 직접 협의해보세요. 오늘 바로 만나봐요"라고 상급자에게 외부와의 협의를 맡겼다. 그러고는 어떤 방법이 있을지 같이 고민에 들어갔다.

실무자는 자기 부서만 알지만 부회장은 전체를 다 안다. 그래서 담당 부서만으로 문제해결이 어려우면 어느 부서에서 도와줄 수 있을지 파악해 연결해줄 수 있다. 이 또한 그 자리에서 이루어진다. "여기에 재고가 이렇게 많다는데, 이거 소진할 방법이 있을까요?"

그런 통화를 5~6번 하자 어느새 해결책이 보였다. "음료사업부에 좋은 특판 건이 있으니 선물로 쓸 수 있을 것 같아요. 음료사업부장에게 이야기해봐요."

결국 사업부장이 나서서 기부가 가능하도록 캐릭터 업체와 협의했고, 다른 부서와 소통하여 재고도 모두 소진했다.

## 고민 말하기를 주저하지 않는다

현업에서 무언가를 시도해보려고 할 때 가장 걱정되는 것이 무엇일까?

생각해보면 의외로 단순하다. 윗사람에게 어떤 지적을 받을까 하는 것이다. 야심찬 제안이든 문제가 생겼을 때든 마찬가지다. 지적받을 것이 두려워 입밖에 내지 못하는 것 아닌가.

그래서 차 부회장은 사업부장이나 부문장들이 고민거리를 주저 없이 말할 수 있는 문화를 만들었다. 문제되는 내용을 CEO에게 자주 보고하고 지침 받는 게 불편할 수 있지만, 좋은 대책을 생각하느라 골든타임을 놓치는 것보다는 실수했더라도 제때 결정하는 것이 훨씬 낫다. 즉각적인 커뮤니케이션을 하고 빨리 결정하면서 혹시 수정할 것이 있으면 빨리 바꾸면 된다는 마인드가 조직 전체에 스며 있기에 어려운 점이 있을 때 수시로 보고한다.

결과적으로 그 덕분에 문제가 더 커지지 않고 바로 해결되고, 방향을 새롭게 잡아나갈 수 있으므로 구성원들도 호응하는 분위기다. 이제는 고민을 말하고 논의하고 필요한 지침 받기를 당연하게 생각하고, 그렇게 하지 않는 사람은 일을 안 하는 것이라 여길 정도다. 좀처럼 보고하러 오지 않는 부서에는 부회장이 먼저 전화해서 "혹시 이런 문제가 있지 않나요? 그쪽은 잘 돌아가요?"라고 물어보기도 한다.

차 부회장은 "투명성을 실시간으로 확보해야 한다"고 입버

룻처럼 말한다. 습득할 수 있는 정보의 양이 점점 많아지고, 그런 정보들이 더 많은 사람들에게 투명하게 공유되는 시대가 되었다. 소비자들이 기업에 대해 점점 더 많은 것을 알고 싶어 하는 것만큼이나 내부 구성원들도 회사가 돌아가는 상황에 대해 더 많이 궁금해하게 된다. 정보와 결정사항이 투명하게 공유되지 않으면 호기심이 자칫 괴담으로 둔갑할 위험이 있다. '이 소문이 진짜일까? 바깥에서 알게 되면 회사가 어려워지는 것은 아닐까' 하는 불안감이 생기면 정상적인 업무진행이 어려워진다. 그래서 사실을 바탕으로 정확하게 커뮤니케이션하는 것이 더욱 중요하다.

"사실 대부분의 이슈는 이미 리더의 머릿속에는 정리되어 있지만, 적시에 커뮤니케이션이 되지 않으니 구성원들 입장에서는 서로서로 아는 사실들을 짜맞추어 추측하게 되고, 이러한 추측이 사실인 양 조직 내에 퍼지게 됩니다. 그러므로 리더가 알게 된 회사의 정보는 대외비가 아닌 한 가급적 빠른 시기에 직원들에게 정확하게 공유하고 공감을 일으켜서 한 몸처럼 움직이는 조직을 만들어 나가야 합니다." 차 부회장은 리더들의 소통 역할을 수시로 강조한다.

## 모르는 걸 모른다 하는 사람이 성장하더라

차 부회장은 정직함에 대해 자주 얘기한다. 모르는 걸 모른다고 할 줄 알아야 한다는 것이다. 모르는데 아는 것처럼 꾸며서

허황하게 대답하는 사람을 참 싫어한다. 조금만 들여다보면 모른다는 사실을 알 수 있는데도 아는 척 이야기하는 것을 경계한다. 차 부회장은 "모를 때는 정확하게 모르겠다고 해라. 모른다고 하면 일단 겸손하게 배울 수 있고, 가르쳐주면 배우겠다고 하는 마음이 될 수 있다"고 강조한다.

물론 맨날 모르기만 하면 안 된다. 그건 무능이다. 차 부회장이 장려하는 건 '모르는 것'이 아니라 일종의 자신감이다. 모를 때 모른다고 할 수 있는 것은 그에게 자신감이 있다는 뜻이다. 다른 것은 알지만 이것은 아직 모른다는 의미다.

차 부회장이 고등학교 수업시간 중 선생님께서 해주신 말씀을 직원들에게 전한 적이 있다.

"내가 교편생활을 30년 했는데, 이제야 내가 모르는 것을 모른다고 말할 수 있는 용기가 생겼단다. 지금은 내가 모르는 것을 질문 받아도 '이건 내가 잘 모르니까 알아보고 가르쳐주겠다'고 말할 수 있지만 얼마 전까지만 해도 학생들 앞에서 모른다는 것을 인정하는 게 참 어려웠지."

차 부회장은 선생님께서 이런 고민을 하실 거라곤 생각해보지 못했다고 했다. 교직에 몸담은 지 30년이 지난 시점이지만 본인이 깨달은 바를 솔직하게 말씀하고, 또 그러한 자신을 스스로 자랑스럽게 여기는 은사님을 보며 큰 감동을 받았다고 한다.

차 부회장이 같이 일했던 많은 상사, 동료, 직원들을 돌이켜

## 맹목

'맹목盲目'이란 말 그대로 눈이 멀었다는 뜻입니다. 좀 더 깊게 보면 무조건 믿고 따른다는 의미인데, 이 말은 북송 때의 시인 소동파의 일화에서 유래했습니다.

소동파는 하양河陽 지방에서 기른 돼지 맛이 매우 좋다는 소문을 듣고 하인을 시켜 몇 마리 사오도록 했습니다. 그러나 하인은 돌아오는 도중 술에 취해 돼지를 모두 잃어버렸고, 자기 돈을 털어 가까운 농가에서 일반 돼지를 사왔습니다.

소동파는 당대의 유명인사들을 불러 잔치를 열었고, 참석한 사람들은 역시 하양의 돼지고기 맛이 일품이라며 입에 침이 마르게 칭찬했습니다. 그때 잃어버린 하양 돼지를 찾아주러 촌로 몇 사람이 그의 집을 방문하는 바람에 들통이 났습니다. 이에 손님들은 머쓱해하며 하나둘 사라졌습니다.

대부분의 사람들은 소동파의 손님들처럼, 이름과 권위에 눈이 멀어 높은 사람이 말하는 것을 맹목적으로 따릅니다. 하지만 우리 직원들은 생각과 의견을 용기 있게 가감 없이 이야기할 수 있어야 합니다. 이런 사람이 많을 때, 회사는 더욱 경쟁력을 갖추고 발전할 수 있습니다.

봤을 때, 그들 중 놀랍게 성장하는 사람들은 모르는 것을 모른다고 하는 용기를 가진 사람들이었다고 했다. 이들은 모르는 걸 아는 척해서 얻을 수 있는 눈앞의 작은 성공보다는 시간이 걸리더라도 항상 배우는 자세로 나날이 크게 성장하는 모습을 보여주었다고 한다.

모르는 걸 대충 아는 척하면서 관행적으로 일을 처리할 수는 있다. 하지만 이러한 태도는 업무의 정확성을 떨어뜨려 결과적으로는 낭비가 발생하게 된다. 차 부회장은 모르는 것에 대해 아는 척하기보다는 모른다고 말할 수 있는 용기를 가질 때, 구성원도, 회사도 기본을 탄탄히 하며 더 크게 성장할 수 있다는 걸 자주 강조한다.


## 혁신의 파레토 법칙

차 부회장이 조직과 구성원들에게 시도하는 '혁신'은 어떤 것일까? 사람들이 생각지도 못했던 기발한 제품을 만드는 걸까?

그보다는 그간 당연하다고 생각했던 것들이 근본적으로 정말 필요한지 되새겨보고 불필요한 것들은 없애는 작업이다. 그래야 그다음 단계로 나아갈 수 있다는 것이다. 타성에 젖어 있으면 해답을 찾을 수 없기에 스스로도 계속 실무자나 현장의 목소리를 들으려 노력하고, 조직에도 깨어 있을 것을 주문한다.

전체를 보고 큰 그림을 그리는 위치상 리더가 가장 혁신적일 수밖에 없고, 그래야 한다. 절대다수의 혁신이 톱다운으로 이루어지는 이유다. 그 과정에서 필연적으로 반발이 생긴다. 엘지생건에도 차 부회장이 부임해 혁신을 말했을 때에는 '쇼 하는 거 아니냐'며 냉소하는 직원들이 적지 않았다. 특히 옛 관성에 익숙한 시니어들 중에는 '가식적'이라고 거부감을 보인 이들도 있었다.

그런 구성원들이 80%였다면, 기대를 거는 이들도 20%쯤은 있었을 것이다. 변화에 동참하는 20%가 있고, 회사 전체의 분위기와 문화가 조금씩 바뀌어감에 따라 80%의 강한 거부감도 '아주 아니야'에서 '에이, 그건 아니지' 하는 정도로 약해지고, 어느새 서서히 함께 변화하기 시작했다.

"부회장님과 일을 하다 보면, 처음에는 그렇지 않았지만 시간이 지날수록 많이 익숙해지는 것 같아요. 익숙해진다는 얘기는 제가 그 방향으로 변하고 있다는 거겠죠? 제가 변하면 우리 팀이 변하고, 그러면 회사 전체가 변하니 문화 자체가 그렇게 만들어져 가는 거겠죠."

엘지생건 CRO(Chief Risk management Officer)의 말은 CEO의 혁신이 어떻게 조직의 체질을 바꿀 수 있는지 보여준다. 말하자면 '혁신의 파레토 법칙'이다. 물론 시간은 걸린다. 사업혁신 업무를 총괄했던 임원의 말처럼 말이다.

"CEO가 어떻게 실천할지 말로만 하는 게 아니라 행동으로 보여주면, 그다음에는 자연스럽게 다 전파되는 것 같아요. 조직문화의 속성이 그런 것 같습니다. 다만 끝까지 잘 전파됐는가의 이슈가 있겠지만요. 부회장님 오신 지 오래됐으니 비교적 자연스럽게 전파되었던 것 같고요. 거꾸로 말하면 '아, 혁신하려면 10년 이상 걸리는구나' 하는 생각도 듭니다."

# 업의 본질에 따른 포트폴리오 전략

## 2장

## 코카콜라를 인수하다

엘지생건 사업부는 크게 헬시(Healthy, 생활용품), 뷰티풀(Be-autiful, 화장품), 리프레싱(Refreshing, 음료)으로 나뉜다.

화장품은 현재 회사 차원에서 가장 신경 쓰고 있는 핵심사업이다. 생활용품은 엘지생건의 모태나 다름없으며, 엘지생건이 장기적으로 어떠한 외부환경에도 흔들리지 않고 앞으로 나아갈 수 있게 하는 근간이 된다.

음료는 굳이 순위를 매겨보자면 마지막이다. 그럼에도 현금흐름이 좋아서 화장품이나 생활용품을 키우기 위한 역할을 훌륭히 수행한다. 이런 특성 때문에 엘지생건 내부에서는 각 사업의 역할을 나무에 비유해 생활용품은 뿌리와 줄기, 화장품은 꽃과 열매, 음료는 토양과 비료라고 표현하기도 한다. 토양이 없으면 뿌리나 줄기가 있을 수 없고, 뿌리나 줄기가 없으면 꽃을 피우지 못한다. 그러므로 세 사업부문이 긴밀하게 상호 보완하게 하면서 한 작품으로 완성해가려 한다.

엘지생건 리프레싱 부문의 대표주자는 바로 코카콜라다. 2007년, 엘지생건은 코카콜라를 인수해 2018년 기준 1조 2000

억 원 매출 규모로 성장시켰다. M&A를 통한 엘지생건 성장의 첫걸음이다.

지금이야 황금알을 낳는 M&A의 대표적인 성공작으로 인정받고 있지만, 초반에는 코카콜라를 인수하겠다고 하자 '왜 코카콜라를?' 하고 의문을 갖는 사람들이 많았다. 생활용품, 화장품 하던 곳이 음료 사업이라니 너무 생뚱맞다는 것이었다. 차 부회장이 부임한 지 2년도 채 되지 않았을 때였다.

## 내진설계 전략

차 부회장이 오기 전부터 엘지생건에는 오랜 고민이 있었다. 엘지생건의 모태는 치약이나 샴푸 등으로 대표되는 생활용품인데, 이 부문은 전형적인 성숙기산업이어서 성장이 어렵다. 업계 1위를 계속 지켜오며 엘지생건의 매출을 3분의 2 이상 담당하고 있었지만, 특별한 돌파구가 없는 이상 어느 시점에 도달하면 성장세가 꺾일 위험이 있었다.

또 다른 주력분야인 화장품도 사정은 다를 바 없었다. 역사가 오래된 강력한 화장품 기업도 많았고, 이 또한 성숙기산업인지라 내부적으로 고민이 많았다고 한다. 미래 성장동력이 딱히 보이지 않았던 것이다.

그래서 식음료 사업에 손을 대기도 했다. 식품은 생활용품과 유통망이 동일하니, 기존 채널에 제품만 추가로 얹으면 될 것이라 생각했던 것이다. 그래서 만든 것이 '맛그린'이라는 조미료였는데, 기대만큼 성과가 좋지는 않았다.

당시 엘지생건과 비슷한 고민을 하던 곳이 CJ제일제당이었다. 그들의 주력사업인 식품도 성숙기산업이니 성장거리를 찾고 있었는데, 그들이 찾은 해법은 공교롭게도 생활용품이었다. 엘지생건의 노림수처럼 그들도 기존의 식음료 유통망에 생활용품을 얹을 생각이었던 것이다. 이처럼 같은 이유로 서로의 시장에 들어갈 눈치를 보던 차에, CJ가 라이온과 합작해서 세탁세제 '비트'를 내더니 초반부터 대성공을 거뒀다.

엘지생건은 당연히 자극받았다. 안 그래도 기회를 보고 있었는데 먼저 자신의 영역에 넘어왔으니 '이럴 수가' 싶었던 것이다. 그렇다면 엘지생건이라고 못할 것이 무언가. 그들도 조미료 시장에 들어갔다. 그런데 CJ와 달리 엘지생건은 실패했다. 맛그린은 이른바 'MSG 무첨가 마케팅'으로 화제성을 일으켰지만, CJ에서 'MSG 없는 조미료는 없다'고 방어를 잘해서 별반 힘도 못 쓰고 끝나버린 것이다.

그 뒤로 레토르트 식품도 하고, 감식초도 만들고, 급기야 음료 시장에도 문을 두드렸다. 마침 아이돌 그룹 HOT가 한창 뜨거울 때라 음료 캔에 HOT 5명의 얼굴을 다 넣어서 판촉했더니 초반 반응이 좋았다. 하지만 음료는 엄청난 물량을 판매해야 이익이 되는데 그 정도 반짝 매출로는 돈이 남지 않았다.

1993년부터 10여 년 동안 엘지생건에서 일어난 일이다. 조미료부터 음료까지, 10년 넘게 사업 다각화를 시도하다가 결국 많은 손실만 떠안고 정리했다. 이처럼 쓰라린 기억이 있던 차에 차 부회장이 부임해서 식음료 카드를 꺼내든 것이다.

## 세발자전거가 더 안전하다

왜 하필 음료 사업이었을까? 차 부회장은 해태제과에서 식음료 사업을 해보았기 때문에 사업특성을 잘 알고 있었다. 그러나 단순히 차 부회장이 잘 안다는 이유만으로? 음료 사업 담당 부사장은 포트폴리오 차원에서 설명한다.

"저희가 유기적 성장도 있었지만, M&A를 통해 성장한 부분도 크잖아요? 코카콜라나 다른 음료 기업을 M&A한 것도 그런 차원입니다. 사업의 포트폴리오를 좀 더 안정적으로 가져가기 위해서는 음료와 같은 사업이 필요하다고 생각한 것이죠."

리스크가 높은 것은 리턴도 크다. 물론 리스크가 낮아서 리턴도 작은 것도 있다. 포트폴리오란 그것들의 조합을 잘 관리하는 것 아닐까.

차 부회장이 엘지생건에 적용한 포트폴리오는 그의 표현대로 하면 '세발자전거론'이다. 그는 "생활용품, 화장품만 가지고는 두발자전거를 타고 가는 것과 같다"고 했다. 둘 다 잘될 수도 있지만, 혹여 화장품이 좀 어렵더라도 생활용품이 잘돼서 끌고 나가주고, 또 생활용품이 어려울 때는 화장품이 잘돼서 끌어줄 수 있다. 지금까지는 그럭저럭 운 좋게 잘해오고 있었는데, 이게 위태롭다는 것이다.

그런데 사업 포트폴리오가 생활용품, 화장품만이 아니라 하나 정도 더 있으면 세발자전거가 된다. 두발자전거는 멈추면 넘어지지만 세발자전거는 훨씬 안정적이다.

한편으로 이는 일종의 '내진설계'와 같다. 오늘날 외부의 환경변화가 급격하고 언제든 충격이 올 수 있다는 사실을 사업하는 사람들은 다 인지하는 바다. 그렇다면 대비를 해야 하지 않겠는가. 알면서도 앉아서 당할 수는 없다. 1923년 관동대지진 당시 폐허가 된 도쿄 시내에서 무너지지 않고 원형을 유지한 건물은 프랭크 로이드 라이트가 설계한 임페리얼 호텔이 유일했다고 한다. 엄청난 대지진이 올 수 있다는 가정 아래 통상적인 수준보다 월등히 많은 비용과 노력을 들여 내진설계를 한 덕분이다. 이 내진설계의 핵심은 두 가지였다.

첫째, 고정된 부분을 최소화했다. 지진이 나면 고정된 것은 흔들려 부서지기 때문이다. 둘째, 구조물의 무게를 경량화함으로써 외부 충격에 유연하고 빠르게 대응할 수 있게 했다.

차 부회장은 이 사례를 들며 엘지생건도 예상 가능한 외부의 충격에 대비한 내진설계를 해야 한다고 당부했다. 그가 생각한 내진설계는 크게 3가지다.

첫째, 사업의 흥망과 상관없이 발생하는 '고정비'를 가급적

줄인다. 강한 외부 충격이 올 경우 고정비는 회사를 무너지게 하는 주요 요인이 될 수 있기 때문이다.

둘째, 위에서 아래까지 커뮤니케이션을 간소화하고 핵심을 찌르는 '소통능력'을 키워 경영의 스피드를 높인다. 그럼으로써 외부 충격에 빠르게 대응할 수 있게끔 하려는 것이다.

셋째, 리스크와 성장을 고려해 사업 분야를 '다각화'한다. 사업 포트폴리오가 합리적으로 조화될 때 외부 환경 리스크를 완충시킬 수 있다는 계산에서다.

내부적인 체질개선을 통해 고정비와 커뮤니케이션 문제를 해결한 엘지생건은 음료 사업 진출로 사업 다각화를 가시화했다. 말하자면 음료 사업은 차 부회장이 찾은 세발자전거의 '세 번째 바퀴'다. 사업 포트폴리오를 안정적으로 가져가기 위해서는 식음료가 필요하다는 전략적 그림이다.

그가 그린 그림은 실로 크다. 일반적으로 '포트폴리오'라 하면 어디까지를 상정할까? 예컨대 치약을 만드는 기업 중에 세안까지 가는 회사가 있고, 그렇지 않은 회사가 있다. 그에 따라 세안이 그 회사의 포트폴리오에 들어가기도 하고 제외되기도 한다. 그런데 치약에서 비누를 연상하기는 쉽지만, 치약과 콜라를 연결 짓기는 언뜻 꽤 어색해 보인다. 이는 곧 엘지생건이 추진하는 사업 다각화의 범위가 한눈에 들어오지 않을 만큼 방대하다는 뜻이다. 코카콜라 인수 의사를 밝혔을 때 사업 포트폴리오가 구체화되어 있느냐는 질문을 많이 받은 이유이기도 하다.

하지만 생각해보면 음료는 기존 엘지생건의 사업과 결코 동떨어진 영역이 아니다. 앞서 말했듯이 유통망이 동일하기 때문에 인력운용 등에서 고정비 감소 효과가 있고 전체적으로 사업을 키워놓기에도 유리하다. 차 부회장 개인적으로도 M&A와 음료 사업에 대한 노하우가 많으니 큰 그림을 그리기에 최적의 조건이었다.

또한 음료 사업은 화장품 사업과의 매출 보완에도 적합하다. 생활용품은 상대적으로 시기를 덜 타고 비교적 안정적으로 운영되지만, 화장품은 다르다. 겨울에 비해 여름에는 사람들이 화장을 덜 하기 때문에 화장품 사업은 여름이 비수기다. 지금은 후 브랜드를 중심으로 매출 자체가 크게 올라 여름에도 사업성이 좋지만 2007년 당시에는 화장품이 연간으로는 흑자여도 여름에는 적자를 보곤 했다. 여름에 힘들었다가 겨울에 만회하며 계속 불안한 상태를 이어갔던 것이다.

그런데 음료는 거꾸로 아닌가. 여름에 많이 팔리고 겨울이 비수기다. 이처럼 화장품의 계절적 요인과 음료의 계절적 요인이 반대이기 때문에, 기존 사업에 음료를 하나 더 얹으면 전체 사업의 계절지수(seasonal index)가 고르게 되어 위험이 줄어든다. 우산 장수와 짚신 장수 얘기처럼, 음료 카드가 생활용품 및 화장품과 잘 조합되면 회사의 많은 문제를 해결해줄 수 있을 터였다.

## M&A를 통해 과외수업을 받다

늘 과거의 실패 경험이 발목을 잡곤 한다. 신사업에 도전하겠다고 하니 당장 내부적으로 반발이 있었다. 드러내놓고 반대하지는 못하고 속으로만 '우리가 10년 동안 실패만 하다 끝난 지 얼마 안 됐는데…' 하며 전전긍긍하는 분위기였다.

안팎의 우려가 컸지만, 그럼에도 차 부회장은 준비를 시작했다. 차 부회장의 논리는 이랬다. 지금 신규사업을 시도하지 않으면 머지않아 엘지생건의 기존 사업이 쪼그라들면서 회사 자체가 위험해진다는 것이 첫 번째 당위성이었다. 그러므로 늦기 전에 사업을 확장해야 하는데, 유통채널을 보면 음료가 기존의 사업과 잘 맞으니 적당하다는 것이다.

그러면 어떻게 시작해야 할까? 자체적인 능력이 있으면 내부에서 시작하면 되지만, 그렇지 않다면 외부에서 역량을 수혈해 와야 한다는 게 두 번째 당위성이었다. 답은 M&A뿐이었다.

차 부회장은 과거에 엘지생건이 음료 사업에 실패한 이유가 해당 분야에 대한 역량이 없는 상태에서 섣불리 뛰어들었기 때문이라고 보았다. 음료 사업과 생활용품 사업은 전혀 다른데, 채널이 같으니 같은 역량이면 된다고 생각한 것이 패착이었다. 능력이 안 되는데 들어가면 깨지는 건 당연하다. 여전히 내부에는 음료 분야의 경쟁우위랄 게 없는데, 하고 싶고 잘하고 싶다면 어떻게 해야겠는가?

"자기 혼자 공부해서 실력이 안 될 것 같으면 과외를 받아야죠. 그리고 기왕이면 잘하는 선생님에게 배워야죠. 음료 사업을 누가 가장 잘합니까? 코카콜라가 가장 잘합니다. 가장 잘하는 곳에서 배워야죠."

물론 코카콜라 상황이 좋은 것은 아니었다. 우리나라에 들어온 지 오래되었지만 해마다 적자폭도 늘어나고 성장도 멈춰 있었다. 그런데 운영은 엘지생건이 자신 있으니 코카콜라의 취약한 부분을 메워줄 수 있다고 보았다.

M&A를 통해 해당 산업을 학습한다는 기조는 코카콜라뿐 아니라 다양한 M&A에서도 일관되게 적용되는 논리다. 과거 엘지생건은 생활용품 부문에서 기저귀 사업을 시작했다가 애를 먹은 적이 있다. 기저귀 하나만으로는 채산성이 떨어지기 때문이다. 생리대나 휴지 등 위생용 종이제품 전반으로 영역을 확장해야 하는데, 그러기에는 투자비가 너무 컸다. 이미 하고 있는 사업도 적자인데 거기에 더 투자해야 하니 이러지도 저러지도 못하고 있었다.

이렇게 어려운 상황에 차 부회장이 와서 생리대 사업을 덧붙였다. 투자여력이 없는데 그는 어떻게 신규사업을 확장할 수 있었을까?

해법은 조인트 벤처였다. 그때의 논리도 코카콜라 인수와 본질적으로 다르지 않았다. 위생용 종이제품에 대해서도 어쨌든 능력이 부족하니 잘하는 곳에서 배워야 하는데, 세계에서 이

사업을 가장 잘하는 기업은 킴벌리클라크였다. 그러나 킴벌리
는 오랫동안 사업을 같이해온 국내 파트너가 있어서 끼어들 여
지가 없었다.

그런데 가만히 보니 일본에는 킴벌리도 꼼짝 못하는 토종 브
랜드가 있더라는 것이다. 바로 유니참이었다. 마침 이 유니참이
우리나라에서는 제자리를 잡지 못하고 있었으니, 엘지생건이
운영을 책임지는 대신 유니참에서 이 분야 사업에 대해 배우자
는 것이었다.

이런 방식으로 위생용 종이제품 사업을 확장하고 음료 사업
을 재개했다. 잘하는 기업과 제휴해서 배우는 방식은 그 후로
도 이어지고 있다. 코카콜라 사업이 정착된 후 엘지생건은 냉
장음료 쪽으로 확장을 시도했다. 음료도 정체돼 있는 성숙기산
업이며, 성장하려면 상온음료만 취급할 것이 아니라 냉장, 냉동
전반으로 카테고리를 확장해야 했다. 물론 상온 유통되는 음료
사업과 냉동, 냉장 사업은 요구되는 역량이 또 다르다. 그래서
이 역량을 키우고자 한때 프랑스 요거트사 다농(Danone)과 제
휴하기도 했다.

### 한류와 난류가 만나는 곳에 물고기가 많다

과거 엘지생건의 슬로건은 'Healthy & Beautiful'이었고, 리
프레싱이 슬로건에 포함된 것은 나중의 일이다. 음료 사업을
본격화하고도 한참 후에야 '리프레싱'이란 개념으로 슬로건에

포함한 데에는 차 부회장 나름의 논리가 있었다.

그가 부임 초기부터 강조한 개념은 '업의 본질'이었다. 하버드 대학교의 테드 레빗Ted Levitt 교수는 제품 지향적 마인드가 아니라 소비자 지향적 마인드를 가져야 한다고 했다. 근시안적 고정관념을 벗어나야 가치창출이 된다는 것이다. 그러기 위해 필요한 것이 자기 비즈니스의 업의 본질을 살피는 일이다. 차 부회장은 종종 레빗 교수의 말을 인용하며 "업의 본질에 대해 고민해봐야 한다"고 했다.

업의 본질이라는 관점에서 생활용품, 화장품, 음료를 어떻게 봐야 할까? 차 부회장이 재정립한 엘지생건의 업의 본질은 이것이다.

"생활용품, 화장품, 음료라는 제품을 만들어 파는 게 우리 사업의 본질은 아닙니다. 우리는 생활용품, 화장품이라는 제품을 통해 소비자에게 건강하고 아름다운(healthy & beautiful) 삶을 선사해야 합니다. 건강이라는 것은 위생청결로부터 시작하는 것이며, 우리는 과거부터 생활용품을 통해 고객에게 건강이라는 가치를 안겨주려고 했습니다. 또 화장품을 통해 아름다움의 꿈을 실현하는 가치를 주고자 했습니다. 마찬가지로 음료 사업을 하는 것도 결국은 고객에게 삶의 활력을 주기 위함입니다. 이것이 우리의 본질입니다."

이렇게 규정한 후 사업 도메인을 'Healthy, Beautiful, Re-freshing'으로 바꾸었다.

업의 본질을 재규정하며 사업 도메인이 세 영역으로 명확히 구분되었지만, 조직 내부에서는 각 사업 간의 경계를 엄격히 두지 않았다. 오히려 차 부회장은 생활용품, 화장품, 음료 사업이 각자의 제품 범위 내에서 벗어나지 않으려고 하는 데 강한 문제의식을 느꼈다.

시장이 이미 성숙기에 접어들어 있으면 의도적으로 변화를 겪으며 새로운 돌파구를 찾아가야 한다. 이질적인 분야 간의 교류와 융합에서 새로운 사업 아이템도 생각나게 마련인데, 회사 내의 인재들이 생활용품이면 생활용품, 화장품이면 화장품, 음료면 음료라는 제품의 고정관념에 갇혀서 벗어나지 못하고 있었던 것이다.

부서 간의 경계를 허물고자 차 부회장은 '메디치 효과'를 강조했다. 메디치 효과란 서로 이질적인 분야 간에 교류를 통해 창조적이며 혁신적인 아이디어를 창출해내는 경영방식을 말한다.

"르네상스는 교차기능(cross-functional)과 무경계(boundaryless)에서 시작되었습니다. 한류와 난류가 만나는 곳에 물고기가 많은 것처럼, 경계지점에서 좋은 제품이 많이 나오고 미래의 가능성도 찾을 수 있습니다. 서로 다른 사업부 간에 벽을 허물고, 다른 부문에서 무엇을 어떻게 잘하고 있는지, 어떤 것은 왜 못하고 있는지를 보는 자세가 중요합니다."

그전에는 생활용품, 화장품, 음료로 경계가 구분돼 있어서 생활용품과 화장품이 서로 '우리 것'과 '너희 것'을 두고 다투었는데, 차 부회장은 거꾸로 서로의 경계지점에 주목해 그 교차점에서 새로운 아이디어를 창출하도록 장려했다. 직원들도 의도적으로 계속 순환시켰다.


## 매출보다 시스템

이러한 큰 그림 아래, 드디어 코카콜라를 인수했다.

엘지생건의 코카콜라 인수는 그 자체로 업계의 큰 이슈였지만, 더욱 놀라운 것은 그다음이었다. 인수 당시 적자였던 코카콜라가 인수 이후 빠르게 흑자로 돌아선 것이다. 그 무렵 국내 코카콜라의 매출은 5000억 원이었는데 2018년 매출은 1조 2000억 원에 이른다.

비결이 뭘까? 한국시장에 맞는 제품 출시 등 여러 가지 요인이 있었지만 결정적인 열쇠는 조직운영에 있는 것 같다. 엘지생건은 그동안 방만하게 운영됐던 코카콜라의 문제점을 뜯어고쳐 효율적으로 바꾸었다. 지난 10년간 코카콜라 사업부를 맡아온 임원은 흑자 전환의 요인으로 조직운영의 면에서 3가지를 꼽았다. CCKC와의 원만한 관계, 노조와의 관계 안정화, 방만했던 운영방식 개선이 그것이다.

## 인수회사와의 관계를 재정립하다

코카콜라는 사업체계가 약간 독특한데, 흔히 '보틀링 시스템 bottling system' 이라 일컫는다. 저 옛날 코카콜라 사업 초기에 너무 인기가 많아서 생산이 수요를 따라가지 못하자 미국 각 지역에 있는 보틀러bottler들에게 해당 지역의 판매권을 주는 시스템이 전 세계로 퍼져 지금까지 이어져오고 있다.

한국에서도 마찬가지여서 CCKC(Coca-Cola Korea Company)가 있고, 이들에게 원액을 제공받아 국내에 판매하는 보틀러인 CCB(Coca-Cola Beverage)가 있다. CCKC는 콜라 원액 제조 및 브랜드 마케팅을, CCB는 생산과 유통 및 고객지원을 맡아 하는 구조다. 엘지생건이 인수한 것은 바로 이 CCB였다.

M&A 이전에는 한국 CCB와 CCKC의 협업이 원활하지 않았다. 협업은커녕 서로 대화조차 많지 않았다고 한다. 엘지생건은 인수 직후 CCKC와의 관계는 물론 글로벌 코카콜라와의 관계를 재정립하는 데 공을 들였다. 지금은 엘지생건이 '이런 목적으로 움직이려고 하니 지원 좀 해달라'고 하면 CCKC에서 검토해 타당하면 지원해주고, 엘지생건도 CCKC에 협조할 일이 있으면 적극적으로 돕고 조언한다.

예를 들어 한국의 법무나 식약처 대응에 대해서는 코카콜라 본사보다는 엘지생건이 잘 알고, 마케팅에서도 현장에 대한 인사이트가 있으니 엘지생건 측에서 짚어주는 것이다. 목소리 높여가며 논쟁할 때도 없지는 않지만, 서로를 인정하고 협의하는

틀은 마련됐다는 것이 내부의 평가다.

엘지생건과 CCKC는 체계나 문화가 다른데, 어떻게 단기간에 관계가 개선됐을까?

사실 초기에는 갈등이 많았다. CCKC에서 엘지생건에 이런 걸 왜 하느냐고 하기도 하고, 반대로 엘지생건에서 그런 브랜드 홍보는 한국에서 먹히지 않는다고 주장하기도 했다. 매출액의 일정 비율을 마케팅에 쓰게 돼 있는데, 광고나 프로모션에 쓰는 비용이 굉장히 큰 금액이다 보니 의견대립도 팽팽할 수밖에 없다.

이런 식으로 CCKC와의 협업에 크고 작은 갈등이 있었지만, 서로 많이 싸우더라도 어떻게든 결론을 내고 합의하고 나면 더 좋은 결과를 내곤 했다. 그래서 지금은 서로 이야기를 많이 들어주고, 협업도 잘되는 편이다.

예를 들어보자. 2020년에 신제품을 출시할 계획이라면 대개 2018년 말에는 개발에 착수해 조율이 시작된다. 엘지생건이 해외 리서치를 해서 '해외에 이런 제품이 있는데, 한국에도 내자'고 하면 CCKC와 협의하는 단계를 거친다. 최종 합의되면 CCKC는 아시아 R&D센터에 이야기하고, R&D센터가 개발하는 구조다.

재미있는 것은, 항상 한국의 신제품 개발의뢰가 가장 많다는 점이다. 여기에는 두 가지 이유가 있다. 우선 한국이 트렌드 변화가 빠른 사회여서이고, 다른 하나는 차 부회장이 신제품에 중요성을 크게 두기 때문이다.

차 부회장은 조사 못지않게 인사이트, 이른바 '촉'을 중요시하는 편이다. 그리고 스피드를 중요시한다. 그러다 보니 아무래도 엘지생건은 신제품 출시 속도가 빠르고, 실패하면 빨리 거둬들인다.

그러나 CCKC의 접근법은 다르다. 그들은 개발 전에 조사를 한다, 그것도 아주 많이 한다. 엘지생건이 인수한 해태음료에서는 3개월이면 제품 개발이 완료되는데, CCKC에서는 1년 반이 걸린다. 소싱sourcing하는 원료의 품질을 하나하나 검토하고, 소싱하는 회사가 신규업체면 등록하는 데에만 1년씩 걸린다.

물론 여기에는 장단점이 있다. CCKC의 방식이 안전한 접근법이긴 하다. 단점은 트렌드가 지나버리면 끝이라는 점이다. 엘지생건의 지속적인 요청과 제안으로 이제는 그들의 조사기간도 짧아지긴 했다. 엘지생건이 보기에는 여전히 길다고 느끼지만, 초반의 방식 차이를 감안하면 서로 많이 절충된 편이다.

신제품을 낼 때 엘지생건이 타당한 의견을 주면 CCKC가 받아들여 디자인에 반영하고, 자신들의 의견에 엘지생건의 의견을 더해 글로벌 본사를 설득하기도 한다. 코카콜라 자체는 워낙 오래된 글로벌 가이드라인이 있어서 새로운 의견이 수렴되기 쉽지 않지만, 그 밖의 제품은 협의해서 진행할 여지가 많다. 여기에 우리나라에 맞게끔 프로세스를 좀 더 조율함으로써 쓸데없는 낭비 없이 비용도 더 효율적으로 쓰게 됐다.

서로의 의견에 귀 기울이게 된 것은 엘지생건의 방식이 옳아서만은 아니다. 양쪽 회사가 서로의 의견을 경청하며 상호 존중했기 때문이다. 차 부회장은 두 회사가 남이 아니라 함께 가야 한다는 점을 강조하며, 효율적으로 운영하는 데 각별히 신경 쓴다. 간혹 글로벌 쪽에서 한국시장 현실에 맞지 않는 제안을 해서 '이건 아닌데' 싶을 때에도 차 부회장은 일단 듣고 받아주며 시도해본다. 광고에 낭비가 있다면 "이건 본사가 알면 화낼 텐데" 하며 엘지생건 내부에서 먼저 조정하기도 한다. 물론 글로벌 쪽에 마인드가 깨어 있는 이들이 많다는 점도 협업을 돕는다.

## 노조와의 관계를 안정화하다

2007년 10월 24일에 인수 계약이 체결되자 차 부회장은 다음 날 바로 임원을 파견해 코카콜라 여주 공장으로 출근하게 했다. 공장 현황을 하루라도 빨리 파악해 정식으로 부임할 이에게 인수인계하는 것이 그의 임무였다.

공장 실사는 작업환경이 어떤지, 공장의 리스크가 무엇인지 등을 파악하며 진행되었는데, 그 작업에 큰 어려움은 없었다고 한다. 문제는 공장 분위기였다. M&A 경합업체가 광주 공장에 갔을 때 코카콜라 노조가 반발했다는 소식이 들려 무척 긴장했다고 했다. 그러나 엘지생건이 갔을 때에는 그런 반발이 없었다. 실사단은 LG의 사회적 이미지가 좋았던 것도 도움이 되었을 것으로 짐작한다. 그런 점에서 코카콜라 노조에서도 엘지생건이 인수하기를 바라지 않았을까 추측되기도 한다.

그렇게 호의적인 분위기였다 해도 노조와 충돌이 없었던 것은 아니다. 엘지생건과 코카콜라는 서로 기업문화가 다르고 처우가 다르기에 합의할 수 있는 기준을 찾는 데 오래 걸렸다. 코카콜라는 엘지생건에 비해 급여는 약간 낮은 수준이었지만 상대적으로 더 좋은 복리후생 제도도 많았기 때문이다.

더욱이 기존의 코카콜라 보틀링은 3개 회사가 합쳐진 터라 노조도 3개가 그대로 있었다. 때문에 협상을 하더라도 3개 노조의 의견이 다 달라서 결론이 신속히 나지 않고 협상과정이 지난했다.

엘지생건의 다른 부문도 그렇지만, 코카콜라에서 노사관계는 매우 중요한 사안 중 하나였다. 코카콜라 구성원과 원만한 관계를 다지기 위해 엘지생건은 인수 당시, 임원 외 직원들에 대해서는 고용승계를 보장하고 신뢰를 쌓고자 다각도로 노력을 기울였다.

차 부회장도 인수할 당시 조직 부문장들에게 절대로 점령군처럼 행동하지 말 것, 언행을 조심하고 솔선수범할 것, 그들에게 잘 대해 마음을 열고 함께 갈 수 있는 분위기를 만들 것을 각별히 주문했다고 한다. 그대로 따르지 않으면 안 될 만큼 강한 어조의 신신당부였다.

나아가 지시하는 데 그치지 않고 직접 현장을 찾아가 문제를 파악하고, 주기적으로 전화하고 질문하며 계속 개선을 주문하고 확인하기를 거듭했다. 이런 모습 하나하나가 코카콜라 구성원들의 마음을 돌리는 역할을 했다. 어느새 공장에 있는 직원들이 "과거에 봤던 경영진들과 엘지생건의 경영진은 진짜 다르다"고 말하기 시작했다.

## 방만했던 운영방식을 개선하다

구성원의 불안을 없애는 일은 구호나 약속으로만 되지 않는다. 실행이 뒷받침되어야 한다. 엘지생건에 인수되고 3개월 만에 적자에서 흑자로 전환되고 인수 당시 했던 약속이 지켜지자 직원들의 불신과 불안도 빠르게 해소되었다.

2018년 코카콜라음료(주)가 올린 매출은 1조 2000억 원가량이고, 그중 코카콜라 브랜드 매출만 따지면 5900억 원 정도다. 미국이나 멕시코보다는 낮지만, 일본보다는 훨씬 큰 규모다. 이렇게 큰 회사가 그동안 적자를 면치 못했던 것이다. 방만하게 운영되면서 조직 이곳저곳에 누수가 발생했기 때문이었다.

경영이 부실하니 구성원들 사이에 경영진에 대한 신뢰도 거의 없었던 모양이다. 그러니 경영진 따로, 현장 따로 움직이게 되고 운영은 더욱 흐트러졌다. 공장에 설비 투자도 하지 않고, 생산성이나 품질이나 환경안전 등 공장이 기본적으로 챙겨야 할 사항도 제대로 관리되지 않았다.

이를 개선하기 위해 생산현장에서 가장 먼저 손댄 것이 '음료는 음식'이라는 인식을 높인 것이었다. 음식을 만드는 공장은 최적의 환경에서 운영해야 한다. 그래서 환경개선에 상당히 많이 투자했다.

품질관리를 위해 우선 HACCP(Hazard Analysis and Critical Control Point, 식품안전관리인증기준)이라는 식약처 인증을 받았다. 당시 음료는 HACCP이 의무사항은 아니었지만 엘지생건이 인수하면서 품질 수준에 대한 목표가 필요하다고 생각해 인증을 받은 것이다.

혹자는 미국에서 가져온 원액에 물을 타서 병입하는 것인데 굳이 인증까지 받을 필요가 있을까 의아해할지도 모른다. 그러나 어떤 공장이든 제조공정이 있다. 원료나 부자재가 입고되면 검사해서 보관했다가 제조를 한다. 이때까지는 아직 반제품 상태다. 이것을 충진하고 포장해서 나가야 전체 프로세스가 완료된다. 이 각각의 공정에 최적의 환경이 조성되어야 한다.

예를 들어 제조공정에서는 오염원이 들어가지 않도록 하기 위해 밀폐공간이 있어야 하고, 바닥이나 배수가 철저히 관리되어야 한다. 과거에는 이런 작업환경이 부실했다. 반면 LG는 그룹 전체적으로 공장의 혁신활동이 활발하기로 유명하다. 스킬개발 활동이라든지 현장 TPM 활동이라든지, 식스 시그마 활동 등이 공장 중심으로 상당히 잘 다져져 있는 편이다. 엘지생건 또한 차 부회장이 오기 전부터 공장 중심으로 다양한 혁신활동이 이뤄지고 있었다.

자연스럽게 코카콜라 공장도 엘지생건 수준으로 개선하는 투자가 이루어졌다. 인수 직후 공장을 둘러본 차 부회장은 "투자를 과감하게 해야겠다. 투자규모가 어떻게 되는지 바로 검토해서 올려달라"고 주문했다. 이에 공장에 내려가 있던 임원은 HACCP을 충족하는 작업환경을 기준으로 3개 공장의 개선비용을 계산해서 보고했다.

짧은 기간에 대략적으로 검토한 투자규모는 대략 100억 원 수준이었다. 공장에 있는 사람들은 보고서를 올리면서도 "이거 그냥 검토만 하는 거지, 할 리가 없다"고 했다. 그전에는 몇 천만 원짜리 투자도 하지 않았으니 기대조차 없었던 것이다.

그런데 보고서 메일을 보낸 다음 날 아침에 전화가 왔다. 보고서 내용 그대로 집행하라는 내용이었다. 그 길로 투자검토서와 품의서를 쓴 후, 곧바로 개선작업에 착수했다.

의사결정은 신속했지만 실제로 공장을 하나하나 개선하는 데에는 1년가량의 시간이 걸렸다. 하드웨어만 투자한다고 끝나는 일도 아니었다. 구성원들에 대한 교육, 제도에 대한 보완이 병행되어야 했다. 회사 주인이 바뀌는 등 불안한 상황이었으니 각종 변화를 받아들이기 쉽지 않았을 법했는데, 투자결정을 과감하게 하고 그대로 집행되는 모습을 보며 구성원들은 마음을 열기 시작했다.

## 명예로운 회사

'우리가 누구를 위해 일하는가', '우리에게 누가 돈을 주는가'를 생각해보면, 답은 우리의 물건을 사주시는 최종소비자입니다. 간단히 말해 우리의 진정한 보스는 소비자라는 것입니다.

우리가 소비자를 보스로 모시고 소비자를 위해 일한다는 것은 소비자 가치를 최대화할 수 있는 제품을 만들어 제공하며, 어떠한 상황에서도 소비자들이 속지 않도록 진정성을 갖고 최선을 다해 신뢰를 지키는 것입니다.

예를 들면, 코카콜라 인수 후 우리는 낙후되고 비위생적인 공장환경의 개선에 수백억을 투자해왔는데, 이를 두고 "소비자들이 보지도 못하는데 이런 것들을 왜 하느냐?", "예전 콜라나 지금 콜라나 맛은 똑같은데 왜 엄청난 돈을 영업활동보다 우선하여 환경개선에 투자하는가?"라는 얘기도 있었습니다. 그러나 제품이 부실한 환경에서 생산되는 것을 알면서도 이를 방치하면서 영업에 투자하는 것은 소비자에게 떳떳하지 못한 것일 뿐 아니라 1등이 되더라도 부끄러운 1등이라 생각합니다.

정성을 많이 들인 제품은 10년, 20년이 지난 후에 경쟁사 제품보다 더 빛이 나기 때문에 보이지 않는 곳에서의 일도 보이는 곳에서 하는 일만큼 중요하게 여겨야 합니다.

그리하여 우리 회사가 세계에서 가장 큰 회사가 되기보다는 "내가 소비자를 모실 때 하나의 부끄러움도 없었다", "부족하나마 최선을 다해서 소비자를 모셨다"는 자부심이 넘치는 제일 명예로운 회사로 발전하기를 바랍니다.

C.E.O. **Message**

## 월말 매출쏠림을 손보다

월말 매출쏠림을 업계에서는 '밀어내기'라고 표현하는데, 이는 음료 업계의 고질적인 병폐였다. 월말에 매출목표를 달성하기 위해 할인해서 거래처에 잔뜩 물건을 넘겨놓으면 월초에는 주문이 뚝 끊기곤 한다. 그러다 월말이 되면 또 매출을 맞추느라 밀어넣는 관행이 있었다.

사정이 이렇다 보니 공장은 월초에는 놀다가 월말이 다가오면 제품이 모자라 주말에도 생산라인을 가동시키느라 정신이 없었다. 공장에 파견된 임원들이 가장 많이 들었던 고충도 이것이었다. 평준화 생산을 했으면 좋겠는데, 공장이 생긴 이래로 바뀌지 않는다는 하소연이었다.

생산라인의 고충도 심각했지만, 회사 전체적으로 볼 때에도 월말 매출쏠림 관행은 명백한 해악이었다. 억지로 제품을 떠넘기려면 추가 할인을 해줄 수밖에 없으니 결과적으로 최종 공급가가 굉장히 낮아진다. 여기에 정도경영 이슈도 얽힌다. 거래처에 '갑질'로 비칠 수도 있기 때문이다. 이미 여러 기업에서 대리점에 월말 재고를 떠넘기다 발각돼 사회적 이슈가 된 바 있었다.

정도경영을 위해서든 수지타산을 위해서든 직원들의 사기를 위해서든, 이래저래 엉망이 되어 있는 유통구조를 정상화하는 작업이 시급했다.

이를 위해 차 부회장이 꺼내든 카드는 강력했다. 월말 매출쏠림을 일절 금지하고 영업에서 사용하던 재원을 없애버린 것이다. 아울러 한 번만은 책임을 묻지 않겠다며 기존의 정도경영 위반 건을 자진 신고하게 했다.

관련 영업시스템도 손봤다. 매월 마감일정을 25일로 앞당기고 매출달성 기준을 주 단위로 변경했다. 예를 들어 매달 400만 원을 해야 한다면 월초 일주일은 130만~140만 원을 하고, 월말에는 80만 원만 하도록 한 것이다. 월말에 실적을 더 올리지 못하게 제동을 건 셈이다. 오죽하면 노조에서 "월말에는 매출 더 할 수 있는데 왜 그러냐"고 만류할 정도였다.

하지만 몇 달 겪어본 후에는 노조에서 오히려 고마워했다고 한다. 영업과 생산을 모두 힘들게 했던 구조적 병폐가 사라진 효과가 나타난 것이다. 물론 월초에는 매출을 올리느라 힘들다는 의견도 있지만, 월말에 무리해서 매출을 맞추는 것보다는 월초에 고생하는 것이 매장관리에도 유리하고 정도경영에도 위배되지 않는다. 영업사원들은 월초에 거래처에 물건을 갖다놓고 일주일쯤 지나 매장을 돌며 체계적으로 재고관리를 하기 시작했다. 매출압박이 사라지면서 영업활동에 선순환이 일어났다.

차분하게 매장을 관리하게 되니 아이디어도 더 많이 나왔다. '이런 브랜드에서 이런 이슈가 있었다. 이런 것 좀 해결해줬으면 좋겠다' 하는 의견들이 개진돼 반영되는 등 영업의 사이클

이 마케팅까지 이어지는 효과도 있었다.

조직 내부에서는 그렇다 치고, 월말에 할인해서 받는 데 익숙했던 거래처들은 이 조치를 달갑게 여겼을까? 당시 코카콜라 사업부장은 "점주들도 오히려 좋아했다"고 말한다. 월말 할인은 받을 수 없지만, 대신 재고가 쌓이지 않아서 좋았다. 경기가 좋지 않을 때에는 재고가 더 무서운 법이다. 적정량만 받으니 일단 상품 회전이 되어 좋고, 영업사원이 함께 관리해주니 더 좋아했다. 많이 팔아서 돈 더 버는 게 할인받는 것보다 낫다고 생각한 것이다.

## 관행을 바로잡으려면 배짱도 필요하다

어떤 관행이든 오래될수록 고치기 힘들다. 음료 산업 자체의 관행은 여전한데, 엘지생건에서 그 관행을 한순간에 딱 끊어버리자 주변에서는 '몇 달이나 버티나 보자' 하는 분위기도 없지 않았다. 갑자기 월말 할인을 끊어버리면 몇 개월에 걸쳐서 매출이 급감하고, 전 달에 비해 마이너스가 되기 십상이다. 더욱이 차 부회장이 부임한 지 채 3년이 되지 않았을 때였다. 조직 안팎을 설득해가며 어렵게 인수한 만큼 보란 듯이 실적을 내야 하는데 초기의 부진을 언제까지 버텨낼 수 있을까?

대부분의 기업에서 CEO가 바뀌면 초기에는 정도경영을 천명하는 등 올바른 방향으로 사업을 추진하려 하지만, 한 달만 해보면 당장 매출에 영향을 받는다. 그러면 임원이 와서 "매출이 안 되니 이번만 규제를 풀어줘야겠습니다"라고 건의한다.

CEO가 한 번 더 버텨서 계속 밀고 나가더라도 적자가 두 달쯤 이어지면 대개는 조금 흔들리곤 한다. CEO가 바뀌고 첫 분기인데 마이너스 성장을 하고 수익이 떨어지니, 이에 부담을 느껴 결국 석 달째에는 버티지 못하고 관행에 굴복하는 경우가 대다수다. '이번만이야' 하고 고삐를 푸는데, 항상 그렇듯이 한 번 풀린 고삐가 다시 조여지는 법은 없다. 정상적인 영업이 흐트러지고 편법이 다시 동원되는 것이다.

기업에서 CEO들이 바뀔 때마다 으레 보이는 패턴이 이렇다. 새 CEO가 와서 조직을 진단해보면 표면화되었든 그렇지 않든 항상 문제가 있어서 그런 것들을 정리하는 과정에서 한 차례 홍역을 치르곤 한다. 그러고는 다시 예전 패턴으로 돌아간다.


엘지생건도 코카콜라를 인수하고 월말 매출쏠림을 근절하자 첫 분기에 전년 대비 마이너스 성장을 했다. 그럼에도 차 부회장은 원칙을 굽히지 않았다. "매출은 영업활동의 결과이지, 매출이 영업활동은 아니다"라며 매출목표 달성에 연연하지 않았다.

영업은 흔히 'DDMP'라고 한다. 입점(distribution), 진열(display), 판촉(merchandising), 가격(pricing)이 그것이다. 즉 매출 결과가 나오게끔 하기 위해 매장에 우리 제품이 들어가 있는지, 진열 상태는 괜찮은지, 먼지가 쌓여 있지는 않은지, 좋은 위치에 놓여 있는지 점검하고 안 팔리는 제품을 빼내고 팔리는 제품을 집어넣는다. 아울러 정상적이고 적절한 가격이 책정되었는지 확인한다. 이런 일련의 활동이 영업의 일이라 여겨 관리지표로 삼고 평가한다.

차 부회장은 매출목표를 달성하지 못했다고 질책한 적은 한 번도 없었다고 한다. 매출을 달성하지 못했다고 하면 "왜 그런가? 진열이 잘못됐는가, 머천다이징은 괜찮은가?" 등 원인을 점검하고 지적하지, 매출목표를 달성하지 못했다는 것 자체를 질책하지는 않는다. 오히려 그 반대였다. 당시 영업을 총괄했던 임원에게 '매출하지 말라'는 시그널이 몇 개월간 갔을 정도였다고 하니 차 부회장의 의지가 얼마나 단호했는지 알 수 있다. 대신 그가 요구한 것은 시스템을 제대로 잡으라는 것이었다.

그러나 조직 전체가 CEO와 같은 생각을 한 것은 아니었다. 영업에서는 '목표달성이 인격이다'라는 말이 금언처럼 떠돌 정도라, CEO가 겉으로는 저렇게 말해도 속으로 얼마나 불안할까 걱정하는 분위기가 없지 않았다고 한다. 요구하지는 않아도 매출을 어떻게든 달성하는 게 영업담당 임원이나 부문장의 도리이고 '해드리면 좋아할 것'이라 짐작해 허락받지 않고 저질러본 사람도 있었다. 결과는 아웃, 보직발령이었다. 연말 인사 시즌도 아닌데 어느 날 갑자기 통보되었다. 특정 행위를 근절하는 데 이보다 강력한 시그널은 없을 것이다.

이렇게까지 하며 버텨낸 것은 차 부회장 나름의 경험칙에서 나온 것으로 보인다. 원칙에 맞는다면 타협하는 것보다는 일관성 있게 추진하는 게 나중에 훨씬 좋은 결과를 낳는다는 경험칙이다.

첫 분기의 우여곡절이 있었지만, 결과는 차 부회장의 의도대로였다. 4개월, 5개월째에 접어들면서 매출이 회복되기 시작했다. 여기에는 물론 브랜드의 힘도 무시할 수 없을 것이다. 우리나라 음료 시장의 절반 가까이를 탄산음료가 차지하고, 그중 가장 파워풀한 브랜드가 다름 아닌 코카콜라다. 그런 상품이 창고에서 씨가 마를 지경이 되니 당장 판매자들이 급해졌다. 예전처럼 반값은 어렵없고 일절 할인도 해주지 않았지만 주문하지 않을 도리가 없는 것이었다. 여기에 그동안 어디에 쓰이는지도 모르고 그냥 지원됐던 마케팅 재원을 없앤 덕에 비용도 많이 줄었다.

그 결과 영업이 투명해지고, 생산일정도 평준화되어 안정적으로 생산라인이 돌아가기 시작했다. 설비에 과감하게 투자하고, HACCP이라는 품질목표를 제시하고, 낭비로 발생하는 손실을 개선하는 활동이 몇 개월 동안 빠르게 이루어지면서 구성원들의 인식도 바뀌었다. '예전 회사보다 현장을 좋게 만들어주고 우리가 제대로 일할 수 있는 분위기를 만들어주는구나' 하고 생각하게 된 것이다.

# 1등을 향하여

생활용품으로 시작한 엘지생건은 화장품 사업을 추가하고, 음료 사업이라는 세 번째 바퀴를 장착하는 데에도 성공한 것으로 보인다. 이러한 과정은 단기적인 수익 극대화를 위한 것이 아니라, 장기적인 위험을 최소화하기 위한 '내진설계'의 원칙에 의한 것이었으며, 이제는 어느 정도 안정적인 사업 포트폴리오를 갖춘 것으로 평가된다. 엘지생건의 매출 비중을 보면 2005년 생활용품 67%, 화장품 33%였는데, 2018년에는 생활용품 22%, 화장품 58%, 그리고 늦게 뛰어든 음료 사업이 20%를 담당하고 있다. 엘지생건의 뿌리와 같은 생활용품과 어깨를 나란히 하는 한 축으로 어엿하게 성장한 것이다.

물론 지금도 해결해야 할 과제는 여전히 있다. 조직적인 측면에서 코카콜라 사업부를 효율화할 것들이 여전히 많다는 것이 담당 책임자들의 의견이다. 조직적인 효율성만 좀 더 향상시키면 지금보다 훨씬 더 좋아질 것이라고 말한다.

다른 숙제도 있다. 판매처가 국내에 한정되어 있어 시장 자체가 작다는 문제가 있다. 엘지생건은 해태음료도 인수하면서 2018년 현재 음료시장에서 롯데칠성과 확실한 양강체제를 구축했다. 국내시장에서는 크게 선전하고 있지만, 이 시장이 워낙 작아서 계속 성장하기에는 한계가 있다. 해외에 보틀러로 진출하는 방법이 있긴 하지만, 다른 사업부문과의 밸런스를 고려해 아직은 적극적으로 추진하지 않고 있다.

사실 음료시장은 코카콜라 본사에서도 한계를 느끼고 있다. 전 세계 탄산시장이 하락세이기 때문이다. 그런데 한국은 멕시코와 함께 오히려 탄산 소비가 늘어나고 있는 몇 안 되는 국가 중 하나이기 때문에, 글로벌에서도 한국시장을 좋게 보고 있다. 다만 전체 시장이 한정적인 것은 사실이므로 비탄산, 그중에서도 유제품이나 건강기능 제품들을 키우려고 모색하는 중이다. 스토먹 셰어stomach share 전체를 봤을 때 요구르트, 건강기능음료, 차 등의 비중도 결코 작지 않기 때문이다.

음료 영역의 광범위한 확장은 코카콜라 글로벌도 계속 노력 중인 부분이다. 전략적 방향은 같기 때문에, 만약 글로벌과 보폭을 맞출 수 있다면 새로운 음료 분야에서도 많은 시도를 해볼 수 있을 것이다.


사업 포트폴리오를 안정화한 차 부회장이 목표로 삼은 '다음 스텝'은 성장을 가속화해 3가지 사업부문에서 모두 1등을 달성하는 것이다. 시장이 승자독식 경제로 빠르게 변화하고 있기에, 이러한 환경변화에 대응하려면 소비자의 트렌드를 먼저 읽고 시장의 패러다임을 선도함으로써 각 부문 1등이 되는 길밖에 없다고 판단했다. 생활용품은 오래전부터 굳건한 1위였으니, 다음으로 도전할 부문은 만년 2위인 화장품이었다.

## 승리하려는 열망

경제불안 등 전 세계가 어려운 요즘, 우리가 가져야 할 마음가짐을 한 단어로 표현하면 'Winning Aspiration' 입니다.

'Aspiration' 은 '열망' 으로 표현되며 본인이 뭔가 되고 싶다는 것을 마음속에 갖는 것을 의미합니다.

우리 중에는 열망이 있는 사람도 있고 없는 사람도 있으며, '그냥 흘러가는 대로 살다 보면 잘되겠지' 라고 생각하는 분도 있습니다. 하지만 '나는 무엇이 되고 싶다' 라는 열망을 갖는 것은 회사생활과 인생에 매우 중요합니다.

열망은 어렸을 때처럼 막연히 대통령이 되고 싶다, 재벌이 되고 싶다는 등의 거창한 야망만을 뜻하는 것이 아닙니다. 본인이 살아온 현실을 반영하여 내가 이루고자 하는 것이 무엇인지를 정해놓는 것입니다.

열망을 갖는 과정은 항상 어렵습니다. 높은 목표를 정하면 그 과정에서 여러 가지 예상하지 못한 어려움을 겪게 되는데, 이 모든 어려움을 극복하는 열망을 'Winning Aspiration' 즉 '승리하려는 열망' 이라 합니다.

제 열망은 60년 된 우리 회사가 100년, 200년 동안 튼튼하게 지속되어 대한민국에서 1등 소비자회사가 되고, 세계시장에서도 당당한 1등이 되는 것입니다.

또한 회사의 발전과 함께 개인도 성장하여 우리 모두가 만족감을 갖고 함께 행복해지는 회사로 만드는 것이 저의 열망입니다.

C.E.O. **Message**

2부

# 성장의 가속

[ 멀리 보며 속도를 더하다 ]

# 선택과 집중의 럭셔리 추구

중국시장부터 공략하다

2017년은 엘지생건에 각별한 기억으로 남을 해다. 차 부회장이 부임한 후 가장 큰 위기와 가장 큰 반전이 동시에 일어난 해이기 때문이다. 두 가지 모두 화장품 사업에서 생긴 일이다.

위기는 사드 사태였다. 그전에도 신용카드 위기, 메르스, 리먼 사태 등의 위기는 있었지만 사드 사태로 중국인 관광객 수가 절반으로 급감했을 때만큼은 아니었다. 사드 배치 문제로 한중 갈등이 깊어지다 급기야 2017년 3월 15일부터 중국인의 한국 단체관광이 중단되었다. 금한령禁韓令과 한국 보이콧 운동으로 중국에 진출한 한국기업들에 시련이 닥쳤다. 화장품 사업을 대대적으로 벌이고 있던 엘지생건도 예외가 아니었다.

사드 사태가 위기라면, 반전은 무엇이었을까? 아모레퍼시픽의 설화수에 비해 후발주자였던 럭셔리 화장품 후가 설화수를 제치고 1위에 오른 것이다.

그런데 이상하다. 후의 매출은 절대적으로 중국에서 나온다. 중국 현지에서 직접 발생하는 매출은 20%에 불과하지만, 화장품에서 가장 중요한 면세점 매출의 주요 고객이 중국인 관광객이다. 중국의 사드 보복조치가 후 브랜드만 피해 갔을 리 없는데, 어떻게 엘지생건의 화장품 사업은 건재할 수 있었을까? 실제로 2017년 중국인 관광객 수는 반토막이 났지만, 이 해 엘지생건의 화장품 사업은 매출 3조 3111억 원, 영업이익 6361억 원으로 끈질기게 성장세를 이어갔다.

중국은 모든 기업들이 갖고 싶어 하는 가장 탐나는 소비시장인 동시에 접근이 가장 까다로운 시장이다. 중국진출을 타진하는 많은 기업, 그리고 중국에서 쓴맛을 본 기업들이 엘지생건의 중국 전략을 궁금해하는 이유다.

## 반전의 역사

엘지생건 화장품의 역사는 '드봉'으로 거슬러 올라간다. 당시 1위는 아모레퍼시픽의 전신인 태평양이었고 한국화장품이 2위를 지키고 있었다.

후발주자였던 드봉이 빠르게 2위가 될 수 있었던 데에는 채널을 바꾼 것이 결정적이었다. 당시 화장품 시장은 전업주부들을 직접 찾아가는 방문판매 위주였는데, 방문판매는 기존 업체들이 구축한 진입장벽이 너무 높았다. 그런데 한편으로 여성들의 사회생활이 활발해지고 다양한 제품 중에서 고르고자 하는 소비자 욕구도 커졌다. 이 변화를 간파한 엘지생건은 드봉을 시작하면서 로드숍 형태의 전문점을 만들었다. 태평양은 전이된 채널에 빠르게 따라왔지만 다른 화장품 회사들은 따라오지 못해 뒤처져버렸다.

화장품 시장은 여러 기준으로 나눌 수 있지만 크게 럭셔리, 프리미엄, 매스의 3단계로 구분한다. 이자녹스, 라끄베르 등 전문점 브랜드들만 있던 엘지생건은 향후 화장품 종합회사로 발돋움하기 위해서는 백화점 브랜드가 있어야겠다고 판단해 '오휘'를 개발했다. 그다음으로 2003년에 출시한 것이 오늘날의 대표 브랜드인 '후'다.

당시 한방화장품으로 럭셔리 라인을 선점한 브랜드는 아모레퍼시픽의 설화수였다. 그 밖에는 '신사임당' 등 작은 화장품 회사의 브랜드가 몇 개 있을 뿐 플레이어가 많지 않았다. 결코 작은 시장이 아닌데 경쟁이 치열하지 않으니 도전장을 내밀기로 결정하고 2002년에 '본(本)'이라는 브랜드를 시험 삼아 출시했다. 전문점에 유통하는 중가 제품으로, 엘지생건의 한방화장품은 어떨지 가능성을 점쳐본 것이다. 그 처방을 골격으로 하이엔드 브랜드를 만들기로 하고 개발한 것이 '후'다.

### 중국시장의 문을 여는 키워드는 무엇인가

중국시장은 엄청나게 크다. 특히 K-뷰티 열풍이 강력해서 생활용품과 화장품을 취급하는 엘지생건으로서는 놓칠 수 없는 기회의 땅이다. 정치적 사안의 영향을 많이 받기는 하지만, 중국의 소비자들을 제대로 이해하고 그들에게 맞는 제품을 준비한다면 한국이라는 좁은 시장을 넘어 매출을 키울 수 있다.

이렇게 호시탐탐 중국시장을 넘보는 한국기업들이 상당수일 것이다. 그런데 그들 중 정작 중국의 소비행태를 훤하게 꿰고 있는 곳은 많지 않다. 그냥 시장이 크다고 하니 왠지 우리도 진출하면 잘될 것 같다고 막연하게 생각하는 수준이었다. 이래서야 아무리 큰 시장이라도 남의 떡일 뿐이다.

차 부회장은 "우리가 아무 일도 안 하면 떡이 떨어져도 먹지 못한다"고 말하곤 한다. 항상 준비된 자에게만 그 기회가 오는 것이지, 가만히 있으면 아무 일도 일어나지 않는다는 말이다. 중국시장에 진출하려면 구체적으로 중국 소비자에게 어떤 제품을 어떤 채널에서 팔지, 생산기준을 어떻게 맞출지 사소한 것까지 하나하나 전략적으로 접근해야 한다.

차 부회장은 "부산시장, 광주시장이라 하듯이 중국시장도 해외시장이 아니라 한국의 시장 중 하나로 생각하고 접근하자"고 주문했다. 그래야 막연하고 피상적으로 '남의 떡'처럼 생각하지 않고 피부에 와 닿게 구체적으로 파악할 수 있다는 것이다.

이렇게 바라본 중국시장은 어떤 특성이 있을까? 예를 들어 중국 부자들은 인건비가 싸다 보니 빨래나 청소를 직접 하지 않고 사람을 고용해 시킨다. 그래서 빨래, 청소 등에 필요한 제품은 고급을 사지 않는다. 본인이 쓰지 않기 때문이다. 하지만 퍼스널케어personal care 제품은 고가라도 산다. 이렇게 본다면 엘지생건의 생활용품 부문에서도 세제 같은 제품은 굳이 고급화 전략을 쓰지 않아도 되지만, 샴푸 같은 퍼스널케어 제품은 고급화가 필요하다. 피부에 직접 바르는 화장품은 말할 것도 없다. K-뷰티 열풍이 한창이던 중국시장을 화장품 사업으로 공략하려면 반드시 럭셔리여야 했다.

당시 중국시장에서는 아모레퍼시픽의 설화수가 럭셔리 라인에서 좋은 반응을 얻고 있었다. 설화수는 한방화장품이어서 중국 소비자들도 한방 컨셉에 익숙해져 있었다. 그리고 마침 엘지생건에는 비슷한 컨셉의 럭셔리 화장품인 후가 있었다.

## 브랜드는 보살피며 키우는 아기와 같다

브랜드란 만든다고 끝이 아니라 아기같이 보살피며 키워야 한다. 초반의 후는 국내에서 좋은 반응을 얻었지만, 지금과 같은 성장을 기대할 만한 정도는 아니었다. 차 부회장이 부임한 2005년만 해도 엘지생건의 화장품 매출은 아모레퍼시픽의 30%에도 미치지 못했다. 2위라 하기도 부끄러운 성적표였다.

2장에서 살펴보았듯이, 차 부회장은 부임 직후 엘지생건의 사업 포트폴리오를 안정화하는 작업에 몰두했다. 코카콜라를 인수해 3개 영역의 사업 포트폴리오를 구축하는 한편, 생활용품 부문에 비해 매출규모가 작았던 화장품 사업을 개선하는 데 집중했다. 그가 아모레를 따라잡기 위해 꺼낸 반등의 카드가 바로 럭셔리 브랜드 후였다. 새로 부임한 차 부회장은 후를 보더니 "그래, 이거다. 갈 길은 이거다"고 하고는 후에 모든 역량을 집중했다.

우선 브랜드 컨셉부터 손보았다.

기존의 후 브랜드 컨셉은 '한방'이었다. 이것을 차 부회장이 '궁중한방' 컨셉으로 틀었다. 한방이라는 이미지는 저변에 깔리는 요소이지 우리만의 차별화 컨셉이 될 수 없다는 것이다. 후 제품에 들어가는 성분이 우리나라나 중국의 궁중에서 쓰던 처방이니 컨셉으로 못 쓸 이유도 없었다.

다시 태어난 '후'는 중국인들에게 최적화된 브랜드가 되었다. 용기用器도 중국인들이 좋아하는 호박색이나 골드, 빨간색 등을 사용해 호감도를 높였다. 한국인의 미감에는 후 브랜드의 디자인이 다소 과하게 치장되었다는 느낌을 줄 수도 있지만, 중국인들은 이처럼 화려한 디자인을 매우 좋아한다.

사용감에도 차이를 주었다. 한국 소비자들은 오일감이 많고 영양분이 많은 '리치한' 느낌을 좋아하는 반면, 일본과 중국 소비자는 좀 더 '라이트한' 느낌의 제품을 좋아한다. 이는 문화적 차이도 있을지 모르지만, 타깃의 연령대가 다르다는 이유가 더 클 것이다. 한국의 럭셔리 화장품 고객은 주로 40대 이상인 반면, 중국은 백화점 고객의 절반 이상이 25~35세. 한국적 상식으로는 그렇게 젊은 층이 100만 원을 호가하는 제품을 살 것이라 생각하기 어렵지만, 중국에서는 1980~90년대에 태어난 바링허우, 주링허우 세대의 소비를 무시하지 못한다. 젊은 소비자들은 유럽 브랜드를 선호하는 경향이 있지만, K-뷰티라는 트렌드가 있어 한국의 럭셔리 브랜드도 꾸준히 소비한다. 그것이 설령 전통적인 궁중 이미지라도 말이다. 다만 질감이 너무 리치하면 거부감을 느낄 수 있어서 후는 설화수보다 유분이 몇 단계 낮은 쪽으로 포지셔닝을 잡았다.

마침 브랜드네임도 '후(后)'였다. 왕후라는 뜻이니 중국여성 소비자들이 싫어할 요소가 전혀 없었다. 여기에 화룡점정이 되어준 것은 시진핑 주석의 부인인 펑리위안이었다. 2014년 방한을 기점으로 펑리위안이 이 브랜드를 사용한다고 알려지면서 중국인들에게 엄청난 입소문 효과가 나타났다. 처음부터 "왕후의 브랜드입니다. 왕후가 썼던 성분으로 만든 궁중의 화장품입니다"라고 커뮤니케이션을 했는데 중국의 현대판 왕후인 사람이 실제로 사용한다니, 이보다 좋은 바이럴 호재는 없었다.

## 마케팅의 초점을 럭셔리에 맞추다

럭셔리의 처음이자 끝은 '품질'이다. 품질에 대해서는 양보가 있을 수 없다는 것이 럭셔리 화장품 사업부의 기조다. 이 때문에 럭셔리 라인은 직접 생산을 고집하고 있다. 품질관리와 브랜드 이미지 관리 둘 다 염두에 둔 원칙이다. 품질에 열정을 다한 후에 마케팅 커뮤니케이션에서는 과장하지 않고 오히려 약간 절제함으로써 고급 브랜드 이미지를 지켜가는 것이다.

중국시장을 공략하기 위한 마케팅 전략은 두 가지 원칙하에 진행되었다. 홍보나 광고 커뮤니케이션은 실수요자 중심으로 운영하고, 채널은 백화점에 집중하는 것이었다.

중국에는 한국의 파워블로거나 셀럽에 해당하는 '왕훙'이 있다. 웨이보나 위챗에 팔로워를 몇 천만 명씩 확보한 이들이다. 이들의 행동 하나, 말 한마디에 소비자들이 반응하기 때문에 이들을 통해 중국의 실수요자들에게 홍보하는 전략을 썼다.

채널은 백화점에 집중했다. 임대료와 인테리어에 큰 비용이 들어감에도 불구하고 언젠가는 꽃피워야 하는 브랜드이기 때문에 적자를 감수하고 최고급 백화점에만 입점하는 등, 수미일관 럭셔리 컨셉을 고수했다. 중국에서 인기 높은 배우 이영애가 가채를 쓰고 왕후의 복식을 하고 찍은 동영상을 보여주면서 신라시대 금관 형태의 용기에 담아 판매했다.

후는 개별 스킨, 로션, 에센스도 고가이지만, 설화수에 비해 세트가 훨씬 많다. 세트 중에서도 고가일 경우 대략 150만 원인데, 단품이 아니라 세트 중심으로 판매하니 매출이 금방 뛰었다. 100만 원대 화장품을 사간 사람을 타깃팅해서 준비한 2000만~3000만 원짜리 VIP 세트도 있다. 무형문화재 109호 허재만 장인의 화각함에 담긴 환유, 강원도 무형문화재 13호 박귀례 나전칠기장의 나전함에 담긴 환유 등이다.

이런 제품이 과연 팔릴까? 2017년 중국 국경절에는 1억 원짜리 세트도 내놓았는데 그 자리에서 완판되었다. 1억 원 세트에는 일단 모든 용기가 19K 도금이다. 무형문화재 장인이 만든 도자기와 매듭으로 포장한 것이다. 중국 소비자 취향의 럭셔리 브랜드답게 확실한 VVIP 마케팅을 잘한 셈이다.

초반에는 럭셔리 집중 전략을 고수하는 과정에서 진통도 없지 않았다. 백화점에 집중한다고 하지만 중국의 백화점은 매우 많은 데다 규모도 크고, 무엇보다도 입점이 까다롭다. 처음에는 한두 곳에 겨우 들어갔고, 그나마 좋은 위치도 아니었다.

당시 아모레퍼시픽은 럭셔리뿐 아니라 프리미엄 라인인 이니스프리나 라네즈도 한창 잘되고 있었다. 중국은 고가 못지않게 중저가 시장도 크기 때문에 아모레퍼시픽은 중국에 직영점을 300곳 가까이 두고 공격적으로 운영했는데, 엘지생건은 직접 출점하기보다는 대리점 위주로 다소 보수적으로 움직였다.

그러다 보니 회사 내부에서도 프리미엄에 충분히 클 수 있는 브랜드들이 있는데 왜 럭셔리만 고집하느냐고 의구심을 갖는 분위기였다. 그럼에도 차 부회장은 "럭셔리만이 살 길이고, 나머지는 어려워질 것"이라며 소신을 굽히지 않았다.

후 브랜드를 중국에 론칭한 해가 2006년이다. 그 후 펑리위안 효과를 본 2014년까지 차 부회장의 럭셔리 전략이 실적으로 증명되는 데 8년이 걸린 셈이다. 물론 그 뒤로도 시련은 끊이지 않았다. 2017년 사드 사태가 터진 것이다.

## 수요를 잇는 파이프라인을 만들다

사드 사태 이전에는 단체여행객이 많았고, 이들이 면세점에 들러 개별적으로 화장품을 구입하곤 했다. 하지만 2017년 사드 사태 이후 중국인 단체관광이 금지되자 면세점 매출이 꺾일 수밖에 없었다. 중국 현지에서도 한국 보이콧 운동이 일어 한국 기업들이 어려움을 겪었다. 구매자가 있어야 물건이 팔리는데, 구매자가 보이콧을 하니 매출이 위축될 수밖에 없었다.

위기가 있을 때에는 더 빨리 움직여야 하는 법, 스피드를 강조하는 엘지생건의 움직임은 사드 위기 때 더 기민했다. 사드 여파로 중가, 저가 제품은 뭘 해도 안 되는 상황이었다. 광고를 쏟아부어도 안 되고 프로모션을 해도 안 되었다. 반면 럭셔리는 불매 대상이 되지 않았다.

어디든 마찬가지겠지만 중국의 부자들은 국가에서 사드가 어떠니 저떠니 해도 그냥 백화점에 가서 사던 제품을 똑같이 샀다. 한국에 오는 단체관광객들은 주로 중저가 화장품을 구매하지만 중국 부자들은 한국에 올 것도 없이 중국 백화점에서 화장품을 사고, 한국에 오더라도 치료 받으러 혹은 골프 치러 개별적으로 오지 단체관광을 오지는 않는다. 즉 사드 이후 줄어든 중국 관광객은 대부분 단체관광객이었기에 럭셔리 부문은 영향을 덜 받았다. 애초에 중국진출 전략의 핵심이 럭셔리였던 엘지생건이 고가, 중가, 저가 라인을 골고루 가지고 있던 아모레퍼시픽에 비해 타격이 적었던 이유다.

안 그래도 럭셔리의 비중이 60% 이상이던 엘지생건은 사드 여파로 중저가 라인이 어려워지자 마케팅 재원을 럭셔리에 집중했다. 모든 자원을 가능성 있는 분야에 몰아버린 것이다.

후 브랜드의 중국 현지 판매채널이 백화점이라면, 한국에서의 판매채널은 면세점이다. 엘지생건이 2018년에 면세점에서 올린 매출이 1조 4000억 원가량인데, 이 중 중국인에게 판매되는 매출 비중이 월등하다.

면세점에서는 중국 역할, 특히 다이궁代工이라 불리는 중국 보따리상의 역할이 크다. 면세점에서 다이궁이 사들인 제품과 방문판매 역직구로 중국에 들어간 제품은 그곳에서 실수요자들에게 재판매되곤 한다. 당연히 대도시 백화점이나 전문점 등에서 판매되지는 않고, 타오바오나 중국의 3~4선 도시에서 유통되곤 한다.

럭셔리 제품인데 이렇게 '럭셔리하지 않은' 채널에서 유통되도록 내버려두어야 할까? 실제 브랜드 관리 전략으로 볼 때에는 적절하지 않다고 볼 여지가 많다. 엘지생건과 아모레퍼시픽의 판단도 달랐다.

아모레퍼시픽이 전통적인 브랜드 관리 전략에 충실한 반면, 엘지생건은 지극히 실용적인 관점에서 바라본다. 타오바오에서 사람들이 많이 취급한다는 것은, 기본적으로 인기가 있다는 뜻이다. 중국 사람들은 좋다는 제품이 있으면 줄서기를 마다하지 않는다. 제품이 자주 눈에 띄고, 사람들이 많이 쓴다고 하고, 사람들이 길게 줄서는 것을 보며 '제품이 좋은가 보다'고 인식한다. 엘지생건이 자체적으로 온라인 쇼핑몰에서 후 브랜드를 판매할 수는 없지만, 판매자들이 구매자들에게 제품을 많이 보여주고 노출시키는 것은 결코 부정적으로 여기지 않았다.

사드 사태가 터지면서 면세점과 방문판매로 제품을 구매하는 루트가 끊겼다. 중국에서 후 브랜드를 구매하던 실수요자에게 갈 길도 백화점 외에는 막혀버린 셈이다.

차 부회장의 실용주의는 기본적으로 '수요가 있는 곳에는 공급을 해야 한다'는 것이다. 그러므로 사드 사태로 후 브랜드의 수요자들에게 도달하는 채널이 끊겼다면, 해법은 그것을 어떻게 다시 잇느냐에서 찾아야 할 것이다.

차 부회장은 유통채널을 직접 점검하자는 기조였다. 당장은 사드 사태로 유통이 문제가 됐지만, 사드 이후에도 이런 문제는 얼마든지 생길 수 있었다. 그러니 이참에 면세점을 통해 제품을 받아서 판매하던 사람들과 직접 연결해보기로 했다. 방법은 하나, 발로 뛰는 것뿐이었다. 중국법인의 직원들이 홍콩으로, 선전으로, 위하이로 뛰며 후 브랜드를 취급했던 판매자들을 일일이 찾아다녀 다시 거래선을 엮어냈다.

반면 아모레퍼시픽은 기존의 구매제한 정책을 계속 유지했다. 루이비통이나 에르메스 같은 명품들처럼 희소가치 브랜드 관리를 한 것이다. 그래서 고객의 여권을 확인해가며 1인 1아이템 판매정책을 고수했다. 이러한 전략은 브랜드 관리 면에서 원칙적으로 맞지만, 소비가 아니라 재판매가 목적인 다이궁의 특성을 고려하지 않았던 것으로 보인다. 반면 엘지생활건강 화장품은 원하는 만큼 구입할 수 있으니 다이궁들은 후를 점점 많이 구매했고, 새로이 부상하는 2~3선 도시에서 판매뿐 아니라 홍보를 겸하게 되었다.

두 기업의 위기대응 전략 차이는 결국 1, 2위 자리를 바꾸는 결과를 낳았다. 화장품 면세점에서는 아모레퍼시픽이 엘지생건에 앞서 있었지만, 사드 사태를 기점으로 순위가 역전되었다. 지금도 후 브랜드는 최고가 전략을 유지하면서도 1위 자리를 고수하고 있다. 2018년 한국의 단일 브랜드로는 최초로 후가 매출 2조 원을 돌파했다. 랑콤(5조 3000억 원), 시세이도(4조 7000억 원), 에스티로더(4조 4000억 원) 등의 글로벌 브랜드와 겨뤄볼 만한 브랜드로 성장한 것이다. 15년 노력의 결실이다.

### 포스트 차이나를 대비하다

사드로 인한 경제제재가 완화된 이후의 중국시장은 어떠할까? 엘지생건의 결론은 크게 좋아지지는 않으리라는 것이다.

2000년대 들어 중국경제가 기지개를 켜면서 농어촌 지역이라든가 이선도시에서 여성, 지방유학생, 근로자들이 일선도시로 몰려왔다. 10대 후반이나 20대 초반에 들어선 1980년대생들에게 구매력이 생긴 것도 이 무렵이다.

그 시기에 중국에 진출한 한국 화장품들은 타이밍이 잘 맞았다. 여기에는 '코리아'라는 후광효과도 한몫했다. 모든 제품이 그렇듯이 뿌리가 있어야 밖에서도 잘된다. 특히 지난 몇 년 동안은 한국에서 잘되면 중국에서도 잘되었다.

그 덕에 한국의 매스mass 화장품들이 프레스티지prestige로 격상하여 중국에 진출하면서 다양한 K-뷰티 성공사례들이 나왔다. 대표적인 성공작이 아모레퍼시픽의 이니스프리로, 이 브랜드 하나만으로도 1조 매출이 발생했다. 여기에 일본 J-뷰티가 센카쿠 열도 사건, 쓰나미 등으로 중국에서 어려움을 겪으면서 K-뷰티에 더 큰 기회를 주었다.

하지만 사드를 전후한 2년 사이에 판세가 뒤바뀌었다. 중국의 로컬 브랜드들이 급성장한 것이다.

매스시장에는 로컬 플레이어들이 엄청나게 많다. 우리나라만 해도 2011년에 화장품 업체가 1400곳이었는데 2017년에는 1만 2000곳으로 늘어났다. 대부분 중저가 화장품을 만들거나 판매하는 곳들이다. 중국기업은 숫자를 셀 수 없을 정도다. 그만큼 경쟁이 심화되고 있는 게 매스 및 프리미엄 시장이다.

중국에서 가장 잘 팔리는 화장품 기업 50곳을 꼽으면 중국 업체가 벌써 15개 이상이다. 엘지생건이 보유한 이자녹스, 더페이스샵 등 매스 브랜드들도 중국 현지 브랜드들에게 품질, 브랜드 빌딩 등 여러 면에서 매섭게 추격당하고 있고, 실제로 거의 턱밑까지 쫓아온 상태다. 상하이잘라 등 중국기업들은 탄탄한 자본력으로 중저가 브랜드에 투자를 아끼지 않으며 브랜드 인지도나 이미지 포지셔닝 등을 잘 구축해가고 있다.

품질 또한 한국의 대표적인 화장품 생산업체인 콜마나 코스맥스의 도움을 받기도 하고 우리나라 화장품 연구원을 다수 스카우트해가는 등 다방면으로 노력한 끝에 현재는 우리나라 중저가 화장품에 크게 뒤떨어지지 않는 상태다. 그러다 보니 한국 프리미엄 브랜드들은 중국에서 입지를 확보하기 쉽지 않은 상황이다. 이제 중저가 시장은 싫어서 안 가는 게 아니라 가고 싶어도 못 가는 곳이 되었다.


## 제품 다양화

이에 따라 엘지생건에는 새로운 도전과제가 생겼다. '다각화 전략'을 펼치는 것이다. 전략경영의 대가 안소프Igor Ansoff가 제시한 다각화 전략은 고전적이며 상식적이지만 지금도 유용하다. 제품 다양화와 시장 다변화를 통해 매출을 증대시킬 수 있다는 단순한 논리다.

엘지생건의 다각화 전략은 제품과 시장 두 방면에서 동시에 추진되었다. '차세대 후'를 개발해 성장세를 이어가고, 중국 이외의 해외진출에 박차를 가해 저변을 확대한다는 것이다.

## 초윤장산의 마음가짐

'불행은 닥치는 것이고, 행복은 저절로 오는 법이 없다'라는 말이 있습니다. 사업이나 인생이나 불행은 예기치 않게 닥쳐옵니다. 뱀처럼 소리 없이 다가와서는 마치 어느 날 갑자기 모든 일이 벌어진 듯 난관에 빠뜨리곤 합니다.

톨스토이의《안나 카레니나》의 첫 줄에서 "행복한 가정은 다 비슷비슷하다. 그러나 불행한 가정은 모두 제각각의 원인으로 불행하다"라고 말합니다. 잘되고 좋은 회사는 다 비슷하지만 몰락하는 회사의 원인은 참으로 다양합니다. 기업이 위대해지는 것보다 몰락의 길이 더 다양하다는 의미입니다.

다양한 불행의 증상을 조기에 발견하고 치유해 회사를 지키려는 '호랑이 눈과 같이 번득이는 주의'가 절실한 때입니다. 이는 암과 같이 초기에는 발견하기 어렵지만 치료가 비교적 쉽고, 말기에는 진단은 쉬워도 치료가 몇 배 어려운 것과 비슷합니다.

주춧돌이 젖어 있으면 우산을 펼치는 초윤장산(礎潤張傘)의 자세로 언제 올지 모르는 위기에 항상 준비하는 마음가짐을 가져야 하겠습니다.

## 잘나갈 때 다음 타자들을 준비시켜라

세계적인 시장조사기관 유로모니터는 후 브랜드가 지금까지 중국시장에서 성장의 견인차 역할을 했고, 앞으로도 몇 년 동안은 꾸준히 성장할 것으로 내다보고 있다. 백화점에 입점하는 매장 수가 늘어나고 있으니 자연발생적으로 증가하는 수요도 있고, 점당 매출도 늘어나는 추세다. 온라인도 계속 키워나가고 있기 때문에, 후는 기존의 성장률은 유지하지 못하더라도 몇 년간은 성장이 가능할 것으로 보고 있다.

후와 설화수가 중국시장에서 선전하는 데에는 '한방'이라는 오리엔탈 컨셉이 큰 역할을 했다. 그런데 이것이 때로는 약점이 되기도 한다. 글로벌 차원에서 볼 때 신선한 컨셉이긴 하지만 보편적이지는 않기 때문이다. 컨셉 자체가 시장 사이즈를 한정짓는 셈이다. 성장을 이어가려면 전 세계에 두루 어필할 수 있는 럭셔리 브랜드가 필요했다.

엘지생건의 고가 브랜드는 후, 숨, 오휘, 빌리프 등이다. 이 중 엘지생건이 '차세대 후'로 점찍은 브랜드는 '숨(su:m)'이다. 2007년에 출시된 브랜드로, 발효화장품에 관심이 있던 차 부회장의 진두지휘 아래 개발되었다.

애초에 '숨'은 방문판매 채널의 신규 브랜드 개발 요청이 계기가 되었다. 럭셔리 브랜드에 집중한 터라 엘지생건에는 방문판매 고객들이 많이 찾는 베이비 제품 등은 상대적으로 많지 않았다. 방문판매 채널에 맞춰 제품을 개발하려다 보니 자연주의 느낌으로 방향이 잡혔는데, 막상 자연주의 컨셉은 시장에서 저가 제품 위주로 판매되고 있다는 문제가 있었다. 이 컨셉으로 고급 브랜드를 만드는 데에는 한계가 있다는 점을 인지한 엘지생건은 차 부회장이 꾸준히 관심을 두고 있었던 발효화장품 개발로 방향을 선회했다.

그가 발효에 공을 들인 데에는 이유가 있다. 럭셔리 브랜드에는 후와 설화수가 있고 한 단계 낮은 브랜드로는 오휘가 헤라와 경쟁하고 있었다. 중국에서는 궁중 컨셉을 등에 업고 후가 설화수보다 좋은 성적을 내고 있지만, 한국에서 원조 한방화장품 이미지는 설화수가 가지고 있다. 원조의 장벽은 뛰어넘기가 쉽지 않은데, '발효'라는 컨셉이라면 맞붙어볼 만하다고 판단했다. 즉 '한방 대 한방'으로는 이기기 어려울 수 있어도 '발효 대 한방'은 가능하다고 본 것이다.

한방 컨셉과 겨뤄서 이기기 위해서는 발효만의 강점이 분명해야 한다. 엘지생건은 발효가 가지고 있는 순수한 깨끗함과 고기능의 느낌을 어필했다. 발효가 왜 좋은지에 대한 이야기를 통해 브랜드를 홍보했다.

차 부회장이 강조하는 럭셔리 브랜드의 조건 중 하나는 스토리텔링이 가능해야 한다는 것이다. 후는 서양에서 스토리텔링이 되기 어렵다. 그보다 먼저 나온 오휘는 오색단청의 5가지 색

깔을 모티브로 지은 브랜드 명으로 '5가지 찬란한 빛'이라는 뜻이 있다. 하지만 이것을 서양에 어떻게 전달할 수 있을까? 후보다 더 어렵다. '이자녹스'도 마찬가지다. 애초에 차 부회장이 후를 키우기로 결심한 데에는 후의 스토리가 정말 좋아서 중국에서는 통할 것이라는 확신이 있었기 때문이다.

숨의 스토리는 홋카이도의 어느 발효 연구소에서 나왔다. 우리나라에 고추장, 된장, 김치 등 발효식품이 발달한 것 못지않게 일본에도 술이나 장류, 보양식 등에 발효기술을 적용하기 때문에 관련 연구가 많이 축적돼 있다. 그중 한 연구소에서는 봄여름가을겨울 계절마다 나오는 생명력 가득한 식물 50여 종을 채취해 7일간 발효준비를 하고, 그것을 1년 혹은 3년간 발효시켜 화장수나 음용수 용도로 판매했다.

이러한 이야기를 그대로 들여와 372일 또는 1102일 동안 발효한다는 스토리로 만들었더니 숨이라는 브랜드 명에 '생명, 정성, 기다림'이라는 브랜드 컨셉이 자연스럽게 따라왔다. 효능은 말할 것도 없다. 1~3년의 기다림 끝에 성분이 어떻게 변화되어 어떤 효능이 있는지가 한 흐름에 납득이 된다.

이처럼 '예쁜' 브랜드 스토리가 만들어지면 초창기 마케팅 활동이 한결 수월해진다. 브랜드 스토리가 중심에서 든든히 버텨주기 때문이다. 숨 또한 초창기 TV광고나 잡지 광고에서 발효하는 과정을 보여주며 브랜드 스토리를 계속 이야기했다.

## 선입견을 바꾸어 글로벌화하다

한방에서 발효로 컨셉을 옮기면 경쟁양상도 달라진다. 후의 경쟁자는 설화수이지만, 숨은 발효과학 컨셉이라 서양의 빅브랜드와 직접 대적한다. 후가 오리엔탈 이미지가 강하다면 숨은 훨씬 서구적이다. 그런 면에서 차 부회장은 숨이 후보다 글로벌화할 수 있는 잠재력이 더 크다고 보았다. 시장 규모도 작지 않다. 글로벌 시장에서 발효화장품은 SK-II가 가장 유명한데, 1조 5000억 원 정도의 매출을 올린다.

그런데 재미있는 사실이 있다. SK-II는 정작 발효화장품인 걸 내놓고 말하지 않았었다. 대신 그들은 '효모'를 내세우며 술 빚는 사람들의 손을 보니 곱더라, 그 이유는 효모 성분인 피테라 때문이라는 스토리를 만들었다. 소비자들 또한 SK-II를 바르면 피부가 밝아지고 환해지는 효과가 있다고 믿게 되었다.

효모도 기본적으로 발효인데, 그들은 왜 발효라는 말을 쓰지 않았을까? 발효의 연상작용이 럭셔리에 어울리지 않는다고 생각해서였을 것이다. 특히 한국사람들은 발효라고 하면 간장이나 된장, 고추장부터 떠올린다. 엘지생건이 소비자 면담조사(FGI)를 할 때에도 '발효' 하면 '장 냄새 난다'는 응답이 많았다. 럭셔리 화장품인데 된장 냄새라니… 엘지생건의 고민이 깊어질 수밖에 없었다.

이를 해결하기 위해 취한 전략은 두 가지였다. 하나는 SK-II의 '주조사의 손'처럼 아름다운 브랜드 스토리를 찾는 것이고,

다른 하나는 SK-II의 이미지를 활용해 발효화장품에 대한 부정적인 선입견을 지우는 것이었다.

엘지생건은 'SK-II도 사실은 발효화장품'이라고 은연중에 알리기 시작했다. 숨을 론칭할 때 소비자들이 무슨 제품이냐고 물어보면 "SK-II가 발효화장품인 거 아시죠? 특히 저희는 자연발효예요"라고 말한 것이다. 사람들에게 익숙한 카테고리 리더와 비교해 유니크함을 더함으로써 남다른 점을 부각시키는 차별화 전략이다. 마치 서울에 대해 잘 모르는 외국인에게 '도쿄 같은 곳인데, 훨씬 다이내믹하다. 도쿄에서는 사람들이 밤 11시면 귀가하지만, 서울에서는 그 시간부터 신난다'고 말해주면 금세 알아듣는 것과 같은 이치다.

자연발효와 인공발효를 나눈 것은 엘지생건식 개념 정의였다. 김치처럼 그냥 둬도 자연에 있는 미생물이 자연스럽게 들어와 발효되는 자연발효가 있는가 하면, 특정 유산균이나 효모를 넣고 그것만 발효시키는 공정을 거치는 인위적인 발효가 있다. 후자는 일반적으로 그냥 발효라고 부르는 데 비해, 숨은 자연발효임을 부각시킨 것이다. 경쟁사도 자연발효 성분을 쓰는 제품이 있다. 그런데 마케팅에서는 먼저 말하는 게 임자다.

소비자들은 내추럴을 원한다. 따라서 화장품 회사도 인위적인 것이 아닌 내추럴을 찾아다닌다. 이 점을 간파한 엘지생건의 전략은 효과적이었다. 지금 발효화장품을 내세우는 신제품들이 잇따라 출시되는 것을 보면, 그들의 전략이 효과적이었음을 알 수 있다.

부정적인 선입견만 사라지면 발효화장품의 시장은 전 세계로 확장될 수 있다. 세계 어느 나라, 어느 민족도 발효를 하지 않는 곳이 없기 때문이다. 아마존 원주민도 그물망에 넣은 과일을 흐르는 물에 6개월 정도 담가놓고 발효시켜 과일의 풍미를 좋게 한다. 스웨덴에서는 청어를 발효해서 먹는다. 치즈, 된장도 발효다. 이처럼 발효는 어느 나라에나 있기 때문에 이해시키기 어렵지 않다.

실제로 '숨'은 일본 소비자들에게도 좋은 반응을 얻었다. 일본인 관광객이 한국을 많이 찾는 시즌이면 면세점에서 일본인들이 줄서서 숨 화장품을 사는 장면이 목격되곤 했다. 그래서 일본 잡지에 숨 광고를 싣거나 일본의 셀럽들에게 제품을 홍보하는 활동을 이어갔다. 엘지생건으로서는 중국 이외의 국가에 화장품 브랜드를 적극적으로 알리기 시작한 첫 사례다.

2007년에 출시된 '숨'은 2018년에 4400억 원의 매출을 올렸다. 후의 명성에 가려 유명세는 덜하지만 성장세로 보면 후보다 더 빠르다. 후는 2006년에 중국시장에 진출한 지 8년이 지나서야 변곡점을 타면서 성장했는데, 숨은 중국시장 진출 2년 만에 매출액이 50% 가까이 증가했고 백화점 매장도 100여 곳을 확보했다. 엘지생건 내부에서는 사드 사태만 없었으면 숨도 지금쯤 중국에서 조 단위 매출을 올렸을 것이라며 내심 아쉬워한다. 중국인들의 반응도 좋고 매장도 충분히 확보되어 크게 성장할 시기에 사드 사태가 터져 모든 마케팅 활동이 중단된 것이다. 최근에는 중국에서 럭셔리 이미지를 더 끌어올리고자 고가 라인 위주로 마케팅을 펼치고 있다.

## 백로는 까마귀 노는 곳에 가지 않는다

프리미엄과 럭셔리 시장을 나누는 기준으로 흔히 '가격'과 그에 연동되는 '유통채널'을 꼽는다. 럭셔리의 채널은 면세점이나 백화점, 방문판매다. 프리미엄이나 매스는 로드숍과 마트가 메인 채널이다. 채널에 따라 소비자도 차이가 크게 난다.

그러나 엘지생건 내부에서 통용되는 럭셔리의 진정한 차이는, 차 부회장의 표현을 빌리면 '에스퍼레이션aspiration' 즉 열망의 차이다. 말하자면 소비자 인지를 기반으로 한 럭셔리의 기준이다.

럭셔리 브랜드들은 가격이 100만 원을 넘어도 소비자들이 기꺼이 구매한다. 물론 원가 대비 차이도 있지만, 나머지는 결국 열망에 대한 대가가 아니겠는가. 럭셔리는 그만큼의 열망을 가진 브랜드고 프리미엄은 상대적으로 열망의 크기가 작다. 저가 브랜드는 열망이랄 것도 없다. 그러므로 열망을 얼마나 키워내느냐에 따라서 럭셔리냐 아니냐가 갈린다.

럭셔리는 단순히 가격이나 채널만 바꾼다고 되는 것이 아니라, 브랜드의 모든 요소가 소비자에게 열망을 심어주어야 한다. 결코 쉬운 일이 아니다.

숨 브랜드 개발이 막바지에 달했을 때의 일화다. 브랜드의 가능성이 보이기 시작하자 백화점 등에서도 오퍼가 들어오기 시작했다. 유통채널 중 백화점에서 반응이 있다는 것은 고무적인 일이었다. 담당 팀에서는 서둘러 용기 디자인 등 후반 작업에 박차를 가했다. 그런데 여기서 사달이 났다. 자연주의 느낌이 나는 디자인을 적용했는데, 보고를 받은 차 부회장이 서랍에서 약병을 하나 꺼냈다.

"이게 내 약병이거든요? 어때요? 이 용기하고 약병하고 똑같이 생겼죠. 이게 럭셔리 화장품의 느낌 같아요? 럭셔리 화장품이 이런 약병 느낌이면 어떡하죠?"

불호령 끝에 2주 안에 용기를 바꾸기로 결정했다. 가능한 일정은 아니었지만 어쩔 수 없었다. 백화점 입점일자까지 다 확정된 상태였기에 2주 안에 용기를 개발하지 못하면 입점 자체가 취소될 수 있었다. 결국 우여곡절 끝에 2주 만에 새로운 용기로 바꾸어 론칭하는 데 성공했다.

당시 차 부회장의 질책을 받았던 임원은 "그때 용기를 바꾸지 않았으면 숨 브랜드는 성공하지 못했을 것"이라고 말한다. 숨이 출시된 후 에콜로지ecology, 로하스LOHAS 등의 컨셉을 내세운 브랜드들이 비슷비슷한 약병 모양의 포장을 하고 쏟아져 나왔다. 럭셔리를 지향하던 숨이 자칫 그들과 똑같은 제품으로 인식될 뻔한 것이다.

'까마귀 노는 곳에 백로야 가지 마라' 라는 속담이 있다. 브랜

## 업의 본질, 재정의

2018년 한 해 동안 우리 화장품 사업은 시장의 기대를 뛰어넘는 성장을 이루었습니다. 기대 이상의 높은 성장에도 불구하고 글로벌 화장품 시장에서 우리의 시장점유율은 1% 수준으로, 큰 시장으로 진출하기 위해 이제 막 출발선에 섰다고 생각합니다.

또 다른 시작을 준비하는 우리에게 우리가 갖지 못한 99%의 시장은 매력적인 기회임에 분명하지만, 시시각각 변하는 소비자와 수많은 경쟁자들 틈에서 시장점유율을 높이기 위해서는 경쟁사가 따라 하지 못할 우리만의 '우수한 무엇'이 필요합니다. 우리만의 그 무엇을 찾아내기에 앞서 우리 업의 본질을 다시 생각해보았습니다.

지금까지는 '고객의 아름다움과 꿈을 실현하는 최고의 생활 문화 기업'으로 우리 자신을 정의해왔습니다.

하지만 지난 70년 이상 쌓아온 경험을 발판 삼아 앞으로는 우리만의 우수한 무엇으로 '최고의 혁신을 실현하는 세계적인 명품 화장품 회사'가 되고자 합니다. 그렇다면 우리만의 경쟁력은 무엇일까요? 저는 '제품 품질(quality), 효능(efficacy), 안전성(safety) 그리고 브랜드에 대한 열망 창출(aspiration)'이 4가지를 꼽고 싶습니다.

최상의 품질과 차별화된 디자인, 소비자 니즈에 최적화된 진정한 효능, 세상에서 가장 안전한 제품, 그리고 우리 브랜드를 향한 소비자 열망을 끌어내는 것은 어느 누구보다 우리가 잘할 수 있는 우리만의 강점입니다.

C . E . O . Message

드나 개인의 명성을 관리하는 중요한 지침이다. 후나 숨이 럭셔리 브랜드로 보이려면 그에 걸맞은 용기와 걸맞은 판매장소, 그리고 걸맞은 디스플레이 안에 존재해야 한다.

하다못해 잡지에서 신제품 기사를 써주겠다고 해도 함께 소개되는 제품이 저가이면 차라리 빼거나, 아니면 다른 럭셔리 제품도 포함시켜야 한다. 브랜드에 손상이 갈 만한 요소는 다 제거하는 것, 이것이 차 부회장식 럭셔리 브랜딩이다.


## 지역 다변화

세계적인 화장품 기업인 일본의 시세이도는 2014년에 바닥을 쳤다. 중국시장 실적이 부진해지자 한순간에 위기에 빠졌던 것이다. 이제는 반등에 성공했지만, 엘지생건 화장품 사업부의 임원은 이것을 "화장품을 가지고 있는 회사의 숙명"이라고까지 표현한다. 중국 같은 거대시장에서 무너지면 헤징(hedging, 위험분산)이 안 되기 때문이다.

시세이도는 미국과 유럽에서는 그다지 인기를 끌지 못하고 일본과 중국에 주력했다. 1980년대부터 중국에 합자회사를 설립하는 등 투자를 꾸준히 해 성적이 괜찮았다. 그러다 일본과 중국의 관계가 어그러지면서 2010년 전후로 중국시장 매출이 확 떨어졌다. 그에 따라 수익성도 급격하게 악화되었다.

## 중국만으로는 위험하다

시세이도의 위기는 엘지생건에도 많은 생각거리를 준다. 엘지생건의 전체 매출 가운데 해외 고객에 판매하는 매출이 절반 이상인데, 이는 다분히 중국시장 덕분이다. 그러나 중국 전체 화장품 시장을 놓고 보면 아직 갈 길이 먼 것이 사실이다. 후의 매출이 2조를 넘어섰지만, 상하이나 홍콩의 백화점에 가보면 7~8등 수준이다. 샤넬, 랑콤, 에스티로더 같은 브랜드가 수위를 다투고 일본의 시세이도도 후보다 높은 편이다. 유럽이나 미국에서 온 브랜드가 상위에 포진해 있고, 한국 브랜드는 기초나 색조 모두 중국시장에서 5위권에 들지 못한다.

더욱이 중국 이외의 세계시장에서는 아직 괄목할 만한 존재감을 드러내지 못하고 있다는 것도 풀어야 할 과제다. 중국시장은 소비가 둔화되고 있기 때문에 앞으로는 점차 어려워질 가능성이 크다. 단기적으로는 미국과의 무역분쟁 때문에 내수를 키우려고 하겠지만, 대세를 뒤집을 수 있을 것 같지는 않다. 일본이 그랬고 한국이 그랬듯이 경제둔화는 필연적이다.

중국시장이 정체상대에 빠지기 시작한다면 엘지생건에는 어떤 대안이 있는가? '포스트 차이나'를 마련해야 하는 숙제가 생긴 것이다.

한 임원의 표현대로라면 엘지생건은 아직 "너무 한국회사"다. 2018년 엘지생건의 상반기 실적을 보면 화장품 매출의 50% 이상이 해외고객에게서 나왔다. 그럼에도 '한국회사'

라고 하는 데에는 이유가 있다. 세계 화장품 시장이 300조 원 가량이고 엘지생건의 2018년 화장품 매출이 3조 원이니, 시장점유율은 고작 1% 정도인 것이다. 아직 갈 길이 멀다. 영역(territory) 확장은 엘지생건의 고민거리이며, 동시에 미래 성장 동력이다.

그래서 최근에는 해외 접점을 확대하고자 해외 면세점을 늘려가는 데 속도를 내고 있다. 해외진출을 위해 현지 화장품 회사와의 M&A도 활발히 진행하고 있다. 말레이시아, 태국 등 동남아시아 기업과의 M&A도 최근 1~2년 동안 다수 이루어졌다. 동남아에 베이스캠프가 있어야겠다는 판단 하에 추진한 것이다. 초기에는 총판을 통해 동남아 지역에 수출했는데, 총판이 점점 커져서 의존도가 너무 높아지면 자칫 총판에 끌려다닐 수 있기 때문이다.

그러면 중국을 대신할 수 있는 곳은 어디인가? 시장 크기로는 미국이나 유럽이 탐이 나지만 그곳에는 아직 거점이 없다. 지금 상태로는 아시아에서 좀 더 확장한 다음에 미국을 공략하고, 그다음에 유럽으로 확장해야 한다.

### 중국을 대체할 아시아 시장을 찾아 나선다

아시아에서 중국을 대체할 만한 규모의 시장은 하나밖에 없다. 일본이다. 한국과 일본과 중국이 아시아 화장품 시장의 80%를 차지한다. 일본은 2010년대 중반까지만 해도 세계 화장품 시장에서 미국에 이은 넘버투였다. 최근 중국에 밀렸지만 여전히 27조 규모를 자랑한다.

물론 일본은 만만한 시장이 결코 아니다. 많은 사람들이 "일본 가서 다 실패했는데 왜 들어가려 하느냐?"고 할 정도로 일본은 배타적인 시장이고 최근 상황도 좋지 않았다. 더욱이 일본은 소비자만 까다로운 게 아니라 리테일러들을 뚫는 것부터 어렵다.

그래도 아시아에서 의미 있는 플레이어가 되려면 안 들어갈 수는 없다. 엘지생건은 일본시장에 연착륙하려면 리테일러를 거치는 게 아니라 소비자에게 직접 판매할 수 있는 통신판매 사업으로 가야겠다고 생각했다. 화장품이나 건강기능식품이 많이 활용하는 방식인 데다, 리테일러를 거치지 않고 소비자가 직접 콜call해서 주문하는 것이니 장애물이 없다는 장점이 있다.

다만 통신판매 노하우가 없으니 직접 현지법인을 세우는 것보다는 방문판매나 통신판매 조직이 있는 로컬기업을 인수하는 것이 낫다고 보아 긴자스테파니, 에버라이프, 에이본재팬을 잇달아 사들였다. 3개 회사를 모아놓고 보니 이번에는 생산기지가 없어서 2018년에 화장품 공장을 하나 더 인수했다.

TV에 요란한 광고를 해서 주문받는 사업을 한다고 하니 "그런 방식을 엘지생건 같은 대기업이 할 수 있냐?"는 식으로 얘기하는 사람들도 있었다. 그러나 일본의 방문판매는 그렇게 이미지가 낮지 않고, 대기업도 종종 활용한다. 자존심 같은 걸 내려놓고 실용적으로 생각하면 중국을 대체할 시장은 일본밖에 없고, 일본에서 남들과 똑같이 하면 똑같이 실패하게 돼 있으니 다른 방식을 쓰는 것뿐이다.

엘지생건도 2017년까지는 일본에서 고전을 면치 못했지만 결국 이 전략이 힘을 발휘하기 시작했다. 긴자스테파니도 초기 3~4년쯤 고생하다 기존 라인을 정비하고 엘지생건의 쿠션 파운데이션을 얹으면서 2018년부터 매출도 오르고 이익도 조금씩 생기기 시작했다. 그 후로는 3개 브랜드가 각기 움직이며 4000억~5000억 원 대의 매출규모를 내고 있다.

지금은 중국 다음에 일본, 그다음에 어디로 갈 것인지 고민하는 단계다.

첫 번째 대안으로 동남아시아 시장이 있지만, 포트폴리오 전략으로 바라볼 때 좋은 대안은 아니다. 시장이 빠르게 크고 있긴 하지만 사이즈가 너무 작고 여러 나라로 나뉘어 있기 때문이다. 나라마다 다 따로 들어가야 하니 복잡도가 엄청나게 높아져 투자 대비 효율성이 떨어진다. 유통채널도 아직 개발이 덜 된 상태여서 그곳에서 원하는 만큼의 매출을 내려면 막대한 인적 투자가 들어가야 한다.

이런 점에서 동남아가 중국을 대체할 것이라는 기대를 품거나 '포트폴리오의 다각화'라고 포장할 정도는 아니다. 동남아 시장은 경제수준도 약간 낮고 기후도 덥기 때문에 럭셔리 브랜드보다는 더페이스샵의 프리미엄 브랜드를, 기초화장품보다는 컬러 및 메이크업 중심으로 사업을 끌고 가려고 한다.

인도시장은 어떨까? 일단 성장률은 매우 높다. 중국의 GDP 성장률이 6% 이하로 내려갔는데 인도는 8%나 된다. 시장 사이즈도 크다. 미국, 중국, 일본, 영국, 한국, 이탈리아에 이어 인도가 7위다. 그에 비해 유통 선진화는 더뎌서 아직 대형마트가 없고 슈퍼마켓 정도다. 과거의 한국과 비슷하다.

오프라인이 선진화되지 않은 틈을 타 온라인이 비약적으로 발전해 전체 화장품 매출의 30%가 온라인에서 나온다. 엘지생건도 온라인에 집중해 진출 3년 만에 시장점유율과 매출을 많이 올려놓은 상태다. 피부색이 우리와 달라서 마스크시트 같은 제품을 주로 판매하는데, 인도의 아마존이라 할 수 있는 '나이카(NYKAA)' 사이트에서 엘지생건 화장품이 5위 안에 들 정도다.

### R&D부터 글로벌 기준으로 맞추다

엘지생건이 높은 해외 매출에도 불구하고 '여전히 한국회사'인 데에는 브랜드 플랫폼이 글로벌화되지 않았다는 이유도 한몫한다. 단적으로 말해 패키징packaging 디자인이 영어로 되어 있어야 하는데 그조차 안 되어 있다. 또한 국가마다 화장품에 대한 규제사항이 다 다르다. 글로벌 기업들은 연구소에서 각각의 항목을 다 맞추는데, 한국의 화장품 회사들은 미국과 유럽의 기준까지 맞춰가며 개발하지는 않고 있는 실정이다.

마케팅 플랫폼 면에서는, 하다못해 모델 계약을 할 때도 글로벌 계약을 해야 하는 등 따져야 할 것들이 많다. 우리가 면세점에서 흔히 볼 수 있는 브랜드들, 예컨대 디올이나 샤넬 등은 처방이나 패키징 디자인이나 모델, 더 나아가 제품을 놓는 디스플레이까지 다 표준화되어 있어 글로벌 시장에서 판매가 용이하다. 그런데 엘지생건은 아직 거기까지는 갖춰져 있지 않다. 개선해야 할 부분이다.

이러한 문제를 개선하고 글로벌 시장에서 승부수를 띄운 브랜드가 '빌리프(belif)'다.

화장품 개발에는 '제형'이 매우 중요하다. 제형이란 화장품의 내용물을 만드는 것이다. 제형을 어떻게 하느냐에 따라 보습 능력이 달라지고, 개인의 피부 타입에 따라 다르게 반응한다. 아울러 제품의 사용감은 소비자들이 느끼는 감성적 품질에도 영향이 미친다. 이 때문에 제형을 만드는 포뮬러formula 기술은 각 회사마다 아주 중요하게 여기는 부분 중 하나다.

앞서 말했듯이 화장품은 브랜드별 컨셉이 매우 중요하다. 후는 궁중 컨셉, 숨은 발효 컨셉을 잡고 가는데, 엘지생건에 유기농 컨셉의 브랜드는 없었다. 엘지생건뿐 아니라 한국의 화장품 회사들이 전반적으로 유기농 화장품을 잘 못 만든다. 유기농을 대체할 만한 다른 컨셉이 이미 있기 때문이다. 한방이나 발효가 이미 자연주의 카테고리 안에 있으니 굳이 유기농을 따로 만들지 않는 것이다. 그렇다면 유기농을 포기해야 할까?

엘지생건은 우회하는 전략을 택했다. '허브'를 컨셉으로 잡은 것이다. 허브는 오래전부터 유럽을 비롯한 전 세계에서 사랑받아온 약제다. 한국사람들이 유기농에는 크게 반응하지 않는다 해도 허브는 좋아하니 이를 컨셉으로 브랜드를 개발하기로 했다. 백화점에 입점하되 하이엔드는 아니어서 백화점에 오는 소비자가 부담 없이 살 수 있는 가격의 제품으로 만드는 것이다.

이렇게 포지셔닝을 정하고 나니 그 자리에 로레알의 '키엘'이 있었다. 백화점 제품임에도 가격은 비교적 낮아 많은 소비자가 사가는 제품. 그래서 내부에서도 "그래, 이왕에 개발한 거 키엘과 붙어보자" 하는 분위기가 만들어졌다.


앞서 말했듯이 차 부회장은 브랜드는 스토리텔링이 가능해야 한다고 강조한다. 예컨대 키엘은 약국 컨셉으로 스토리텔링을 한다. 이에 대항해 빌리프는 '영국의 허브' 컨셉을 채택했다. 그렇다면 이 컨셉으로 어떤 스토리를 들려줄 것인가?

엘지생건은 영국의 허브에 관한 자료를 샅샅이 조사했다. 영국에는 왕립식물원도 있고, 약제사 포뮬러도 있다. 왕립식물원은 너무 하이클래스, 하이엔드일 수 있으니 일반인이 접근하기 쉬운 약제사 컨셉으로 하기로 했다. 만약 후처럼 톱 럭셔리 브랜드 제품을 개발하는 것이었다면 왕립식물원의 식물을 썼을

지도 모르지만, 빌리프는 그런 포지션이 아니기 때문에 보통 사람들이 접근할 수 있는 컨셉의 허브를 쓰는 게 좋겠다는 판단이었다. 대신 전통은 굉장히 오래된 곳을 찾아 신뢰를 높이자는 게 차 부회장의 전략이었다.

엘지생건의 기술연구원이 찾아낸 곳은 150년 전통의 메디컬 허벌리스트인 네이피어스(Napiers)였다. 우리나라에 한의사가 있는 것처럼 유럽에도 전통 허브를 이용한 약제사들이 있는데, 네이피어스는 '허브의 나라' 영국 스코틀랜드에서도 가장 오래된 허브 클리닉 숍으로, 창업자 던컨 네이피어가 체계화한 정통 허브 추출 방식과 제조 포뮬러를 고집스레 유지하는 곳이다. 그들은 1860년부터 제품에 성분을 모두 표시할 정도로 품질에 대한 자부심이 대단했다. 네이피어스의 포뮬러를 그대로 들여와 중국이나 우리나라에서 사용할 수 없는 성분은 빼고 만든 게 빌리프다.

더마(dermatology, 피부과학) 화장품의 주요 성분은 의약품이라 일반 화장품 회사는 사용하지 못하는데, 유사한 효능을 내면서 규제 없이 사용할 수 있는 대체 성분들이 있다. 그런데 그 성분을 많이 쓰면 독이 되고 적게 쓰면 효능이 없어서 그걸 어떻게 다루느냐가 화장품 회사의 중요한 기술이다. 빌리프는 그 접점을 잘 맞추어 신제품 개발에 성공했다.

빌리프는 출시 후 말한 대로 키엘과 승부했다. 초반에는 당연히 키엘에 밀렸지만, 곧이어 반전을 일으킨 제품이 '더 트루 크림 모이스춰라이징 밤'과 '더 트루 크림 아쿠아 밤', 줄여서 '모밤'과 '아밤'이라 불리는 수분 크림이다. 이 두 제품이 우리 나라 백화점에서 가장 많이 팔리는 베스트셀러로, 1년에 100만 개 이상 팔린다.

마케팅 커뮤니케이션도 주효했다. 제품에 어떻게 임팩트를 주느냐에 따라 크림(balm)이 폭탄(bomb)이 되기도 한다. '밤' 이라고 하면 수분이 폭탄처럼 터지며 들어오는 강한 느낌이 든 다. 이 제품이 근간이 되어 다른 브랜드에도 아쿠아 밤의 기술 을 확대 적용하기도 했다.

컨셉과 함께 유통에서도 글로벌화의 기반을 다졌다. 특히 글 로벌 시장에서 가장 큰 화장품 리테일 스토어인 세포라(Se-phora)는 인디브랜드와 소비자 인지가 안 된 브랜드를 띄워주 는 비즈니스 모델을 가지고 있어서 엘지생건에는 상당히 좋은 유통 파트너다. 그래서 세포라와 협업해 미국에 있는 400여 개 단독매장에 다 입점시켰다. 세포라가 빌리프의 글로벌 플랫폼 역할을 하는 것이다.

아쿠아 밤의 제형 또한 미국에서는 상당히 독특하게 인식되 었다. 리치하지 않고 부드럽기 때문에 별로 끈적이지 않다는 점이 좋게 받아들여졌다. 광고 모델을 쓰지 않고 애니메이션으 로 재미있게 광고한다는 점도 글로벌화에 상대적으로 용이하 다. 덕분에 빌리프는 엘지생건의 브랜드 가운데 미국시장에서 가장 잘나가는 브랜드가 되었다. 진출한 지 얼마 되지 않았는데 매출이 소비자가 기준으로 벌써 500억 원 이상이다.

그럼에도 해외시장 개척에 문제가 없는 것은 아니다. 유럽시장은 여전히 공략이 쉽지 않고, 중국시장에서는 반응이 좋은 대신 카피제품이 많이 나왔다. 용기의 디자인부터 똑같다. 허브 컨셉에 맞춰 단순하게 디자인하는 바람에 카피하기 쉽다는 문제가 있다. 그래서 더 고급화하는 작업을 진행 중이다. 용기도 브랜드 아이덴티티를 유지하되 고급화하고, 가격도 약간 올려서 포지셔닝하는 것이 과제다.

## 미국시장도 비집고 들어간다

미국의 기초화장품 시장에서 빌리프가 선전하는 반면, 색조 시장에서는 여전히 엘지생건만의 경쟁력이 없었다. 애초에 기초 및 스킨케어를 주력으로 삼았기 때문이다. 그런데 미국의 럭셔리 화장품 시장은 최근 색조를 중심으로 크게 요동치고 있다. 3~4년 사이에 인디브랜드들이 갑자기 치고 올라오는 추세다. 바비브라운이나 맥 같은 전통의 강자가 떨어지고 셀러브리티가 만든 인디브랜드들이 뜨면서 럭셔리로 진입하는 중이다.

그래서 럭셔리 브랜드들도 인디브랜드 전략을 차용하기 시작했다. 세포라 매장을 보유하고 있어 상대적으로 유통이 용이한 LVMH는 샌프란시스코 등지에 자회사를 두어 셀러브리티 브랜드를 키워주는 비즈니스 모델을 만들고 있다. 굳이 자회사를 두는 이유는, 모기업은 준수(compliance)해야 할 사항이 많아서다. 따라서 의사결정 과정이 까다롭거나 운신의 폭이 좁은 데 비해 자회사는 훨씬 자유롭게 새로운 시도를 하는 등 마치 벤처기업처럼 활동할 수 있기 때문이다. 특히 유행을 많이 타는 색조 같은 경우는 빠른 의사결정과 순발력이 필요하므로 이 전략이 선호된다.

그러다 보니 최근 잘나가는 색조 브랜드 중에는 기존의 럭셔리 브랜드가 자체적으로 만든 것이 없다. 거의 다 M&A한 것이다. 에스티로더의 투페이스드, 로레알의 NYX, 아이티 코스메틱 등이 모두 M&A의 결실이다. 소규모 창업가들이 새로운 브랜드를 만들어 400억~500억 원 정도로 키운 다음에 로레알이나 에스티로더에 파는 것이 미국에는 패턴처럼 돼 있다. 그 회사들을 사서 자기네 조직에 복사-붙여넣기하는 것이다. 그들은 탄탄한 세일즈 네트워크가 있으니 그 위에 얹으면 금세 3~5배 성장이 가능하다. 미국시장뿐 아니라 유럽에도 중국에도 진출한다.

이런 가능성이 있는데 경험이 부족하다고 손 놓고 있을 수는 없다. 그래서 엘지생건은 2011년에 보브를 인수하고, VDL 브랜드를 만들어 미국시장에 본격적으로 승부수를 띄웠다.

VDL은 차 부회장이 색조 브랜드용으로 지어놓은 'violet dream'에서 나온 이름으로, 패키지도 영어로 하는 등 처음부터 글로벌 비즈니스를 염두에 두고 개발한 브랜드다. 2012년 가로수길에 처음 매장을 론칭했을 당시 한국 소비자들도 "이거 수입브랜드예요?"라고 묻곤 했다고 한다.

## 오행무상승

현재 중국에서 우리 회사 화장품이 대단한 인기를 끌고 있습니다. 중국에는 아직까지 우리처럼 좋은 제품을 만들어낼 실력이 없다는 것이 큰 이유 중 하나입니다. 하지만 만약 중국에서 좋은 제품이 나오기 시작한다면 어떻게 될까요? 우리 회사에도 좋지 않은 영향을 끼치게 될 것입니다. 한마디로 우리 산업도 위기에 대비해야 하는 시점이 굉장히 가까워지고 있는 것입니다.

그래서 지금 이익을 많이 낼 때 '이제 긴장을 풀어도 되겠다'고 생각하시면 안 됩니다. 저는 오히려 이번 기회에 우리 회사의 구조를 앞으로도 잘될 수 있는 지속가능한 구조로 바꿔야겠다는 생각으로 마음의 끈을 더 팽팽하게 당기고 있습니다.

이러한 시기에 제가 여러분께 드리고 싶은 말씀은 오행무상승(五行無常勝)입니다. 《손자병법》에 나온 말로 '한 번 승리가 영원히 반복되는 것이 아니다' 란 뜻입니다.

"쇠(金)는 불(火) 앞에 녹아버리고, 불도 물(水) 앞에 승자의 자리를 내줘야 한다. 물은 다시 흙(土)에 흡수되고, 흙은 나무(木)에 고개를 숙인다. 나무는 쇠(金)에 찍히고 만다."

영원할 것만 같았던 미국의 철강산업도 무너진 지 40년이 지났고, 필라델피아 등 당시 철강산업을 대표했던 지역은 아직까지 명성을 되찾지 못하고 있습니다. 우리 회사도 현재에 만족하고 안주한다면 결국 비슷한 길을 걸을 것입니다.

그러므로 항상 겸손해야 하고 항상 모른다는 것을 인정하며 'Stay hungry, stay foolish' 의 마음을 잊지 말아야겠습니다.

C.E.O. **Message**

VDL의 베스트셀러는 1년에 100만 개 이상 판매되는 루미네이어 프라이머다. 스킨, 로션, 에센스를 바르고 나서 이걸 바르면 흔히 말하는 '물광 메이크업'이 잘된다.

그런데 이런 제품을 만들면 VDL만 좋은 게 아니라 다른 럭셔리, 프리미엄 브랜드에도 좋다. 후 같은 경우 기초 스킨케어에만 집중하느라 메이크업 쪽은 따로 기획하거나 브랜딩하지 않고 있었다. 그런데 루미네이어 프라이머 같은 제품을 후의 컨셉에 맞춰 다시 개발하면 어렵지 않게 추가 매출을 올릴 수 있다.

아울러 유통 문제를 해결하기 위한 방안도 모색 중이다. 세포라와 제휴하는 한편, 더페이스샵을 네이처컬렉션으로 전환하는 시도도 하고 있다. 국내 더페이스샵은 로드숍 중심으로 운영되고 있지만 미국과 캐나다에서는 후나 숨 같은 럭셔리 브랜드와 함께하면서 이미지 자체를 끌어올리려 테스트를 진행 중이다. 한마디로 이후의 성장은 글로벌화만이 답이다.


## 진화하는 전략

현재 엘지생건 매출의 견인차는 단연 화장품 부문이다. 2018년 6조 7500억 매출에서 화장품 매출이 절반 이상을 차지한다. 이 성과는 괄목할 만하지만, 엘지생건의 도전은 계속된다. 이들이 생각하는 화장품 부문의 미래 성장동력은 무엇일까?

지금까지의 전략은 K-뷰티, K-코스메틱이라는 큰 흐름을 타고 간 것이라 중국 소비자들의 니즈를 적극적으로 파악해 전략에 반영하는 사례는 많지 않았다. 본사의 제품전략을 해외시장에 롤아웃 방식으로 적용하는 데 포커스를 두었던 것이 사실이다. 앞으로는 현지의 특성과 니즈를 좀 더 반영하는 방향으로 나아갈 필요가 있다.

이를 위해 중국의 춘절 같은 이벤트에 맞춰 제품을 변주(variation)하는 등, 후 브랜드를 중심으로 중국시장에 특화하는 작업을 조금씩 시도하는 중이다. 중국에서 인기가 좋은 후 브랜드의 '명의향' 라인은 중국 소비자의 니즈에 맞춰 사용감을 조정하는 등 부분적으로 손을 보고 있다. 그러나 아직은 특정 국가의 소비자를 위해 제품을 내는 등의 전면적인 시장맞춤 전략은 펴지 않고 있다. 브랜드 관리 측면의 문제도 있기 때문이다.

이와 함께 화장품업의 개념을 재정의하는 중이다. 사업부 이름 자체가 '뷰티풀'이다. 이 말은 곧 아름다움이라는 가치를 줄 수 있는 것은 다 하겠다는 포부이기도 하다.

그렇게 범위를 확장해서 보면 뷰티는 실로 엄청나게 큰 시장이다. 시장조사기관 유로모니터는 화장품과 퍼스널케어를 한 카테고리로 묶어 뷰티앤퍼스널케어Beauty & Personal Care로 분류하는데, 그 카테고리의 연간 시장규모가 500조 원이 넘는다. TV 시장보다 더 크다. 그중 화장품이 절반가량인 270조를 차지한다.

이 시장을 염두에 두면서 엘지생건이 다루는 제품도 다양해지고 있다. 이너뷰티inner beauty, 에스테틱 코스메틱스, 미용기기(beauty device), 그리고 점차 의료의 영역까지 넘어가는 추세이므로 OTC도 배우기 시작했다. 이는 모든 기업의 화두인 '4차 산업혁명'으로까지 이어진다.

"4차 산업혁명 바람이 불고 있는데 이걸 화장품에 어떻게 적용할 수 있을지 또 고민을 했죠. 화장품 산업의 미래는 맞춤형 화장품일 것이라는 생각에 진정한 맞춤형 화장품을 준비하기 위해 유전자 분석 분야에 진출했습니다." 엘지생건의 IR 부문장은 이처럼 회사가 가진 핵심역량을 접목할 수 있는 영역을 계속 확장하는 것이 1차적인 미래 성장동력이라 말한다.

상대방과 바둑을 두면서 진행될 모든 수를 예측할 수 없듯이, 전략을 한꺼번에 다 짜놓을 수는 없다. 이것은 두뇌의 한계인 동시에 과정상의 한계이기도 하다.

전략은 집행과정을 통해, 발효하듯 천천히 진화한다. 좀 더 좋은 전략은 있을지언정 완벽한 전략이란 있을 수 없다. 엘지생건의 세부전략도 계속 바뀐다. 큰 틀의 전략을 달성하기 위한 세부전략을 끊임없이 다듬어가며 조금씩 진화하는 중이다.

# 고심하는 마케팅 전략

## 지속가능한 성장을 꾀하다

## 4장

차 부회장을 가리켜 흔히 '마케팅 전문가'라고들 하는데, 사실 그의 전문분야는 재무 및 회계다. 미국에서 AICPA를 취득해 P&G에서도 파이낸스 매니저로 인정받아 나중에 아시아 본사인 홍콩에서 CFO까지 올랐다. 그런 그가 한국에서 마케팅 전문가라 불리게 된 것 또한 꺾일 줄 모르는 엘지생건의 실적 때문일 것이다.

예전에 P&G에 있을 때 차 부회장은 '광고를 왜 그렇게밖에 못하느냐'는 등 유독 마케팅 부서에 챌린지를 많이 했다고 한다. 하도 지적을 많이 하니 본사에서 '그러면 직접 한번 해보라'고 해서 정말 미국 P&G에 갔는데, 정작 6개월간 다른 일은 안 시키고 마케팅 교육만 시켰다고 한다. 과연 '마케팅 사관학교'다운 조치다.

숫자에 대한 좌뇌적 감각에 우뇌적 감성이 중요한 마케팅 역량이 더해지자 차 부회장만의 마케팅 감각이 만들어졌다. 한마디로 '돈 버는 방법'을 알게 된 것이다.

## 의사결정의 기준은 소비자

원칙이 분명하면 의사결정 과정이 간결해진다.

일전에 그룹 내 비즈니스 케이스를 발굴하기 위해 가톨릭대학교의 이동현 교수가 차 부회장을 인터뷰한 적이 있다.

"부회장님, 하루에 수십 명씩 만나러 오고 수많은 의사결정을 하신다고요. 하루에 10개도 의사결정하기 힘든데, 어떻게 그 많은 것들을 하실 수 있습니까?"

그런데 차 부회장은 힘들지 않다고 했다고 한다. 원칙이 있기 때문이다. 어떤 사안을 결정할 때 '이게 소비자에게 가치 있느냐 아니냐'를 가지고 생각하면 금방 결정할 수 있다는 것이다.

엘지생건이 14년 넘게 성장한 밑바탕에는 소비자 중심주의라는 강력한 원칙이 존재한다. 최근 어느 기업에서나 강조하는 것 중 하나가 '고객 중심' 혹은 '소비자 중심'이라는 말이다. 너무 흔해져서 하나마나 한 구호가 된 느낌마저 있다.

그런데 차 부회장은 막연하기만 한 고객의 개념을 재정의함으로써 실제 의사결정의 원칙으로 작동하게 했다. 고객을 대하는 생각이 달라지니 기존의 마케팅 공식도 변하기 시작했다. 제품을 제값 받고 파느냐 할인해주느냐, 품질의 기준을 어느 수준으로 맞출 것이냐 등, 경영의 중요한 의사결정이 '소비자 중심'이라는 원칙 아래 정해진다.

이는 필연적으로 실용주의와 연결된다. 소비자 중심으로 생각하다 보면 자연스럽게 불필요한 관습을 버리게 된다.

예를 들어 A제품은 마트에서 팔리는데, 이런저런 요소 때문에 고정비가 있으니 가격은 얼마였으면 좋겠고, 디자인은 어떻게 했으면 좋겠고… 이런 문제들을 다 따지다 보면 복잡성이 올라간다. 한 가지 이슈에 대해서도 영업과 마케팅, 생산의 역할이 다 달라서 접근하는 방식도 제각각이다. 그럴 때마다 담당부서가 모여 "내가 소비자라면…"을 서로에게 묻고 토의한다.

한마디로 '소비자들이 이걸 사겠냐'는 기준을 놓고 보면 의사결정이 한결 쉬워진다. 그 기준을 가지고 커뮤니케이션하는 것이 습관화되어 있다.

## 초점을 고객에서 소비자로 바꾸다

소비자 중심의 사고방식은 엘지생건의 새로운 핵심가치(Core Value)에도 담겨 있다. 기존 핵심가치는 'Customer Focus, Speed, Innovation, Professionalism' 4가지였는데, 차 부회장이 온 직후 한 가지가 바뀌었다. 'Customer Focus(고객중심)'를 'Consumer Focus(소비자 중심)'로 구체화한 것이다.

일반적으로는 '고객 중심'을 더 많이 쓰지 않나 의아해할 수도 있다. 애초에 '고객 중심'을 핵심가치로 정할 때에는 '우리의 고객은 소비자만이 아니다. 이해관계자가 다 고객이다. 밸런싱을 고려하자'는 의도로 만들어졌다. 차 부회장도 이 취지에는 전적으로 동의하지만, 고객의 범주에 너무 많은 대상이 포함

## 기업경영 최소량의 법칙

제가 LG생활건강에 온 이후로 마케팅에 대한 강조를 많이 했습니다. 그렇다고 해서 다른 부문이 중요하지 않다는 게 아닙니다.

과거에는 물건을 만들기만 하면 팔리던 시절이어서 마케팅이 중시되지 않았고, 우리 회사의 마케팅 역량도 상대적으로 강화되지 않았습니다. 그러니 앞으로 이 마케팅 역량을 끌어올리면 우리 회사가 더욱더 발전할 수 있다는 뜻입니다.

리비히의 '최소량의 법칙'이 있습니다.

농사를 지을 때 여러 종류의 비료를 아무리 많이 주어도 꼭 필요한 성분이 하나라도 부족하면 식물이 제대로 자라지 않는다는 것입니다.

기업경영에서도 R&D, 생산, 영업, 마케팅 등이 모두 일정 수준에 올라야 하며, 어느 하나라도 부족한 역량이 있으면 기업경영에 누수현상이 발생합니다. 현재 우리 회사에 좀 더 필요한 역량은 마케팅입니다.

C.E.O. Message

되다 보니 초점이 흐려져서 정작 중요한 소비자를 놓치고 있다며 이를 'Consumer Focus'로 명확히 한 것이다.

고객(customer)은 소비자뿐 아니라 주주, 협력업체, 유통업체, 채권자 등 이해관계자를 모두 포함하는 개념이다. 자사 직원도 물론 포함된다. 그에 비해 소비자(consumer)는 명확하게 우리의 제품을 구매하여 사용하는 고객 그리고 잠재고객만을 가리킨다. 유통업체 등 이해관계자도 중요하지만 결국에는 소비자가 가장 중요하다는 신념이 반영되어 있다.

단어 하나 바꾼 것에 불과하다고 생각할 수 있지만, 현업에서 체감하는 변화는 훨씬 근본적이다. 이를테면 영업에서 어떤 정책을 쓰고 싶다고 했을 때, 그 정책이 유통업체의 배를 불리는 것인지 소비자에게 가격의 메리트나 좋은 품질을 보장하는 제안인지를 우선 판단한다. 전자라면 당연히 아웃이다.

생활용품이나 음료는 대부분 대리점이나 유통업체들을 상대로 영업하기 때문에 유통업체들이 잘해주면 영업이 수월하다. 그래서 과거에는 유통업체를 상대로 할인정책을 쓰고 접대를 하는 영업방식도 매출만 올린다면 오케이였다. 하지만 차 부회장은 "왜 소비자가 아닌 유통업체를 상대로 영업을 하느냐"며 이 구조를 모두 뜯어고쳤다.

시장의 트렌드나 사람들의 소비 패턴은 끊임없이 변화한다. 변하지 않는 것은 직원들의 일하는 방식과 투자자의 신뢰, 어떤 일도 되게 만드는 경영자의 능력, 그리고 세상을 읽는 역량이다. 이 모든 것이 모여서 소비자에게 가 닿는다. 그러한 힘을 마케팅이라고 한다면, 엘지생건이야말로 최고의 마케팅을 하고 있는 셈이다. 마케팅은 소비자 접점에서 완성되며, 화려한 기법이 아니라 원칙에 기초한 실행이 답이었던 것이다.

## 성패를 좌우하는 것은 마지막 5%다

마케팅이란 뭘까? 각자 다양하게 정의할 수 있겠지만, 차 부회장이 생각하는 마케팅은 자신의 전략과 소비자의 니즈를 효율적으로 매치시키는 일이다. 'Consumer Focus'와 맥락을 같이하는 대목이다. 소비자로 초점을 바꾸면서 엘지생건의 마케팅 역시 소비자의 니즈를 찾아내는 데 집중하게 되었다.

소비자가 무엇을 원하는지 아는 방법으로 가장 먼저 떠올리는 것은 '소비자 조사'다. 많은 사람들이 "소비자 조사를 해야죠"라고 당연한 듯 이야기한다. 그러나 엘지생건은 소비자를 이해하기 위해 복잡한 조사를 하지 않는다. FGI를 꽤 하긴 하지만 순수하게 소비자의 이야기를 듣기 위한 용도로만 활용한다. 정량적인 조사는 아예 하지 않는다.

전통적 마케팅에서 소비자 조사 의존도가 컸던 것은 소비자들이 생활용품이나 화장품에 대한 이해도가 높지 않다 보니 대중적으로 모두가 좋아할 만한 것을 찾으면 되었기 때문이다. 시장에서 통할 만한 요소를 찾은 후에 TV광고를 통해 메시지를 주입하다시피 융단폭격하는 것이 일반적인 마케팅 방식이었다.

하지만 오늘날 소비자들의 니즈는 엄청나게 다양해졌다. 백이면 백 소비행태가 다 다르다. 특정 제품을 좋아하는 고객들의 이유도 한 가지로 수렴되지 않는다. 단일한 조사방식을 통해 다양한 인사이트를 얻는 것이 사실상 불가능해진 것이다. 그보다는 온라인에 올라오는 제품의 반응을 빨리 캐치하는 것이 더 효과적이다. 마케터 본인이 써보며 제품 전문가가 되고, 소비자의 다양한 목소리를 직접 들으려는 노력을 게을리하지 말아야 한다.

여기에 필요한 감각은 결국 집요함이다. 차 부회장은 아주 사소한 제품 차이로 고객을 뺏길 수 있음을 늘 경계하라며 소머리국밥집을 예로 든다. 95%의 맛을 내는 소머리국밥집은 많다. 하지만 유명한 집, 넘버원 소머리국밥집의 맛을 정하는 마지막 5%는 쉽사리 잡아내지 못한다. 화장품 시장이 커지자 많은 회사들이 이 시장에 뛰어들었지만 그 5%를 쫓아오지 못하고 문을 닫은 곳들이 태반이다.

마지막 5%를 만드는 것은 결국 집요함이다. 반복해서 제품을 써보고, 피드백을 주고, 보완하고, 개선사항을 실행하면서 장단점을 연구하고 파고들어야 한다. 그 5%의 차이로 기업이 사라질 수도 있고, 존속할 수도 있다.

차 부회장 역시 출시 전에 모든 제품을 반복적으로 써보고 피

## 디테일에 강해집시다

사람을 힘들게 하는 것은 먼 곳에 있는 높은 산을 오르는 것이 아니라 신발에 있는 작은 모래 몇 알이라는 말이 있습니다.

우리가 추구해온 진정한 질 중심의 문화를 정착하기 위해서는 ① 품질에 대한 세심한 관리, ② 고객만족을 위해 정성을 다하는 서비스 정신, ③ 신속한 행동력을 갖추기 위한 부단한 노력, ④ 고객관점에서 티가 될 만한 요소들의 확실한 제거 등, 고객가치 향상을 위해 긴장의 끈을 놓지 않는 디테일의 강화가 필요합니다.

경쟁사 대비 진정한 경쟁우위를 갖기 위해서는 ① 우리의 목표가 경쟁업체를 이기는 것이 아니라 불특정 다수의 고객을 만족시키고, ② 고객의 다양하고 까다로운 기대를 세심한 부분까지 만족시켜 감동시킬 수 있어야 하겠습니다.

디테일을 강화할수록 고객만족은 완벽에 가까워집니다.

C . E . O . **Message**

드백을 주며 5%를 완성하기 위해 함께 노력한다. 이 모습에 담당자도 긴장을 늦출 수 없다. 사소한 것에서 5%, 10%의 확률을 높일 때 전체 성공확률이 높아지는 것이다.


## 과거 공식으로부터의 탈피

지구를 지배하던 공룡을 멸종시킨 행성의 충돌과 같은 일이 지금 마케팅 영역에서 벌어지고 있다. 바로 모바일의 등장이다. 마케팅 환경은 모바일시대 이전과 이후로 나뉜다고 해도 과언이 아니다. SNS, 인플루언서, 유튜브, 모바일 지갑 등의 출현은 가격비교, 온라인 구매, 해외직구 등의 새로운 구매형태를 낳았다.

그 여파로 광고매체 비용이 기하급수적으로 오르는 것을 피할 수 없다. 매체가 다원화되면서 일정 수준으로 노출하려면 막대한 돈이 필요해졌다. 1990년대만 해도 TV 미니시리즈 광고 하나만 잡으면 50% 도달률은 어렵지 않았는데, 지금은 수십 군데를 뚫어도 50%가 될까 말까다.

이런 상황이다 보니 비용 대비 효율은 필연적으로 낮아질 수밖에 없다. 더욱 큰 문제는 소비자들이 광고를 믿지 않는다는 점이다. 소비자들도 인터넷을 통해 정보를 실시간 입수하기 때문에 허풍이 통하지 않는다.

이렇듯 소비자가 접하는 정보의 양적, 질적 변화 때문에 마케팅에도 양적, 질적 변화가 이루어지고 있다. 광고보다는 입소문이나 자연발생적으로 사람들에게 알려지도록 노력하고, 그러기 위해서는 광고보다는 제품이나 패키징에 투자하는 게 낫다고 보는 것이다.

## 매체별 ROI를 따져 집행하다

"숨어 있는 소비자 기준을 찾아서 그에 부응하는 것이 마케팅의 시작이다. 즉 소비자들의 불편함을 해결해주는 것이 마케팅의 첫 단계고, 두 번째 단계는 이것을 이야기하는 커뮤니케이션이다. 커뮤니케이션 단계에서 침소봉대하면 안 된다. 우리 회사는 진정성 있는 마케팅을 해야 한다."

차 부회장이 마케팅을 대하는 자세를 요약하면 이렇게 정리할 수 있다. 소비자의 니즈를 찾아내고, 이를 진정성 있게 전달하라는 것이다. 커뮤니케이션할 때 제품이 실제보다 과장되게 보이려 하지 말라고 주지시킨다. 품질이 100인 제품을 150인 것처럼 광고하여 소비자를 기만해서는 안 된다. 과장된 표현을 과감히 빼면 당장은 경쟁에서 밀릴 수도 있다. 그러나 결국 소비자들이 진심을 알고 신뢰하게 된다면 미래를 위해 이보다 더 큰 투자는 없다고 강조한다.

이와 함께 마케팅의 효율성을 높이기 위해 각 마케팅 활동의 ROI(투자수익률)을 예민하게 따지기 시작했다. CPA 출신의 차 부회장이 수익성을 매우 중시하는 CEO라는 특성도 반영되었을 것이다. 수익을 따진다고 해서 단순히 비용을 줄이기보다는 성공확률을 높이는 방향으로 고민이 시작되었다.

가장 먼저 대중광고를 대폭 줄였다. 특히 럭셔리 제품은 가능한 한 TV광고를 하지 않으려 한다. 애초에 매스미디어 광고와는 브랜드 전략이 맞지 않기 때문에 이벤트성의 절제된 커뮤니케이션 위주로 진행한다.

가령 후는 '궁중연향'이라는 캠페인을 하는데, 궁중연향은 조선시대 왕이 사신을 접대하는 융숭한 잔치로 왕의 생일 등 국가의 중요한 기념일에 열렸다. 유사한 행사를 2017년에는 베이징, 2018년에는 홍콩에서 개최하였고 유명 셀럽, KOL(Key Opinion Leader, 핵심 의견선도자) 위주로 초청하고 있다. 국내에서도 '궁 캠페인'을 벌이는 등 후 브랜드와 연관된 행사를 진행하며 고급스러운 이미지를 만들어가고 있다.

럭셔리는 대중을 상대로 하지 않으니 광고를 빼도 된다지만, 매스mass 시장에 판매하는 일반 제품도 광고를 줄이니 일선에서 힘들어했던 것도 사실이다. 광고 안 하고 어떻게 영업하냐는 볼멘소리도 높았다. 그러나 차 부회장은 "광고를 해도 사업 매출에 직접 기여하는지 아닌지 알 수 없다"며 단호하게 원칙을 고수했다.

TV광고를 줄이는 대신 엘지생건은 온라인이나 인플루언서 마케팅을 강화하는 등 영향력 있는 매체로 계속 옮겨 다니고 있다. 매체는 제품 특성에 따라 달라지는데, 예컨대 음료는 PPL로 노출시키고, 퍼스널케어 제품은 버스 광고를 주로 이용하는 식이다. 물론 이 또한 효과가 가시화되면 너도나도 뛰어들어 매체비는 오르고 효과는 떨어지게 마련이다. 끊임없이 새로운 매체를 찾아 남보다 빨리 옮겨야 하는 것이 마케터의 숙명이다.

사람들이 카메라를 들고 다니지만, 들고 있는 모든 순간에 사진이 찍히는 것은 아니다. 뷰파인더를 들여다보고 셔터를 누르는 순간에만 사진이 찍힌다. 마찬가지로 소비자들이 늘 귀를 쫑긋 세우고 광고를 듣고 보는 것은 아니다. 마음의 조리개가 열리는 순간에만 정보를 받아들인다. 적절한 장소와 타이밍에 정보를 전해주는 것이 모바일 마케팅 시대의 핵심이다.

이를 염두에 두고 대규모로 물량을 쏟아붓는 마케팅 방식에서 탈피하면서 새로운 마케팅 아이디어가 나오기 시작했고, 효율성을 높이는 시도가 이어졌다. 그 결과 광고를 줄였는데도 판매는 오히려 늘어났다. 제품이 잘 팔리는 이유가 광고나 마케팅 활동 때문만은 아니다. 마케팅 활동은 현장의 협업으로 완성된다. 마케팅 전략에 발맞춰 영업 담당자들도 제품진열을 바꾸고 새로운 시도와 실패를 거듭해가며 판매를 키워갔다.

## 감과 촉을 갈고닦는다

앞서 강조했듯이 마케팅 환경에서 일어나는 가장 큰 변화는 매체의 다양성이다. 매체의 영향력이 계속 옮겨 다니고 있기 때문에 늘 촉각을 곤두세워야 한다. 미디어 믹스가 어떻게 변화하는지 빠르게 캐치해 어떻게 할지 방향을 잡는 것은 순전히 감각의 문제다.

특히 리더의 감각이 중요하다. 현장 실무자가 아무리 새로운 흐름을 간파해 마케팅 제안을 해도 의사결정자가 그것을 이해하고 공감하지 않으면 받아들여지지 않기 때문이다. 차 부회장은 새로운 아이디어를 얻고 시도하기 위해 모든 감각을 열어놓고 찾아다닌다.

차 부회장의 퇴근시간은 항상 오후 4시다. 퇴근 후에는 회사 사람은 물론 업계 사람도 만나지 않는다. 그 흔한 친목모임도 없다. 대신 어디든 돌아다닌다. 매장이든 백화점이든 길거리든, 소비자가 있고 아이디어가 있을 만한 곳이라면 어디든 간다. 화장품은 물론이고 패션 아이템도 유심히 본다. 공항 면세점을 둘러보기 위해 인천공항에서 나리타공항에 갔다가 되돌아오기도 한다. 공항 밖으로 나가지 않고 말 그대로 면세점만 '찍고' 돌아오는 것이다. 사람들의 취향이 어떻게 변화하고 있는지를 보고서로 받는 게 아니라 현장에서 직접 체험하며 실감하려는 노력이다.

유행을 파악하기 위해 패션잡지도 쌓아놓고 보고, TV도 열심히 본다. 특히 차 부회장은 〈6시 내 고향〉의 열혈 팬이어서 임직원들에게도 권하는데, 슈퍼푸드도 나오고 소비자 동향도 알 수 있기 때문이다.

영화나 드라마도 챙겨본다. 드라마도 기성세대가 좋아하는 작품이 아니라 20대를 겨냥한 드라마를 본다. 빠르게 돌려보기 하는 것이 아니라 가족과 앉아 공감해가며 찬찬히 본다. 그러면서 보고 느낀 것들을 놓치지 않고 마케팅이나 제품 개발에 반영한다. "그 드라마에 나오는 배우가 뜰 것 같으니 빨리 중국 시장 광고모델로 쓰자" 같은 제안을 한다.

가끔 잡지의 사진이나 기사를 찢어다 관련 임직원에게 건네는 걸 보면, 별의별 잡지를 다 보는 것 같다. 또 전시회란 전시회는 다 보러 다니는지 전시회 얘기도 자주 한다. 라디오에서 흘러나온 노랫말이 좋으면 기억해둔다. 나중에 제품이나 광고 컨셉에 활용하기 위해서다.

생활용품 마케팅이라고 해서 마트에서만 아이디어를 얻는 게 아니다. 오히려 영화나 드라마를 보다가, 혹은 백화점을 다니다가 "이거 생활용품에 해보면 어떨까?", "이런 게 있는데 음료로 해보면 어떨까?"라고 접목시키는 것이다. 주말 동안 이런저런 스터디를 많이 하고 각종 제안을 쏟아내는 통에 월요일이면 임원들이 긴장해야 할 정도다.

한 번은 "임원들 차를 빼앗아야 한다. 임원들이 승용차 받아서 집이나 왔다 갔다 하지, 현장을 나가지 않는데 어떻게 개선

## 촉이 살아 있는 회사

집에서 기르는 강아지를 보면, 가만히 있다가도 벌떡 일어나 문 앞으로 갑니다. 그러면 영락없이 가족이 문을 열고 들어오곤 합니다. 우리에겐 들리지도 보이지도 않는데, 강아지들은 주인이 문을 열고 집에 들어오기 1~2분 전부터 알고 기다립니다. 짐승들은 모두 촉觸이 있습니다. 그래서 지진이 나려고 하면 두더지 떼가 움직이고, 쥐 떼가 이동합니다.

클래식 CD 파는 코너를 방문하면, 같은 곡을 연주한 음반이 200개 넘습니다. 보통 사람들은 구분하지 못하지만 200개 모두 지휘자나 연주가, 악기가 다른 음반입니다. 음악에 관심이 많은 분들은 소리에 정말 민감한 촉을 지니고 있어서 200개 중 자신이 원하는 단 한 장의 음반을 찾아서 구매합니다.

화장품도 마찬가지입니다. 화장품을 처음 접하는 사람들은 제품들이 모두 같아 보이지만, 촉이 생긴 소비자와 우리는 각기 다른 화장품을 사고 팔게 되는 것입니다.

우리 모두가 이러한 촉을 지니기 시작한다면 경쟁사들이 절대로 우리를 당해낼 수 없게 됩니다. 경쟁사들이 보지도, 듣지도, 느끼지도 못하는 소비자의 욕구를 찾아내는 본능적인 촉이 필요합니다.

그런 촉을 갖기 위해 많은 노력을 해야 합니다. 이러한 촉이 100년 200년 쌓이면, 경쟁사가 이를 따라오기까지 또한 100년에서 200년이 걸리는 법입니다. 그만큼 앞서갈 수 있다는 뜻입니다.

C.E.O. Message

이 되겠냐"는 말도 했다고 한다. 농담처럼 한 말이지만, 뼈가 있다. 두 발로 걸어다니면서 많이 보고 경험해야 감이 잡히는데 승용차 안에만 있고 소비자가 있는 현장에 나가지 않으니 감이 떨어진다는 것이다.

이러한 노력 덕분에 엘지생건은 빠르게 변화하는 입소문의 진원지를 뒤처지지 않고 포착해가고 있다. 2018년에 온라인에서 크게 입소문을 탄 엘지생건의 세제광고가 있다. '반도의 흔한 애견샵 알바생'이라는 크리에이터가 작업한 것으로, 육두문자가 나오고 아마추어가 만든 듯 유치해 보인다. 기성세대 눈에는 '저게 뭐야' 할 법한데, 20대 사이에서 유튜브와 페이스북 등으로 엄청난 바이럴이 일어났다.

흥미로운 것은 많은 임직원들이 당혹스러워한 이 광고를 차부회장이 승인했다는 것이다. 대기업 이미지를 생각하면 못할 것 같은데, 온라인 세대의 호불호를 캐치해 유연하게 받아들인 것이다.

이 광고의 매출 효과는 크지 않았다고 한다. 세제의 타깃은 젊은 층이 아니기 때문이다. 그러나 수확은 있었다. 소비자들이 광고를 보며 '엘지생건이 이렇게까지 오픈된 회사였나?' 하고 생각하게 해, 엘지생건의 문화를 자연스럽게 알리는 계기가 되었다.

# 잽 마케팅

엘지생건을 보며 모든 사람들이 의아해하는 부분이 있다. 단번에 떠오르는 '한 방'이 없는데, 성장곡선이 꾸준히 상승했다는 것이다. 예를 들어 오리온 초코파이는 '정情', 나이키는 'Just Do It'이 있는데 엘지생건은 그런 것도 없다. 그런데도 꾸준히, 계속 성장한다. 이유가 뭘까?

프롤로그에 썼듯이 KO가 아니라 잽으로 승부를 보기 때문이다. 차 부회장은 "한 방에 되는 사업은 없다"고 말한다. 한 방에 하면 한 방에 무너지기 때문에 지속하는 게 가장 중요하다는 것이다.

일례로 엘지생건은 뷰티 및 라이프스타일 숍인 '네이처컬렉션' 사업이 기대만큼 성과가 없자 이름도 바꿔보고, 확장도 해보고, 축소도 해보고, 더페이스샵과도 연계해가며 포기하지 않고 실험을 계속하고 있다. 맞지 않는 것은 바꿔서 다른 방식으로도 시도해보면 된다. 사업에 타격을 주지 않게끔, 조직이 감당할 수 있을 만큼 컨트롤하면서 미래를 위한 실험을 계속하는 것이다.

다양한 시도를 하려면 대기업도 몸을 가볍게 해야 한다. 차 부회장식 마케팅은 어쩌면 모바일 시대의 환경변화에 가장 적합한 방식일 것이다. 이름지어 '잽 마케팅'이다.

## 벤처기업처럼 빠르고 유연하게 움직인다

요즘은 권투보다 이종격투기가 훨씬 인기가 높다. 이종격투기에는 K-1, K-2, K-3 등 여러 종류가 있다. 그중 대표 격은 K-1으로, 킥복싱·가라데·쿵푸의 앞 글자를 딴 K와 최고를 뜻하는 1을 합한 것이다. 전통적인 권투는 1회전에 3분으로 진행되며 전체 12회전 내지 15회전으로 진행된다. 기승전결이 있는 경기이므로 탐색전이 보통 3~4회까지 이어진다. 빠르면 7회나 8회에 KO되기도 하지만, 대부분 12~15회까지 끌며 판정으로 승패를 가린다.

K-1의 경우 한 회전에 3분씩인 건 동일하지만 3회전 내지 5회전으로 끝이다. 그나마도 1~2회전이면 KO로 끝나는 경우가 많다. 탐색전은 없다. 속전속결이다.

엘지생건의 경영방식은 마치 이종격투기 K-1을 떠올리게 한다. 시장조사니 FGI니 탐색전을 하기 전에 그냥 치고받아 쓰러뜨리든 맞아 쓰러지든 빠른 결판을 내는 것이다. 그러기 위해서는 꾸물거릴 틈 없이 현장에 뛰어드는 싸움꾼이 되어야 한다. 권투는 손만 쓰는 반면, K-1은 킥복싱이든 가라데든 쿵푸든 가리지 않고 전력을 다하는 모습도 비슷하다.

엘지생건은 신제품을 내는 주기가 매우 짧다. 치밀한 사전조사를 거쳐 내놓기보다 어디서든 반응이 좋은 제품을 보면 아이디어를 얻어 빨리 출시해본다. 그중 반응이 오는 제품에 대해 소비자들에게 의견을 구한다. "이건 어때요? 이건 별로예요?"

라고 질문해서 고치고, 고친 후에 다시 반응을 물어보며 수정한다. 아직 나오지 않은 컨셉을 평가할 수 있는 능력은 누구도 갖고 있지 않다. 따라서 먼저 시장에 던져본 후 반응을 보고 고쳐가는 쪽을 택한 것이다.

## 빨리 결정한 후 진화시킨다

많은 이들이 차 부회장에 대해 감수성, 센싱, 액션, 모럴 등의 특징을 이야기하지만, 주요 임원들이 이구동성으로 말하는 차 부회장의 진정한 강점은 '민첩함과 유연함(agility & flexibility)'이다.

CEO들은 결정에 대해 책임져야 한다는 의식이 너무 강한 나머지, 시장 여건이 변했는데도 이미 결정한 대로 계속 고집해서 밀고 나가려는 경향이 있다. 책임도 책임이지만 자칫 일관성 없다는 비판을 들을까 봐 유연성 있게 대처하지 못하는 리더들도 적지 않을 것이다. 하지만 차 부회장은 의사결정도 굉장히 빠르고, 무엇보다 실행을 통해 검증하는 편이다. 시장 여건이 변하면, 자신이 내놓았던 정책이나 전략의 방향이라도 과감하게 수정하고 변화에 맞추어간다. 굉장히 탄력적이다.

예컨대 버스를 잘못 탔는지 헷갈릴 때 대부분의 사람들은 '어떡하지?' 하며 당황해 상황을 파악하고 고민하느라 몇 정거장 더 가곤 한다. 하지만 차 부회장은 지체 없이 바로 내리고 본다. 내린 다음에 생각하고, 만약 같은 노선을 타야 한다면 그때 다시 타면 된다는 것이다. 이런 점이 실무진을 힘들게 할 수는 있겠지만, 그래도 회사를 탄력적으로 이끌어나갈 수 있는 강점이다.

그런 점에서 적시성과 정확성 중 택하라면, 차 부회장은 적시성을 훨씬 더 높이 평가하는 편이다. 기민하게 움직이는 조직이 여러모로 높은 평가를 받는 요즘, 시장의 변화에 따라 유연하게 움직이는 것은 또 다른 장점으로 이어진다.

의사결정을 빠르게 하는 것만 봐도 그렇다. 신속하게 결정하면서도 언제나 바쁘게 움직이는 이유는, 결정한 후에도 생각을 계속 진화(evolve)시켜 나가기 때문이다. 차 부회장은 "베스트셀러는 백번의 탈고 끝에 이루어진다. 제품을 출시한 후에도 조금이라도 보완점이 필요하면 계속 고쳐 나가야 한다"라고 말한다. 완성했다고 툭 던져놓지 말고, 계속 소비자들의 반응을 살펴보면서 보완하고 수정하고 또 고치는 '백번의 탈고'를 거쳐야만 진짜 베스트셀러가 나온다는 이야기다. 소비자의 반응을 보며 수정을 거듭하다 보면 소비자와 브랜드가 일치된다. 그러한 과정을 거쳐 남들이 따라올 수 없는 브랜드가 만들어진다.

이러한 변화를 구성원 모두가 자연스럽게 받아들인 건 아니었다. 소비자 조사도 하지 않고 제품의 성격을 차 부회장 마음대로 정하는 것 아니냐는 의심 섞인 목소리도 있었다. 또한 매번 이런 난상토론과 시행착오를 거듭하는 것만이 정답이라고

할 수도 없다. 시행착오를 두려워하지 않는 것은 엘지생건이 소비재 사업이어서 가능한 면도 분명히 있다. 전자제품이나 장치산업이었다면 실패를 감수하는 속도전을 내기 힘들었을 것이다. 소비재이기에 즉시성을 강조하는 것이고, 빨리 만들기를 원하는 것이고, 출시한 이후 소비자들이 골라주느냐 아니냐를 보는 것이 더 용이한 것은 맞다.

그러나 원리는 다 동일하지 않을까. '소비자 중심'이라는 단단한 뿌리가 있는 한, 일시적으로는 줏대 없는 것처럼 보여도 길게 보면 올곧은 방향성을 유지할 수 있다. 내부적 의사결정을 할 때 소비자 중심으로 보고, 제품의 성패를 판단할 때 소비자 시장에서 검증한다는 두 가지 측면에서 '소비자 중심'을 놓치지 않고 유지한다면, 유연함은 변덕이 아니라 진화의 자양분이 될 수 있다.

## 유연해야 위기에 강하다

유연성은 위기 대처 능력으로도 이어진다. 요즘처럼 트렌드나 시장의 상황이 하루가 다르게 바뀌는 때에는 상황을 파악한 후 빠르게 대처하는 자세가 몸에 배어 있어야 한다. 구성원들에게 엄청난 스트레스가 될 수도 있겠지만 조직의 관점으로 보면 반드시 필요한 역량이다.

화장품 분야에서 만년 2등이던 엘지생건이 1위에 올라설 수 있었던 이유 중 하나가 유연함이다. 이들의 경쟁자인 아모레퍼시픽은 여러모로 쉽게 이길 수 있는 상대가 아니다. 수십 년 동안 마케팅에 꾸준히 투자하며 내부에 많은 인사이트를 쌓아왔다. 소비자 조사도 많이 하고, 조사결과를 제품 개발에 충실히 반영해왔으며, 제품 퀄리티도 매우 좋다. 제품 패키징이나 매장 디자인에서도 홀리스틱holistic한 커뮤니케이션을 한다. 마케팅 커뮤니케이션은 안정적이고 조화롭다. 필립 코틀러의 마케팅 방식에 철저하게 맞춰져 있다. 일단 마케팅 전략이 수립되면 대대적인 투자를 한다. 광고를 많이 하고 매장은 도시의 랜드마크에 입점하고, 판매사원 교육도 철저하게 한다.

하지만 세상이 많이 바뀌어서, 이 모델이 예전만큼의 효과성을 보이는지 의문이다. 이런 이유로 엘지생건은 유연성을 중시한다. 예를 들어 중국시장에 더페이스샵을 열 때에도 직영점 형태로 운영하지 않았다. 중국에만 300여 곳의 직영점을 낸 아모레퍼시픽과 전혀 다른 행보다. 직영점은 시장상황이 좋을 때는 매출도 크게 잡히고 좋은데, 한번 하락하기 시작하면 비용이 감당이 안 되는 문제가 있다. 정리하기도 힘들다. 한마디로 리턴도 리스크도 큰 사업형태다. 더구나 중국은 인건비가 엄청나게 올랐고 목이 좋은 곳의 임대료는 한국보다도 비싸다.

반면 엘지생건은 직영점 등에 무겁게 투자하지 않은 덕분에 사드 위기로 중국시장이 얼어붙었을 때 더페이스샵 채널을 온라인으로 이동할 수 있었다. 가맹계약이 종료될 때까지 기다리느라 3년 가까이 걸렸지만, 어쨌든 사업모델을 바꿔 고비용 구조를 뜯어고쳤다.

아모레퍼시픽이 전형적인 마케팅 모델을 모범적으로 충실히 적용해왔다면, 엘지생건은 작은 기업처럼 끊임없이 움직이며 변화를 시도한다. 기민하게 움직이며 타격점을 찾아 시장을 흔들어놓는 잽 마케팅이다. 말은 쉽지만 실제 해보면 체질을 바꾸어야 하는 일이라서 결코 녹록하지 않다. 그러나 건강하게 살아남으려면 기를 쓰고 다이어트도 하고 운동하며 몸을 가볍게 만들어야 하는 법이다.

시가총액이 세계 10위 안에 드는 기업의 총수가 수천 명 앞에 서서 신제품을 직접 소개한다는 것은 상상하기 힘들다. 지금은 많은 기업들이 영혼 없이 흉내만 내고 있지만, 애플의 스티브 잡스가 처음 그리 하지 않았던가. 큰 기업이 작은 기업처럼 린lean하게 움직일 수 있는 능력이 오늘날 기업의 성패를 좌우하는 마케팅의 키key다. 거대기업이면서도 시장변화에 기민하게 반응하는 나이키나 스타벅스가 좋은 예다.

## 뿌리 깊은 브랜드 만들기

해마다 수많은 브랜드가 생겨나고, 수많은 브랜드가 사라진다. 글로벌 업체들은 40~50년 된 브랜드를 계속 판매하지만, 한국에서는 잘 안 되면 당장 새로운 브랜드를 궁리하는 경향이 있다. '잽 마케팅'을 구사하는 엘지생건도 그렇지 않을까?

가령 기존의 샴푸 브랜드가 잘 안 되면 새로운 브랜드를 론칭하자는 제안이 나올 법하다. 하지만 차 부회장은 일단 만들어진 브랜드에 대해서는 쉽사리 포기하지 않는다. 단기적으로는 부진한 상태라도 무언가를 계속 던져보며 트라이하고 인앤아웃하다 보면 브랜드를 다시 성장시킬 수 있다고 믿는다.

'뿌리가 있는 브랜드는 살릴 수가 있다.' 이것이 차 부회장의 브랜드 관리 원칙이다. 제품 3개 중 2개가 안 되었다고 실망해 폐기하지 말고 또 시도해보라는 것이다. 새로운 브랜드를 만들고 새로운 트렌드를 찾는 일도 당연히 중요하지만, 기존의 브랜드를 더욱 단단하게 만드는 것도 기업이 해야 할 역할이다.

여기서 말하는 '뿌리'는 무엇일까? 소비자 인지도, 선호도, 충성도 등 브랜드 자산(brand equity)이다. 소비자가 브랜드를 인지하고 있는 한, 다시 살릴 가능성이 있다는 것이다.

한 번은 퍼스널케어 사업부에서 모<sup>母</sup> 브랜드에 하위 브랜드(sub-brand)를 강조해서 내고 싶다고 제안한 적이 있다. 하지만 차 부회장은 "시장에는 잡표와 브랜드가 있는데 자꾸 잡표 쪽으로 쏠리는 업무를 해서는 안 됩니다. 독수리 오형제처럼 여러 개를 만들지 말고 메인을 단단하게 하세요"라고 선을 그었다. 이미 브랜드를 갖고 있다면 더 공고히 위로 쌓아올리라는 주문이다. "엘지생건은 A부터 Z까지 모든 브랜드를 더하면 1등인데, 단독 1등인 브랜드가 많지 않다"며, 옆으로만 넓히려 하지 말고 1등 브랜드가 되도록 위로 쌓아가라는 당부를 아끼지 않는다.

엘지생건의 경쟁사인 아모레퍼시픽은 브랜드 파워를 잘 살린다. 지금은 엘지생건에 밀리는 형세이지만, 저력만큼은 무시할 수 없다. IR 부문장 역시 "화장품도 잘 만들지만, 브랜드도 잘 관리하고 옛날 브랜드도 잘 살려내는 회사"라는 점에서 아모레를 좋은 경쟁자로 바라본다. 이니스프리도 새로 출시한 게 아니라 10년 된 브랜드를 되살려낸 경우 아닌가. 브랜드를 만든 후 전략적으로 초점을 맞춰 계속 끌고 가는 힘, 브랜드 자산을 강조할 수밖에 없는 이유다.

### 브랜드 컨셉에 대해 고심하게 만들다

차 부회장이 엘지생건에서 가장 먼저 한 일 또한 브랜드의 뿌리를 확실히 하는 것이었다. 졸저《모든 비즈니스는 브랜딩이다》에서도 소개한 내용이다.

한창 어렵던 시절, 새해 벽두에 마케팅의 도사 같은 분이 CEO로 부임하니, 직원들은 영업실적으로 쪼일까 봐 긴장을 많이 했다고 한다. 그런데 막상 별로 밀어붙이는 기색은 없고, 각 브랜드 매니저(BM)들에게 2월 말까지 브랜드별 컨셉을 잡아오라는 당부만 하더란다. 직원들은 염려했던 것보다 어렵지 않은 일을 시킨다 생각하고, 컨셉이라 생각한 것들을 가져갔다. 그런데 BM들이 나름대로 제품의 특징 등을 나열하며 설명해도 통과되는 법이 없었다.

"그렇게 생각해볼 수도 있겠군요. 그런데 그 컨셉은 경쟁사 제품에 적용해도 그대로 맞겠네요."

"그런 기술적 용어는 고객이 어렵게 느끼지 않겠어요?"

"그 컨셉에는 전달하려는 내용이 너무 많지 않나요?"

매번 이런 식의 피드백과 함께 돌려주니 BM들은 죽을 맛이었을 것이다. 가져가기만 하면 이런저런 이유로 퇴짜를 맞으니, 도대체 자신이 다루는 제품이 무엇인가에 대해 별의별 생각을 하지 않을 수 없었다고 한다.

두 달 동안 노이로제에 걸릴 정도로 브랜드 컨셉과 씨름하고 난 후, 드디어 2월말이 되어 마케팅 담당 상무가 정리된 컨셉을 취합해 가져갔다. 그 상무도 머리에 쥐가 날 지경이었으니 오늘 제출하고 나면 내일부터는 머리 아픈 일에서 벗어나겠다 싶었을 것이다.

그런데 정리된 파일을 제출하니 차 부회장이 "그게 뭡니까?"라고 물었다.

"네, 오늘까지 완성하라던 브랜드별 컨셉을 정리한 겁니다."

하지만 차 부회장은 그 서류파일을 보지도 않고 돌려주었다. 그러면서 이런 말을 했다.

"P&G가 지난 100년 넘게 해온 일 가운데 가장 중요한 게 브랜드 컨셉 잡는 것이거든요. 그런데 중요한 건 컨셉을 정하는 일이 아닙니다. 지난 두 달 동안 각자가 맡은 브랜드의 컨셉에 대해 고심했듯이 앞으로 BM을 그만두는 날까지 밤낮으로 끊임 없이 브랜드의 컨셉에 대해 고심하는 습관을 가지라는 뜻입니다."

브랜드는 명사가 아니라 살아 움직이는 동사이기에 브랜딩 branding이라고도 부른다. 매일 정성껏 물을 주고 가꾸어야 하는 꽃과 같다. 말하자면 브랜딩은 컨셉을 단정적으로 정하는 것으로 끝나는 게 아니라 컨셉에 대해 고민하는 과정이기에 차 부회장은 이 고민하는 습관을 훈련시킨 것이다.

## 한 방에 올리는 영업을 경계한다

차 부회장은 사업에서 차근차근 쌓아가는 것을 중요하게 생각한다. 사업을 한 방에 할 수 없고, 보이지 않는 것이라도 조금씩 쌓아서 무언가를 이루어내야 한다.

어느 임원이 특판을 해보고 싶다고 건의한 적이 있다. 그러자 차 부회장은 "특판하면 이번 달 매출이 나오니 담당자는 좋겠지요. 하지만 본인이 진급해서 다른 곳으로 가고 후임자가 와서 이 사업을 맡았을 때, 똑같은 시기에 특판 기회가 없으면 그 사람은 굉장히 힘들어지겠죠. 이건 쌓아가는 사업이 아니니 옳지 않아요. 이런 건 하지 맙시다"라고 조곤조곤 설명했다고 한다. 억지로 올린 시장점유율은 쉽게 망가지기 때문에, 장기적으로 봤을 때 결코 이익이 아니라는 것이다.

차 부회장은 틈만 나면 "영업만 매출을 일으킬 수는 없다"고 이야기한다. 매출을 하기 위해서는 외부환경, 브랜드 인지도 등도 모두 중요한데, 이런 건 영업에서만 할 수 있는 게 아니라는 의미다. 임직원들이 홈쇼핑이나 특판 등 한 번에 크게 매출을 올리고 싶어 하는 건 당연하다. 그럴 때마다 차 부회장은 '지속가능한지'를 계속 묻는다. '한 방'을 기대하지 말고 지속적인 고민과 노력을 주문한다.

"사업하다 보면 진짜 해결하지 못하는 것들도 있는 것 같습니다. 그러면 생각을 해야 합니다. 생각한다고 해결책이 다 나오지는 않지만, 그래도 해야죠. 그러다 보면 조금씩 '왜 그럴까?'가 보이고, 실마리가 나오고, 실마리를 하나하나 풀어가다 보면 해결이 됩니다. 모든 일을 원샷으로만 하지 말고 안 돼도 왜 안 되는지, 뭐가 문제인지를 계속 생각하세요."

### 1등은 1등답게 마케팅한다

차 부회장은 사업을 할 때 단기적으로 생각하면 결코 성공할 수 없다고 말한다. 그렇기 때문에 더 정직해야 하고 더 원칙적이어야 하고 더 성실해야 하고, 후배들에게 부끄럽지 않게 해야 한다고 강조한다.

특히 1위 브랜드가 가격경쟁하는 것을 용납하지 않는다. 2등, 3등은 힘도 약하고 브랜드 파워도 열세이기 때문에 후발주자의 전략인 가격경쟁을 쓴다. 이건 당연하고 타당할 수 있다. 하지만 1위 기업이 가격경쟁을 시작하면 출혈경쟁이 되고, 결국

다 같이 망할 수밖에 없다.

더욱이 지금은 모든 산업에서 글로벌 단위로 경쟁이 일어나는데, 국내업체끼리 이전투구하며 자원을 쏟아붓는다 해도 글로벌 기업이 볼 때에는 새발의 피나 마찬가지다. 그들이 시장을 한번 흔들어 국내기업을 고사시키면, 국내시장은 글로벌 기업의 독점시장이 돼 이전보다 가격이 더 올라간다. 결과적으로 손해 보는 것은 우리 소비자, 우리 국민들이다.

차 부회장의 소신은 업계 1위 기업으로서 엘지생건이 가져야 할 책임감으로 이어진다. 엘지생건은 전통적 강자인 생활용품 외에 이제는 탄산음료의 대표주자인 코카콜라와 만년 2위였던 화장품까지 모두 시장을 리드하는 위치에 서게 되었다. 사람이나 기업이나 성장하여 사회적 지위가 높아지면 그에 따른 책임과 의무도 다양해진다. 1등은 산업을 지켜야 하고, 1등의 역할을 해야 하기 때문에 가격도 유지해야 한다. 가격경쟁 대신 신뢰와 품질을 바탕으로 사업을 이끌어가야 하는 것이다.

"어떤 회사들은 경쟁사를 밟고 뛰어넘어 홀로 장사하겠다고 생각합니다. 하지만 우리는 생활용품, 화장품, 음료 사업에서 우리보다 작은 회사들이 더욱 역량을 높이고, 우리와 함께 세계적으로 훌륭한 기업이 되어 한국의 경쟁력을 키우는 것을 목표로 하고 있습니다. 힘 있는 사람들이 힘없는 사람들을 강제로 누르고 불편하게 만드는 것이 아니라, 그 사람들의 역량을 끌어올려 사업의 전체 파이를 함께 키우고, 대한민국 산업의

## 고객가치 중심의 영업 마인드

영업이나 마케팅에는 두 가지 방식이 있습니다. 푸시push와 풀 pull이 그것입니다.

목표에 맞춰 밀어냄으로써 목표를 100% 달성하는 푸시 영업 은 얼핏 멋있어 보입니다. 과거에 많이 그랬고 일부 성공한 기 업들도 있습니다.

하지만 요즘은 과거와 다릅니다. 물건을 밀어낼 경우 거래처 에서 불리한 조건을 요구하는 경우가 다반사이고, 소비자는 소 비자대로 판촉에 연연하지 않고 자신의 주관에 따라 구매하는 경향이 늘고 있습니다.

우리는 수년 전부터, 푸시가 아닌 풀 중심의 영업을 한다는 전 략을 공유하고 있습니다. 아직도 '일단 밀어내면 어떻게든 팔 리더라'는 옛 경험에 안주하는 분들이 있다면, 이제라도 생각 을 바꾸시기 바랍니다.

또 간혹 '소비자들이 안 찾으면 어떻게 하느냐?'고 우려하는 분들이 계신데, 이를 해결하는 것이 우리가 할 일입니다. 즉 가 격, 품질, 향, 패키지 등 소비자들이 우리 제품을 찾지 않는 이 유를 찾아 이를 개선함으로써 소비자들이 찾도록 만드는 것이 힘들지만 우리가 해나가야 할 역할입니다.

쉬운 편법보다는, 어렵지만 지속 발전이 가능한 고객가치 중 심의 영업 마인드가 빨리 정착되어 갔으면 좋겠습니다.

C.E.O. Message

위상을 높여 세계적인 기업이 되도록 유도하는 것이 우리의 역할입니다."

차 부회장의 표현대로, 엘지생건은 어느새 '업계의 어른'이되었다. 어른으로서 무엇을 하면 경쟁사들에게 존경과 지지를받을 수 있는지 생각해야 하는 위치다. 이런 이유로 엘지생건은 코카콜라 인수 직후부터 가격을 낮춰서 밀어내는 영업을 근절했다. 대리점이나 대형 판매처와의 힘겨루기를 피할 수 없었지만, 백기를 들지 않고 버텨내서 업계의 관행을 바꾸는 데 성공했다.

## 보이지 않는 실패가 성과를 만든다

2위였을 때는 1위 기업을 벤치마킹하고 빠르게 캐치업하는전략으로 충분했다. 하지만 1위가 되고 나면 시장을 만들고 선도해야 하기 때문에 2위의 방법에 머물러서는 안 된다. 차 부회장은 시장에서 앞서가려면 사업방식이나 일하는 방식이 달라져야 한다고 거듭 강조한다.

이 말은 곧 판을 바꿔야 한다는 의미다. 판을 바꾼다는 것은게임의 룰을 바꾸는 것과 같은 뜻이다. 기존의 룰에서 좀 더 잘하는 것을 고민할 게 아니라 새로운 판을 만들기 위해 고민하고, 남들이 만든 길이 아닌 새로운 길을 걸어야 한다. 새로운 시도를 적극 권장하는 문화도 여기서 비롯되었다. 브랜드 매니저들이 '이런 걸 해보고 싶다'고 제안하는 것을 적극 권장하기 때문에 실무자들도 아이디어 내기를 좋아하고 부회장실에 들어가기를 어려워하지 않는다.

과거에는 한 가지 제품을 출시하면 전체 시장에 다 뿌리는 것이 일반적이었는데, 차 부회장이 온 후부터는 하나를 크게 벌이지 않고 대신 작은 시도를 자꾸 하게 한다. 작은 시도이기에 설령 실패하더라도 리스크가 크지 않다. 차 부회장도 "왜 이거 못 팔았어?"라고 질책하지 않고 "빨리 받아들이자"라고만 정리한다.

엘지생건은 전체적으로 좋은 성과를 내고 있지만, 보이지 않는 실패가 대단히 많다. 그러나 값진 실패다.

과거에는 눈에 띄는 실패도 많았다. 1년 6개월 동안 한 가지 제품을 준비해서 출시하면 3개월 동안은 잘 팔린다. 실은 전국에 다 깔았기 때문에 잘 팔리는 것처럼 보였을 뿐인데 말이다. 자연히 몇 달 지나면 판매가 뜸해지고 제품이 회수되어 돌아오기 일쑤였다. 초반에 나가는 흐름을 보고 잘 팔리나 싶어 제품을 잔뜩 만들어놨는데 매출이 오르지 않거나, 광고를 엄청나게 잡아놨는데 정작 제품은 반응이 없었던 것이다.

많은 돈을 헛되이 쓴 것은 둘째 치고, 10개 시도할 수 있는 것을 한 개밖에 못했다는 상황 자체가 가장 뼈아픈 실패였다. 따라서 실패하더라도 손실을 최대한 줄이게끔 많은 시도를 하고, 그중에서 안 될 것은 버리고 될 것들에 자원을 투입하는 식으로 챌린지를 유도한다.

## 10개의 접시돌리기

차 부회장은 마케팅을 노동직이라고 말한다. 남들은 엘지생건의 마케팅이 시스템으로 돌아가고 전략적이고 똑똑한 것처럼 이야기하지만 사실은 노동집약적이라는 것이다.

"접시돌리기 묘기를 보면 10개를 동시에 돌립니다. 이때 잠시라도 한눈팔면 하나가 떨어지겠죠. 리더들은 10개를 항상 끊임없이 치고, 계속해서 고민해야 합니다. 잠깐 딴짓을 하거나, 자만하거나, 됐다고 안심하는 순간 하나가 떨어져서 깨집니다."

차 부회장의 말을 빌리자면 세상에는 타고난 소질과 재능으로 성공의 계단을 가볍게 오르는 천재형이 있는가 하면, 매 순간 부단한 노력으로 한 걸음 한 걸음 올라가는 노력형이 있다. 엘지생건은 천재를 이기는 노력형 회사를 지향한다. 적게는 몇백 원짜리 제품을 팔아서 연 매출 6조 원을 만드는 회사다. 티끌을 모아 태산을 쌓기까지는 힘이 많이 들고 오랜 시간이 걸리지만, 되돌아보면 항상 이전보다 높은 산들을 쌓고 있다.

노력형 회사는 꾸준히 하는 것이 무엇보다 중요하다. 미동도 없던 물이 100도가 되면 비로소 수증기를 뿜으며 요동치고, 계속 끓이면 증기기관도 밀어 올릴 강력한 힘을 낸다. 일단 변화가 시작되면 그 움직임을 멈추게 하기가 더 어렵기에 노력형 회사는 쉽게 무너지지 않는다.

오랜 역사를 지닌 대다수의 세계적 기업도 차곡차곡 마디를 맺으며 쌓아올린 노력형 기업들이며, 이러한 지속성장 가능성이 엘지생건의 가장 큰 힘이다.

## 혁신을 위한 노력

우리에게는 이루고자 하는 확실한 목표가 있고, 이를 이루어내는 남다른 실행력이 있습니다. 또한 현재에 머물지 않고 발전하고자 하는 마음가짐과 창의적 방법으로 일하려는 도전정신이 있습니다. 이것이 우리가 가진 무한한 잠재력입니다.

정채봉 님이 쓰신 〈첫마음〉이라는 시에 이런 구절이 있습니다.

1월 1일 아침에 찬물로 세수하면서 먹은 첫마음으로
1년을 산다면 (중략)
첫출근하는 날, 신발끈을 매면서 먹은 마음으로
직장일을 한다면 (중략)
이 사람은 그 때가 언제이든지
늘 새 마음이기 때문에
바다로 향하는 냇물처럼
날마다 새로우며, 깊어지며, 넓어진다.

저는 지금도 여러분과 처음 만났을 때, 그 첫 마음의 떨림을 잊지 못합니다. 함께 달린 10여 년의 시간에 늘 감사합니다.

타성에 젖으면 고마운 게 없고, 아무것도 새로울 게 없습니다. 작은 티끌이 모여 산이 됩니다. 날마다 새로운 마음으로 작더라도 의미 있는 혁신들을 쌓아간다면 틀림없이 목적지에 도착할 수 있습니다.

마찬가지로 혁신을 위한 우리의 열정이 지금처럼 한곳을 향해 지속된다면 10년, 20년 후 우리 회사는 지금보다 훨씬 위대한 회사가 될 것입니다.

C.E.O. **Message**

**고심하는 마케팅 전략**

# 성공적 인수합병의 비법

## 5장

## M&A도 원칙 아래 진행한다

기업이 성장동력을 발굴하기 위한 전략은 크게 두 가지로 나눌 수 있다. 조직 내부의 자생력에 기초한 유기적 성장(organic growth), 그리고 전략적 제휴나 인수합병을 통한 비유기적 성장(inorganic growth)이 그것이다. 엘지생건처럼 성장세가 꺾이지 않고 이어지려면 조직 내부의 유기적 성장과 M&A를 통한 비유기적 성장이 모두 필요하다.

　엘지생건이 화장품 분야 1위에 오르고 연속 성장을 기록한 데에는 비유기적 성장, 특히 M&A를 통한 포트폴리오 정비와 사업확장이 큰 역할을 했다. 차 부회장은 이를 'acquired'라 표현하곤 하는데, 말 그대로 후천적으로 획득했다는 것이다.

　엘지생건은 M&A를 많이, 그리고 성공적으로 하는 것으로 유명하다. 차 부회장은 부임 직후 내부의 체질개선을 추진하는 한편 경쟁력이 떨어지는 브랜드들을 정리했다. 이 작업을 일단락한 다음 그는 본격적으로 M&A에 시동을 걸었다. 그가 부임한 이후 진행한 M&A는 조그마한 것까지 포함하면 40개가 넘고, 그중 이름 있는 회사와의 인수합병도 절반을 넘는다. 대상

기업도 일본, 중국, 홍콩, 말레이시아, 태국, 싱가포르 등 아시아 전역에 걸쳐 있다.

엘지생건이 'M&A 명가名家'로 이름을 알리게 된 데에는 2007년 코카콜라를 인수한 것이 큰 계기가 되었다. 인수 당시 5000억 원에 못 미치던 매출을 단기간에 3배 가까이 끌어올린 것이 엄청난 화제를 모았다. 더욱이 코카콜라는 노조가 강성으로 유명했는데, 이들을 설득시키며 까다로운 융합에 성공했다는 점이 높이 평가되었다. M&A한 많은 기업들이 인수 이후 접붙이기를 해도 성공적으로 융합하지 못하고 내부에서 갈등을 빚거나 겉도는 경우가 많은데 엘지생건은 M&A 성공률이 높을 뿐 아니라 내부 분위기를 잘 통합하여, 아직까지는 크게 실패했다고 판단되는 곳이 없다.

코카콜라와 다이아몬드샘물 인수 건이 워낙 유명했기 때문에 외부에서는 M&A 대부분이 음료라고 생각하지만, 엘지생건이 M&A한 기업 중에는 화장품 기업도 적지 않다. 더페이스샵으로 중저가 라인을 확보했고, CNP로 더마화장품 영역에 진출했으며, VOV(현재 바이올렛드림) 인수로 색조화장품을 보완하는 한편, 긴자스테파니 등 해외 화장품 기업 인수도 활발히 진행했다. 최근에는 중국과 일본에서 화장품 공장을 인수해 현지 생산기지를 확보했다.

예시로 든 기업들을 보면, 차 부회장이 M&A를 어떤 식으로 활용하는지 짐작할 수 있다. 회사가 그리는 '큰 그림'에 부족한

## M&A, 최고를 향한 큰 그림

M&A는 크게 두 가지 측면에서 접근할 수 있습니다. 하나는 M&A를 통해 외형적인 성장을 이루는 관점이고, 또 하나는 회사가 그리는 큰 그림에 부족한 부분을 채우는 관점입니다.

내실 없이 몸집만 불리는 M&A는 굉장히 위험합니다. 몸을 조절하고 움직이는 머리는 그대로인데 몸집만 2배, 3배로 늘리면 반드시 건강에 적신호가 옵니다. 그래서 M&A를 성공시키기 위해서는 큰 그림에 대한 이해와 이를 실현시킬 전략이 반드시 필요합니다.

우리 회사는 M&A가 비교적 많은 편인데, 지난 10년간 우리는 대단히 성공적인 M&A를 진행해왔습니다. 많은 분들이 그 비결을 묻는데 그 이유는 우리가 지향하는 M&A가 큰 그림을 먼저 그리고, 퍼즐 맞추듯 꼭 필요한 분야의 회사를 인수하는 형태이기 때문입니다. 일부 언론에서는 우리가 M&A를 할 때마다 'LG생활건강, M&A를 통한 몸집 불리기'라는 기사를 띄우곤 하는데, 이는 우리의 M&A 철학과 맞지 않는 표현인 것 같습니다.

우리에게는 '고객의 아름다운 꿈을 실현하는 최고의 생활문화 기업'이라는 큰 그림이 있습니다. 이를 위해 그동안 크고 작은 M&A를 차근차근 진행해 성공시켰고, 앞으로도 큰 그림을 맞추는 관점에서 한발 한발 더 나아갈 것입니다. 임직원 여러분께서도 각자의 위치에서 이 큰 그림을 만들어가는 과정에 동참해주실 것을 부탁드립니다.

C.E.O. **Message**

부분을 채우는 것이다. 2장에서 설명했듯이 코카콜라 인수는 회사 전체적인 포트폴리오를 안정화하기 위한 큰 그림 하에 추진되었다. 화장품 기업들에 대한 M&A 또한 화장품 회사로서 포트폴리오를 채우고, 해외시장을 개척하는 용도로 추진한 것이다.

## M&A 대상의 선정 원칙

엘지생건이 M&A를 잘한다고 알려지게 된 것은 단순히 M&A 경쟁에서 승리하기 때문만은 아니다. 적자상태의 기업을 인수해 흑자전환하는 역량이 뛰어나기 때문이다.

많은 기업이 취약한 사업부문을 강화하거나 단숨에 시장을 장악하는 수단으로 M&A를 염두에 둔다. 하지만 큰 보상에는 큰 리스크가 따른다. 경영사(史)에는 세상을 떠들썩하게 한 인수합병 이후 오히려 쇠락의 길을 간 기업들이 너무 많다. 코카콜라처럼 누구나 다 아는 브랜드를 인수해도 운영을 잘못하면 손해를 피할 수 없다. 엘지생건의 코카콜라 인수가 화제가 됐던 이유는 코카콜라가 유명 브랜드여서가 아니라, 인수 후 단기간에 만성적자에서 벗어나 엘지생건 주요사업의 한 축을 책임질 만큼 성장했기 때문이다.

차 부회장의 M&A 성공요소는 과연 무엇일까?

가장 기본적으로, 선구안이 절대적으로 필요하다. 어느 기업을 인수해야 우리 회사에 도움이 될지 남들보다 빠르고 정확하게 판단해야 한다.

엘지생건에는 수많은 M&A 정보가 들어온다. 정보원도 다양하다. 투자은행에서도 들어오고 업계 플로우를 통해서도 얻고, 더러는 그룹사의 해외 계열사를 통해서도 정보를 얻는다. 단순히 대기업이어서 정보원이 많은 것은 아니고, 어떻게 보면 성공의 선순환이라고도 할 수 있다. 매물과 매수자를 연결시켜주는 투자은행은 당연히 성사확률이 높은 쪽을 선호한다. 거래 수수료가 시간급이 아니라 성공불成功拂이기 때문에 어떻게든 성사시키는 게 중요하다. 거래 알선자도 고임금 근로자들 아닌가.

게다가 엘지생건 내부에 M&A 경험이 쌓여 있기 때문에 자체적인 수준도 높고 프로세스도 잘돼 있다. 내부에서 실사도 잘하고 의사결정이나 계약서 검토도 숙달되어 있다. 투자은행 입장에서는 소개만 해주면 되니 아무래도 소개가 몰릴 수밖에 없다.

그러나 이런 기회들은 이미 잘하게 된 다음에 주어지는 것이다. 처음부터 선순환 효과의 덕을 볼 수는 없다. 이러한 선순환이 가능했던 본질적인 원동력은 무엇이었을까?

잘 알려졌다시피 차 부회장은 재무 출신이다. 그래서 숫자만 가지고도 회사의 전반적인 상황을 파악하는 눈이 밝다. 이러한 능력이 있으면 거시적인 지표를 통해 회사를 보는 데 매우 유리하다. 의사로 따지면 환자에 대한 진단을 굉장히 빨리 하는 스타일이라 할 것이다. 이 사람이 지금 어디가 아픈지, 어떤 점을 고치면 건강해질지 신속정확하게 판단하는 것이다.

차 부회장은 성과 및 포트폴리오를 관리하는 데 재무 쪽에서 20년 넘게 단련된 감각을 십분 활용한다. 성과를 내기 위해 무엇이 필요한지 철저히 따져서 계산하고, 이것을 어떻게 달성할 수 있을지 가늠해본다. 내부에서 달성할 수 있으면 구성원들에게 계속 도전과제를 주어 밀어붙이지만 그게 여의치 않으면 M&A를 시도하는 것이다. 무리하게 외형만 키우는 것이 아니라, 회사가 지향하는 큰 그림 하에 퍼즐을 맞추는 작업이다.

이처럼 명확한 원칙이 있기에 차 부회장은 M&A할 기업도 까다롭게 선정한다. 그가 가진 원칙은, 첫째 안정된 기반에서 해야 하며, 둘째 놀던 물 근처에서 해야 하고, 셋째 확고한 기준을 가지고 시작해야 한다는 3가지다.

### M&A는 안정된 기반에서 해야 한다

'매출이 잘 안 나오는데 어디서 복구하고 어떻게 이익을 내지?' 하는 걱정으로 M&A를 시작하거나, 자기 사업이 하락세여서 만회하기 위해 M&A를 하는 것은 금물이다. 전투할 때 본부대가 튼튼해야 전방에서도 잘 싸우는 것과 마찬가지다. 지금 하는 사업이 불안하거나 위험요소가 많다는 이유로 다른 회사를 M&A하면 안 된다는 것이 첫 번째 원칙이다.

이는 PMI(Post-Merger Integration, 합병 후 통합작업)를 위해서도 중요하다. 시쳇말로 누구든 돈만 있으면 회사를 살 수는 있다. 하지만 이 회사를 우리 회사와 어떻게 융합하느냐는 굉장히 어렵고 까다로운 문제다. 두 조직의 시스템과 문화를 어떻게 접붙이느냐에 따라서 결과가 천차만별로 달라지기 때문에, '내가 이 회사를 가져다가 우리 회사에 붙일 수 있느냐'가 관건이다. 자기 역량이 우선적으로 중요하다는 말이다.

괜찮은 회사가 매물로 나왔다고 해보자. 마음 같아서는 인수하면 정말 좋을 것 같다. 그러나 이 회사를 사서 경영할 수 있는 역량이 안 된다면 괜히 찔러보고 간 볼 것도 없이 '그건 우리가 못하는 것'이라고 포기해야 한다.

그 한 예가 일본의 시세이도다. 미국 진출을 위해 여러 회사를 인수했는데, 결과가 그리 좋지 않았다. 시세이도는 세계적으로 인지도가 있는 큰 기업이고 인수한 회사는 작으니 자기네 시스템에 살짝 끼워 넣으면 될 것 같은데 막상 해보니 잘 안 돼서 미국에서 예상만큼 성적을 못 내고 있다. 이 회사를 사서 이루려는 목적이 무엇인지, 성과를 얼마만큼 낼 수 있는지, 그렇게 하기 위해 무엇을 어떻게 바꿀 수 있는지를 의사결정권자가 정확히 판단해야 하는데 그렇지 못했기 때문으로 보인다.

또 다른 대표적인 사례로 독일 다임러 벤츠와 크라이슬러의 M&A를 들 수 있다. 20세기 말 두 기업은 모두 하락세를 걷고 있었다. 그래서 연간 400만 대는 생산해야 손익분기점이 된다는 생각에 눈이 멀어 고급 이미지의 벤츠와 대중적 이미지의 크라이슬러가 M&A를 했다. 그런데 서로 다른 시장과 문화를 가진 두 회사는 시너지 효과는커녕 부조화만을 확인한 채 규모의 경제도 못 이루고 수익성 악화를 견디다 못해 9년 만에 결별하고 말았다.

엘지생건에서는 이런 판단이 톱 매니지먼트부터 잘되어 있다. 2017년에 OTC(Over The Counter drug, 일반의약품) 시장에 진출하기 위해 태극제약을 인수했는데, 그 후 OTC 기업 인수 제안이 계속 들어왔다. 하지만 OTC는 국내라면 해볼 수 있어도 해외는 규제 기준이 너무 다르기 때문에 일일이 개별 대응하기는 어렵겠다는 결론을 내렸다.

이처럼 M&A에서는 이 회사를 인수해 우리 회사에 얹었을 때 조직적으로든 사업적으로든 더 효율적으로 관리할 수 있느냐에 대한 판단이 가장 중요하다.

### M&A는 놀던 물 근처에서 해야 한다

엘지생건이 주력하는 생활용품과 화장품, 음료는 대표적인 FMCG(Fast Moving Consumer Goods, 일용소비재) 업종이다. 이 업의 특성은 변화가 빠르다는 것이다. 그러므로 엘지생건이 다른 사업으로 영역을 확장한다 해도 기존 사업처럼 주기가 빠른 소비재를 다뤄야지, 내구재나 중공업 같은 사업을 기웃거리면 안 된다. 그래서 차 부회장은 인수 대상을 FMCG 즉 생활용품, 화장품, 식음료에 OTC까지 4가지로 한정했다. 이렇게 기준을 정해두고 그 안에서 시너지 효과를 낼 수 있는 업체를 찾는 것이다.

좋은 예가 태극제약 인수다. 태극제약의 대표제품은 미백 기능의 도미나 크림 등 피부질환을 치료하는 OTC 제품이다. OTC는 아직 우리나라에 많이 개방되지 않은 데다 얼핏 보기에 기존 엘지생건 사업과도 아귀가 딱 맞는 느낌은 아니다. 그러나 조금만 파고들면 화장품과 연계할 수 있는 비즈니스가 매우 많겠다는 판단 하에 인수했고, 현재 조금씩 협업해 나가는 단계다.

두 회사의 사업이 효과적으로 접목될지 아닐지를 판단하는 객관적인 기준이 있었을까? 막연하게 '그럴 것 같다'는 느낌만으로 인수하지는 않았을 테니 말이다. 엘지생건이 태극제약을 인수했다고 해서 당장 연고나 OTC 시장에 진출하겠다는 것은 아니다. OTC 시장은 오히려 차순이다. 그렇다면 엘지생건은 태극제약을 인수해서 무엇을 하려는 걸까?

현재 추진하는 첫 번째 접합점은 생뚱맞을지 모르겠지만 '치약'이다. 치약은 '엘지생건' 하면 가장 먼저 떠오르는 대표상품 중 하나지만, 해외에서는 크게 활약하지 못하고 중국 정도에서만 사업을 했다. 중국도 물론 무시할 수 없는 시장이지만, 세계적으로 볼 때 더 큰 시장은 미국이다. 다만 미국은 치약이 OTC로 분류되어 GMP(Good Manufacturing Practice) 인증을 받아야 판매할 수 있기 때문에 지금까지는 엘지생건이 들어가지 못하고 있었다. 그런데 태극제약은 GMP 인증사업 경험이 많으니, 그 기술을 접목해 엘지생건이 GMP 인증 치약을 개발하려는 것이다. 미국의 치약 시장은 진입장벽이 높기 때문에 브랜드가 몇 종 안 되고 가격도 비싸다.

일견 눈에 보이는 연결고리가 없는 태극제약을 엘지생건이 인수한 배경이 바로 틈새시장을 보았기 때문이다. 실제로 태극제약 공장 실사를 할 때 가장 먼저 점검한 것도 이곳에서 치약을 생산할 수 있는지, 없으면 옆에 시설을 지을 부지가 있는지 하는 것이었다.

이처럼 엘지생건은 M&A를 무척 활발히 하는 기업이지만, 문어발식 확장은 철저히 경계한다. 결코 욕심 내지 않고 그들이 하고 있는 업의 주위에서만 살펴본다.

### M&A에 뛰어들기 전에 기준부터 정한다

M&A의 기준을 정한다는 것은 쉽게 말해 '얼마까지 줄 수 있는지'를 미리 계산한다는 것이다. 가격이 상한선을 넘어가면 깔끔하게 손 털고 나와야 한다.

차 부회장은 CPA 출신답게 기업 가치를 계산하는 눈이 정확하다. 그 회사를 샀을 때 3~5년쯤 지나면 얼마나 수익을 회수할 수 있는지 등 미래 가능성을 잘 본다. 물론 본인의 계산뿐 아니라 관련 스태프들이 분석해온 숫자도 있을 테고 시중에서 수집한 정보도 있을 것이다. 상대 회사뿐 아니라 엘지생건 자사의 재무상태도 당연히 꼼꼼하게 파악해야 한다. 그렇게 해서 가격을 계산한 다음에는 협상 기준을 정한다. 이것을 차 부회장은 '뱃심'이라 표현한다.

뱃심이란 한마디로 '회사가 쓸 수 있는 최대 금액'이다. 이것을 정하는 것은 결국 CEO다. 예를 들어 '이건 1000억 원 이상 되면 안 한다'는 것이다. 이 회사의 ROIC(투하자본수익률)가 얼마가 되든 1000억까지는 우리 재무상태 등을 봐서 베팅할 수 있다, 이런 식으로 뱃심을 잡아놓는 것이다.

뱃심은 차 부회장이 M&A에서 가장 강조하는 사항이기도 하다. 그가 M&A를 잘한다고 알려져서 다양한 곳에서 조언을 구하곤 하는데, 그때마다 두 가지만 기억하라고 말하곤 한다. 하나는 계약서에 숨겨진 함정을 잘 파악하라는 것, 그리고 다른 하나가 바로 뱃심이다.

뱃심이 필요한 이유는, 비딩(bidding, 입찰)에 말려들지 않기 위해서다. 차 부회장은 "비딩 따라가다가는 다 죽는다"고까지 말한다. 주간사 증권사를 통해 진행되는 대규모 공개입찰에 뛰어들면 처음에는 900억 원을 생각했는데 상대방이 1000억 쏠 것 같으면 1100억, 1200억 원으로 올려 결국에는 1300억 원에 사는 경우가 의외로 드물지 않다. 정신을 차려보면 이미 너무 큰 금액을 질러버린 다음이다. 이렇게 사들인 회사는 뒷감당이 안 된다.

차 부회장이 좀처럼 입찰에 응하지 않으려 하는 이유가 여기에 있다. 비싸게 샀다가 회사 전체가 부실해지는 '승자의 저주'에 빠지지 않기 위해 본인이 최대한 쓸 수 있는 금액을 미리 정해놓고 딜(deal, 거래)에 임한다. 이미 비딩이 시작된 협상이라 해도 마찬가지다. '한 달만 시간을 주면 우리가 그 안에 결정하겠다'고 제안하면 상대방도 입찰 프로세스에 큰 지장이 없는 한 허용하는 편이다. 그렇게 벌어놓은 한 달 동안 꼼꼼하게 체크한다.

물론 자산 딜이든 지분 딜이든 기준이 있고, 상대 회사에 따라 조금씩 기준을 조정해야 한다. 실무진이 "이 회사는 현황이 이렇고, 시장에서는 EBITDA(영업활동의 성과를 보여주는 지표)의 16배 정도로 평가합니다. 하지만 우리는 14배, 15배 정도로 협상해볼 수 있을 것 같습니다"라고 제안을 하면 차 부회장이 검토해서 "그 정도에서 한번 해보자"고 할 때도 있고 "나는 17배 줄 의사도 있으니 그걸 감안하고 14배로 먼저 시작해보라"고 할 때도 있다. 반대로 "이 회사는 10배로 깎아준다고 해도 우리 손해"라며 단호하게 자르기도 한다.

이런 판단을 어떻게 할까? 뭔가를 사고팔 때 사는 쪽의 요구와 파는 쪽의 요구는 서로 다르다. 똑같이 사는 쪽이라도 사고 싶은 이유는 저마다 다르다. '나는 이 회사가 왜 필요한가?', 이것을 기준으로 판단한다.

누가 봐도 2000억 원은 주고 사야 하는 회사이지만, 우리는 그 회사를 사서 인프라만 활용하고 브랜드는 쓸 계획이 없는 경우를 생각해보자. 시장에서 통상적으로 보는 그 회사의 가치가 있을 것이다. EBITDA의 10배라든가 15배라든가 하는 식으로 말이다. 그런데 아무리 봐도 그 회사의 가치 가운데 절반은 브랜드 가치인 것 같으면, 인수 후 브랜드를 사용할 계획이 없으니 5배만 주겠다고 기준을 정하는 것이다. 평가액이 이 정도로 크게 차이나면 성사되지 않을 가능성이 크지만, 상대방이 절박하면 간혹 성사되기도 한다.

즉 저 회사가 10을 가지고 있는데 우리는 저 회사의 10을 다 원한다면 풀베팅full betting을 하고, 8을 원하면 8만 말하는 것이다. 실제로 차 부회장은 "1000억 이상은 절대 안 된다"라고 하면 그 회사가 아무리 마음에 들더라도 그 이상은 쓰지 않는다. 그냥 털고 나온다. 그런 경우가 적지 않았다고 한다.


## M&A 성공에 이르는 숨겨진 노하우

많은 사람들이 엘지생건에 물어보는 것이 있다.
"M&A를 도대체 어떤 프로세스로 하길래 그렇게 잘하세요?"
하지만 그동안 지켜본바, 이들의 노하우는 프로세스 차원의 것이 아니다. 물론 성공확률을 높이기 위해서는 프로세스도 잘 마련돼 있어야 하지만 최우선순위는 아니다. M&A가 성사되는 데에는 CEO의 콜이 결정적이다. 엘지생건뿐 아니라 모든 M&A에 해당하는 말이다.

### 계산된 배짱이 중요하다

M&A에 뛰어들긴 했지만 끝까지 끌고갈 배짱이나 자신이 없는 CEO들이 의외로 많다. 일단 안 해봤기 때문에 망설인다. 오너는 그동안 다져놓은 자기 밑천이 날아갈까 봐 걱정돼 큰 수를 던지지 못하고, 오너가 아닌 CEO들은 잘못될 경우 배임죄 등의 구설수에 오를까 봐 망설인다.

M&A는 위험부담을 안고 갈 수밖에 없고, 그러다 보면 어쨌든 말은 나오게 마련이다. 정말 좋은 인수대상이 나왔다고 해보자. 좋은 물건은 비싸다. 그러면 비싸다고 말이 많아진다. 좋지 않은 물건은 헐값이다. 하지만 이걸 인수하려고 하면 "그런 허접쓰레기 같은 걸 왜 사니?" 하는 핀잔을 듣는다.

어떤 식으로든 잡음은 생기고 리스크는 있다는 말이다. 기업가치가 과평가된(over value) 것을 사도 리스크이고, 언더밸류되어 있는 것을 사자니 내가 회생시킬 수 있다는 자신이 있어야 하는데 그건 더 큰 리스크다. 이를 감당할 수 있는 배짱이 있어야 하는데, 그것은 결국 CEO에게서 나온다. CEO에게 이건 될 거라는 믿음과 추진력이 있다면 하는 것이고, 리스크 생각하면서 '이러면 어떨까? 저러면 어떨까? 이거 분석해봐, 저거 분석해봐'라고 계산만 하다가는 게임이 끝나버린다. 물론 기본적인 분석은 해야겠지만 M&A를 성사시키는 요인은 그것만이 아니라는 말이다.

차 부회장의 배짱은 타고난 성향도 있겠지만(큰일을 맞닥뜨리면 오히려 차분해지는 기질은 이 책의 뒷부분 대담에서 드러난다), CPA로 다져진 능력 위에 수많은 M&A 경험이 더해진 결과라 할 것이다. 그는 P&G에 있을 때부터 M&A 프로젝트를 매우 많이 경험했다. 쌍용제지 인수 프로젝트도 차 부회장이 리더였고, 리처드 앤빅스 브랜드 아시아 사업을 인수한 것도 그의 작품이다. 그 과정에서 노하우도 쌓였을 것이다. 어떤 부분을 들여다봐야 하고 어떤 게 KSF(Key Success Factors)인지 체감했기 때문에 어떻게 해야 할지를 아는 것이다.

## 딜이 될 거라는 확신을 준다

차 부회장과 함께 10년 넘게 M&A 업무를 해온 임원은 엘지생건 M&A의 성공 노하우를 '확실성(certainty)'이라고 말한다. 다른 수많은 요인을 제치고 확실성을 첫째 성공요인으로 꼽은 것은, 그만큼 M&A가 불확실성으로 가득 차 있음을 반증한다.

모든 거래가 그렇듯이 M&A에는 역학관계가 복잡하게 맞물려 있다. 그래서 될 듯하다가도 깨지곤 한다. 파는 사람은 가격이 가장 중요하지만, 그에 못지않게 확실성도 중요하다. 파는 입장이라면 '이 딜은 무조건 될 것이다'라는 확신을 주는 사람이 좋지 않을까?

중국에서는 사인까지 해놓고 계약이 무산되는 일이 비일비재하다. 우리나라도 클로징(closing, 종결)까지는 보통 2~3개월이 걸리는데, 그동안 두 회사 사이에 정말 많은 일이 일어난다. 그러면서 일어난 일들을 빌미로 클로징을 안 해준다. 매각하려는 쪽은 하루가 급한데 자꾸 미뤄지니 혼란에 빠진다. 때로는 인수협상이 완결된 후에 정부규제로 무산되는 경우도 있다. 이렇듯 M&A의 불확실성은 너무 크다. 그러기에 확실성을 주는 것이 매우 중요하다.

확실성은 계약으로 보장해주기도 하고, 여러 가지 진술보증 등을 넣어 상황을 조금 가볍게 만들어주기도 한다. 또는 이런 이야기를 흘릴 수 있다. "우리는 가격은 좀 낮다. 그런데 딜 클로징에 대한 확실성은 보장해준다."

이런 말을 할 수 있는 이유는, 엘지생건이 진행한 M&A 가운데 계약이 아예 안 된 경우는 있어도 계약 후 클로징을 못 한 적은 없기 때문이다.

특히 상대적으로 낮은 가격에 인수 제안을 할 때일수록 확실성이 더욱 중요하다. 코카콜라 인수가 바로 그런 경우다. 엘지생건이 코카콜라에 어필할 수 있는 지점은 미래 수익성과 거래의 확실성이었다. 마침 코카콜라는 원액을 공급하는 회사와 보틀러가 이익을 나누는 구조이고 엘지생건은 한국 보틀러가 되려는 것이었으니, 당장 인수금액보다는 장기적으로 이익을 많이 가져가는 편이 더 낫다는 점을 어필할 수 있었다. 여기에 덧붙여 엘지생건은 딜에 대한 확실성도 더 높으니 가격이 조금 낮더라도 제안해볼 여지가 충분했다. 더욱이 협상하는 당사자가 P&G에서 잔뼈가 굵었고 해태제과 CEO를 하며 식음료를 해본 사람이라면 말이다.

## 계약서에는 백 개의 함정이 있다

우리나라에서는 계약서를 꼼꼼히 따져서 쓰는 걸 왠지 정 없다고 여기며 '좋은 게 좋은 거'라는 태도로 쓰곤 한다. 그러나 다른 계약도 물론이려니와 M&A에서는 더더욱 큰일 날 소리다. 시쳇말로 M&A를 하면 남는 것은 계약서뿐이지 않은가. 더욱이 그 계약서에는 수많은 함정이 있다. 우리도 계약서를 쓰고 상대방도 계약서를 쓰지만 함정이 무척 많기 때문에 그 함정을 잘 피해서, 잘 벗어나서 계약해야 한다.

M&A에 있어 차 부회장이 '뱃심'과 함께 강조하는 것이 "변호사 비용 아끼지 말고 현지에 있는 가장 똑똑한 변호사를 채용하라"는 것이다. 계약서를 어떻게 쓰느냐에 따라 수십억, 수백억이 왔다 갔다 하기 때문이다. "상대방이 계약서를 써올 때 함정을 백 개 정도는 파놨을 것이다. 아주 유능한 변호사는 그 중 80개 정도는 잡아낼 수 있다. 20개는 속이려고 하면 속을 수밖에 없다. 그래도 8할은 잡아내야 하지 않겠나. 그러려면 현지

사정을 잘 아는 변호사를 채용해서 계약서를 써야 한다."

M&A에 대해 묻는 이들에게 차 부회장이 강하게 짚어주는 포인트다.

## 성공하는 시스템 이식

계약서까지 주고받고 클로징까지 마무리되면 M&A에 성공했다고 한숨 돌릴 것이다. 그러나 실상 M&A는 계약하고 난 다음이 더 중요하다.

앞에서 나왔지만, M&A 전문용어 중 PMI(Post-Merger Integration)가 있다. M&A는 타깃 선정, 협의, 실사, 계약, 클로징으로 진행되는데, PMI는 클로징 이후 두 회사를 실질적으로 한 회사로 만드는 과정을 말한다. 애써 인수해놓고 이 작업을 잘못하는 바람에 2~3년이 지나도 두 회사의 전략과 문화가 정합되지 않는 경우가 적지 않다.

M&A 이후 두 회사를 통합하는 방식에는 크게 미국식과 중국식이 있다. 미국식은 P&G 등 글로벌 기업들이 하는 방식이다. 그들은 경영 시스템이 확고히 자리 잡혀 있기 때문에, 인수하는 순간부터 한 달이든 두 달이든 트렌지션(transition, 이행) 기간을 잡고 그 회사를 자신들의 문화로 완전히 바꾸어놓는다. 자신 있기에 가능한 방법이다. 인수한 회사의 시스템을 바꾸어

놓아도 충분히 잘할 수 있다고 자신하는 회사나 사업환경에서는 이 방법을 쓴다.

중국은 자기 경험이 부족하다는 점을 알기 때문에 조직운영에 직접 관여하기보다는 바깥에서 우회적으로 접근하면서 서서히 융화시키는 방법을 쓴다. 물론 인수상황과 회사의 상태, 인수하는 업체의 역량에 따라 방법과 방식이 달라지며, 두 방식을 섞어서 할 수도 있다. 엘지생건은 주로 미국식 스타일로, 자신의 시스템을 상대 회사에 접목시키는 것을 선호한다.

이들은 그 많은 회사를 어떻게 자신의 시스템으로 융합했을까? 운영방식도 문화도 제각각인 회사들을 말이다. 비결은 엘지생건만의 독특한 PMI 방식에 있다.

일반적으로 클로징 이후 PMI가 진행되는 것과 달리, 엘지생건은 타깃을 선정할 때부터 PMI를 한다. 이 또한 차 부회장의 특징이다. PMI가 '후반(post-)' 작업이 아니라 엘지생건에서는 '사전(pre-)' 작업인 셈이다. 실제로 그들은 PMI를 '프리'로 통칭한다.

M&A를 활발히 하는 기업들은 으레 내부에 M&A 프로세스 전문가들과 비즈니스 전문가를 둔다. 보통 M&A팀이라 하면 프로세스 전문가들을 가리키며, 이들이 가치평가도 하고 법률적인 검토도 수행한다. 이들이 계약을 하고 빠지면 그다음에 비즈니스 전문가가 PMI를 비롯한 회사 운영을 맡는다. 엘지생건 정도 규모의 기업이라면 대략 20~30명의 M&A팀을 운영하

는데, 엘지생건의 M&A팀은 2~3명뿐이다. 차 부회장이 부임한 후 3명을 넘긴 적이 한 번도 없다.

## 이미 인수한 것처럼 생각하고 실사한다

2~3명이 어떻게 크고 작은 계약을 모두 진행할 수 있을까? 이들은 전체 실무를 보는 것이 아니라 회계법인이나 법무법인 등에 협조를 구하고 상대방과 협상하는 등 프로세스 중심으로 움직인다.

M&A팀이 간소한 대신 그때그때 꾸려지는 실사단 태스크 포스task force를 매우 꼼꼼히 구성한다. 인수 대상이 물망에 오르면 M&A팀이 인사팀에 가서 "이 회사를 사려고 하는데 이러저러한 회사이니, 이 회사를 실사할 수 있는 사람들을 구성해달라"고 요청한다. 그러면 15명 정도가 실사팀으로 꾸려진다.

이 단계가 중요하다. 엘지생건은 실사팀을 꾸릴 때 그 회사를 실제로 운영할 각오로 구성한다. A상무가 실사팀에 들어갈 때 "이 계약이 성사되면 상무님은 거기 가서 COO 하셔야 합니다", "영업부장 하셔야 합니다" 하는 식으로 미리 정해주는 것이다. 김칫국부터 마신다고 할지 모르지만, 이 또한 차 부회장의 방식이다. 실제로 2018년에 에이본 재팬을 인수할 때 실사했던 팀장 중 한 명은 인수 후 정식으로 발령받아 아예 보직을 옮겼다.

차 부회장은 M&A 전 과정에 깊숙이 개입하는 스타일이며,

실사단 구성에도 예외가 아니다. 인사팀에서 조직한 실사단 목록을 검토하다가 "내가 보기에는 이 사람보다 저 사람이 더 나을 것 같다"고 의견을 주는 경우도 종종 있다. 지목된 당사자는 당연히 엄청난 책임감을 갖고 더 꼼꼼히 일할 수밖에 없다.

물론 인력을 내줘야 하는 현업 입장에선 죽을 맛이다. 안 그래도 바쁜데 1~2개월씩이나 핵심인력을 내주고 싶겠는가. 당연히 일 잘하는 사람은 주지 않으려 한다. 더욱이 그 사람이 인수한 회사로 가버릴 가능성도 있으니 더 어렵다. 그래서 M&A TF팀 실사단이 꾸려질 때면 현업에서 '휘청휘청한다'는 말이 나올 정도다.

하지만 M&A에 대한 차 부회장의 관심이 높은 것을 조직이 다 알고 있기 때문에 마다할 도리가 없다. 혹여나 자기네 담당 업무와 관련해 실사를 잘못하기라도 하면 더 큰 문제이니 결국 가장 일 잘하는 사람을 보내주게 돼 있다.

## 실사팀의 역할이 성패를 좌우한다

실사팀의 최종목적은 인수할 회사의 내부 문제점을 발견하고 그에 대한 개선안을 마련하는 것이다. 단순히 이 회사의 문제점이 무엇인지 파악하는 데 그치지 않고 '만약 내가 가면 이렇게 고쳐야겠다' 하는 계획까지 내는 것이다.

대개 실사는 1~2개월 정도 진행되며, 각 부문에서 해당 업무에 정통한 인력들이 각자의 업무영역에 대해 조사한다. 상대 회사에서 기본적인 자료는 주지만 그것만 읽고 끝나는 게 아니라 담당자들을 직접 만나본다. 공장도 가보고 재무, IT, 구매 조직을 다 인터뷰한다. 영업담당은 영업부를 면담하고 마케팅 담당은 마케팅을 본다.

이 자료는 매일같이 M&A팀과 공유된다. 실사팀에서 각 담당자가 파악한 것을 M&A팀에 보고하면, M&A팀이 통합해서 C-레벨과 관련 사업부장을 포함한 임원들에게 보고한다. 그럼으로써 현장에 나가지 않는 부회장도 실사한 사람들과 같은 수준에서 그 회사를 들여다볼 수 있다.

차 부회장은 실사팀보다 훨씬 고수이니 보고내용을 바탕으로 추가로 점검해야 할 사항을 일러준다. "이런 것들을 더 자세히 보세요. 이런 것들을 개선할 수 있는지 보세요. 공장에 이 부분을 확장할 수 있겠는지, 영업은 이쪽 채널은 하지 않았는지, 안 했다면 왜 안 했는지 물어보세요."

이런 내용이 다음 날 아침에 전달되면 실사 들어간 사람들이 또 가서 점검한다. 이렇게 한 달쯤 하다 보면 그 회사에 대해 웬만한 정보는 손바닥 안에 있게 된다. 무엇이 문제인지가 나온다.

실사팀에는 인사담당자도 파견돼 조직상 현황과 문제점을 파악하고 원인이 무엇인지 진단한다. 시설이나 현황 외에 조직문화까지 살펴보는 것이다. 국내, 해외 기업 모두 마찬가지다.

물론 이 작업만으로 모든 것을 파악할 수는 없다. 한 달이 아니라 1년을 같이 있어도 완벽하게 파악하기란 현실적으로 불가능하다. 그래서 만약의 경우를 대비해 계약할 때 조건을 명확하고 까다롭게 넣는 편이다.

실사팀이 '이 정도라면 괜찮을 것 같다'고 판단하면, 본격적인 M&A 과정이 진행된다. 그러나 실사팀의 활동이 이것으로 끝은 아니고, 계약 후 클로징까지의 과정에서 다시 점검한다. 이때는 '우리가 이 회사를 한 회사로 흡수할 수 있을 것 같다' 또는 '별도로 놔두는 게 낫겠다' 같은 판단을 한다. 만약 후자라고 판단되면 별도로 법인을 두거나 엘지생건의 다른 자회사와 합병을 시키는 식으로 진행한다.

이처럼 차 부회장은 인수 단계가 아니라 실사 단계에서부터 '이 회사는 이미 우리 회사다'라는 생각으로 계획을 세운다. 이런 가정이 워낙 확고해서, 이것저것 알아보라고 지시받고 질문받는 담당자들 입장에서는 '우리가 딜을 못해내면 어떡하지?' 하는 부담을 느낄 정도라고 한다.

차 부회장이 실사단에 '이걸 할 수 있는지 알아보라'고 했는데 실무진이 '못할 것 같다'고 보고하면 그 회사의 점수가 깎인다. 인수 회사가 이만큼은 할 수 있을 거라 생각했는데 막상 실사팀 이야기를 들어보니 여의치 않다고 하면, 차 부회장으로서는 원래 계획을 변경할 수밖에 없다. 원래는 100을 주려고 했지만 이제는 40 이상은 못 주겠다고 바뀌는 것이다. 이렇게 기준이 바뀌면 그 조건으로 딜에 임해야 한다.

담당자에게는 고생스러운 프로세스이지만, 어쩌면 이것이 첫 단계부터 PMI를 운영하는 이유인지도 모른다. 사후에 이런 실상이 드러나면 성공적인 인수라 할 수 없지 않겠나. 하지만 초반에 PMI를 진행해서 문제가 많으면 계약하기 전에 걸러내니 엘지생건의 M&A 성공률이 높아질 수밖에 없다.

## 10일 안에 공감하고 3개월 안에 개선한다

PMI를 일찍 시작하는 만큼 통합과정도 빠르게 완료한다. 차 부회장의 가이드라인은 '10-3의 원칙'이다. 10일 이내에 공감하고, 3개월 이내에 개선안을 적용한다는 것이 골자다.

서로 다른 두 조직이 10일 이내에 공감한다는 게 가능할까? 불가능해 보이지만, 엘지생건에서는 가능하다. 말이 10일이지, 이미 한 달간 실사하면서 매일같이 얼굴을 마주했던 터라 어느 정도 친해진 상태이고 상대 회사의 데이터에도 익숙하다. 그래서 클로징하는 당일에 가서 상대 회사 직원들과 얘기해도 어색하지 않고 오래 함께 일했던 사이처럼 자연스럽다.

그 밖에 10일 이내에 상대 조직과 융화하는 과정은 다른 회사와 크게 다르지 않다. 우선 게시판에 공지부터 올린다. 고용을 보장한다는 등, 상대 회사의 구성원들이 가장 궁금해할 사항을 알려주며 불안감을 잠재우는 것이다. 물론 목표도 공유한다.

"중장기적으로 우리는 이러저러한 회사가 되는 게 목표입니다. 그러니 힘을 합쳐봅시다. 작년 성과가 이러했는데 올해 목표는 이 정도로 생각하고 있습니다. 이를 위해 새로운 팀장들이 왔으니 애로사항이나 협조할 것이 있으면 이들에게 이야기해주십시오. 우리가 함께 개선해드리겠습니다."

첫날부터 이렇게 적극적으로 다가가고 소통해가며 10일 정도 지나면 상대 회사 직원들과 대략적인 호흡은 맞게 된다.

그다음에는 3개월 이내에 실사팀이 마련한 개선안의 80%를 집행해야 한다.

3개월이라는 시간은 매우 중요하다. 이런 기간을 거치지 않고 갑자기 낯선 사람을 사장으로 앉히면 그 사람을 받는 쪽도 서먹하고, 가는 쪽도 어색하다. 잘못하면 점령군 같은 인상을 줄 수도 있다. 그래서 M&A 초기부터 데이터를 검토하고 소통하고 호흡을 맞추며 "같이 열심히 해봅시다"라고 분위기를 만들어야 한다.

이 기간을 3개월로 한정한 데에는 이유가 있다. 두 회사를 한 몸처럼 접합하는 기간이 늘어지면 진행도 더디고 서로 오해가 생기기 쉽다. 더욱이 그 기간 동안 엘지생건에는 업무공백이 생긴다. 앞에서 말했듯이 M&A 실사팀은 각 팀의 핵심인재로 꾸려지는데, 너무 오래 공석이 되면 문제가 생기지 않겠는가.

이런 이유로 3개월 이내에 개선안을 어느 정도 완료하는 것

## 적응적 조직

개인과 회사 모두 세상의 흐름이 멈추지 않는 한 계속 변화해야 합니다. 회사라는 울타리에 갇혀 빠르게 변하고 있는 세상에 적응하지 못하면 고객들의 새로운 요구가 무엇인지 알 수 없어 점점 소비자와 멀어지게 되고, 결국 우리 제품은 고객들에게 외면받게 될 것입니다.

이렇게 되지 않기 위해서는 우리 조직이 '적응적 조직(adaptive organization)'이 되어야 합니다.

적응적 조직이란 기업이 속한 고유시장과 인접시장에서 새로운 기회가 왔을 때 이에 효과적으로 대처할 수 있는 준비가 된 조직을 의미합니다.

이를 위해 먼저 외부적으로는 고객 및 세상과의 소통에서 변화를 감지하고 정확한 정보들을 실시간 공유하여 세상의 변화 속도에 맞추어나가야 할 것입니다. 또한 빠른 변화에 신속하게 적응하기 위해 탄력적이고 단순화된 조직과 프로세스를 갖춰나가는 노력을 지속적으로 해야 할 것입니다.

조직 내부적으로는 팀워크를 발휘해야 합니다. 재즈 밴드 연주에서 한 악기가 치고 나가면 다른 악기가 이에 맞추어 자연스럽게 조화를 이루는 것처럼, 우리 구성원들이 탄력적으로 팀워크를 발휘한다면 팀원 3명이 3의 성과가 아닌 5, 7 이상의 성과를 만들 수 있게 될 것입니다.

C.E.O. Message

은 양쪽 회사 모두에게 중요하다. 그리고 사전 정지작업이 충실히 된 만큼 3개월이 지나치게 짧은 기간은 아니라는 게 내부의 경험담이다. 차 부회장과 다수의 M&A를 진행한 바 있는 임원은 "M&A한 회사에 가서 CFO를 해보기도 했는데, 열흘 정도 있으면 '이 회사는 잘될 것 같다' 혹은 '이 회사는 어렵겠다' 하는 감이 잡힌다"고 말한다. 실사단으로 활동한 팀장들이 각자 이 회사의 문제점에 대해 꼼꼼히 조사해서 개선안도 나와 있으니 방향은 이미 정해져 있는 셈이다. 그것을 3개월 이내에 80%는 적용하라는 것이다. 그렇게 해야 우리도 살고 그쪽도 산다는 것이 차 부회장의 철칙이다.

## 결국은 CEO의 전문성과 의지

이 모든 과정은 차 부회장의 진두지휘 하에 이루어진다. CEO이니 당연히 보고받고 결재하는 것 아니겠나 할지 모르지만, 그 정도를 뛰어넘어 매 순간 깊이 개입한다. 매일같이 실사단의 보고를 받고 점검할 사항을 짚어주는 등, 말 그대로 '간섭' 수준이다.

어느 조직이든 CEO가 관심을 기울이는 분야가 발전하게 마련이다. CEO가 PI에 관심이 크면 PI가 기막히게 잘되고, IT에 관심이 많으면 그쪽이 잘된다. 차 부회장이 M&A 쪽에 관심이 있고 주가도 면밀히 보고 IR도 중시하다 보니 회사 전체의 역량도 그에 맞춰 발달한다. 그만큼 톱 매니지먼트의 관심과 의중, 의지가 중요하다.

최근 많은 기업들이 성장동력으로 M&A를 추진하면서 차 부회장에게 자문을 구하는 경우가 늘고 있다. 그러나 기업마다 시스템이 다르니 엘지생건의 방식을 똑같이 적용하는 데에는 무리가 있다. 그럼에도 반드시 염두에 두어야 할 것을 꼽는다면, CEO가 의사결정을 신속하게 하고 시간을 잘 맞추어야 한다는 것이다. 당연한 말 아닌가? 그러나 현실에는 타이밍을 맞추지 못해 실패한 사례가 부지기수다. 시기를 놓쳐버려서 경쟁자가 다 들어오면 이미 실패한 M&A다.

엘지생건의 M&A 성공사례에 자극받은 CEO들 중에는 임원들에게 M&A할 수 있는 업체를 찾아보고 대안을 만들어오라는 주문을 하기도 한다. 자신이 의사결정할 수 있도록 몇 가지 옵션을 만들라는 지시도 빠뜨리지 않는다. 그리고 옵션을 가져가면 다 모여서 브레인스토밍을 통해 의사결정을 한다.

이렇게 해서는 결코 좋은 회사를 사들일 수 없다. 조사하고 논의하느라 힘만 들 뿐이다. 금액이 워낙 크다 보니 이견이 나올 수밖에 없고, 이견이 나오면 의심이 생길 수밖에 없다. 그래서 '이런 면을 좀 더 검토해보자'는 결론으로 회의가 끝나고, 결국 고민만 하다가 실패하는 경우가 대부분이다.

자연스럽고 시간이 걸리는 유기적 성장과 달리, 비유기적 성장은 단기간에 몸집을 불리는 인위적 개입이다. 이때 누가 가장 큰 책임과 결단력을 가지고 개입해야 하겠는가. CEO다. 특히 M&A처럼 큰돈이 오가는 결정은 CEO의 전문성과 결단력이 없으면 실현되기 쉽지 않다.

3부

# 성장의 지속

[ 오래가기 위해 올곧게 간다 ]

# 리더십과 레거시

## 6장

## 방향을 정하고
## 성과를 만들고
## 조직을 키운다

구성원들이 의미 있는 일을 하도록 잔가지를 쳐주는 것이 리더의 책임이다. 깊은 고민 없이 일을 하다 보면 수많은 잡무에 묻혀 정작 중요한 일에 소홀해지는 경우가 발생한다. 관행적으로 하는 일, 보여주기 위해 하는 일과 같은 것에 시간과 자원을 낭비해서는 안 된다.

리더가 깊은 고민을 하지 않은 상태에서 성과와 직결되지 않는 일들에 신경 쓰는 조직은 전진하지 못한다. 구성원들이 제자리 뛰기를 하느라 에너지를 낭비하지 않도록, 리더는 일의 우선순위를 명확히 하고, 성과창출이 가능한 일에 자원을 집중하며 그렇지 않은 업무들은 과감히 단절할 수 있어야 한다.

동시에 리더는 미래를 준비해야 한다. 지금 당장 추진하지는 않더라도 미래 성과창출이 가능한 일들이 있다면 우리의 미래 사업으로 육성할 수 있도록 씨를 뿌리는 준비작업이 필요하다. 지금의 일을 잘하는 것을 넘어서서, 어떠한 방법으로 혁신을 이루어낼지 고민하고, 가능성이 보이는 것들을 인내심을 가지고 추진해 나가는 것은 조직의 미래를 위해 매우 중요하다.

리더로서 사명감을 가지고 이 일을 지금 왜 하는지, 현재의 방법 말고 더 좋은 방법은 없는지 끊임없이 고민하여 본인이 하는 모든 일들이 성과로 연결될 수 있도록 노력해야 한다.


## 리더는 결정하는 사람

차 부회장은 '결정'이라는 단어를 통해 리더의 역할을 이야기한다.

"리더는 무엇을 해야 할지를 결정해야 합니다. 이때 결정의 퀄리티가 중요합니다. 한 수 한 수의 질이 중요합니다. 1이냐 0이냐, 하느냐 마느냐 수많은 결정을 내리는 사람이 리더입니다. 결정하지 않는 사람은 리더도 아닙니다. 결정을 하되 질이 높은 결정을 해야 합니다. 그리고 같은 결과를 낼 거면, 10페이지씩 하지 말고 한 페이지짜리 심플한 프로그램을 짜야 합니다."

차 부회장은 무엇보다 구성원들이 안심하고 리더의 결정을 따르도록 심리적 안정감을 주는 것이 중요하다고 말한다. 믿음을 주는 사람이 되라는 의미다. 이때 리더가 사람들이 따를 만한 모범을 보여주는 것이 굉장히 중요하다. 구성원들이 리더를 보며 '저 사람의 결정은 회사의 미래를 위한 것이니 믿고 따라도 좋겠다'는 믿음을 가져야만 조직이 성공적으로 돌아갈 수 있다.

## 360도로 보면 결정의 질이 달라진다

360도로 본다, 입체적으로 본다는 이야기는 다른 곳에서도 늘 거론되는 리더의 덕목이지만, 실제로 그렇게 하기란 쉽지 않다. 평소 다양한 매체를 통해 세상의 변화를 전해 듣는 것에 그치지 않고 직접 부딪쳐 경험해보지 않으면 다른 관점을 가질 수 없다.

입체적으로 볼 수 있는 힘은 고민의 깊이에서 나온다. 고민의 깊이가 다르다는 것은 생각하는 방식이 다르다는 것이고, 생각하는 방식이 다르다는 것은 피상적인 이야기가 아닌 핵심을 뽑아내는 능력이 강하다는 얘기다. 말하자면 경험칙이다.

깊이 고민해본 리더는 자연히 상대방이 얼마나 고민했는지, 고민의 깊이가 어느 정도였는지도 캐치할 수 있다. '촉'이 좋아지는 것이다. 차 부회장도 P&G와 해태제과, 엘지생건 등에서 다양한 경험을 쌓으며 그러한 촉을 키웠다. 부문장들이 남의 얘기를 듣고 보고하는 것인지, 아니면 본인이 직접 나가서 관찰하고 보고하는 것인지 한두 번의 질문으로 간파하는 능력이 남다른 것도 그 덕분이다.

입체적으로 보는 데 익숙해지면, 어떤 결정이 소비자에 대한 제대로 된 인사이트에서 나온 것인지, 단순히 피상적으로 넘겨짚어서 나온 결과인지도 빠르게 판단할 수 있다. 브랜드나 제품 컨셉을 잡을 때 의도적으로 계속 공부하고 고민하게 하는 것도 리더들의 촉을 키우기 위해서다.

특히 유기적 성장을 이루기 위해서는 회사가 운영하는 사업과 브랜드와 제품의 매우 디테일한 부분까지 리더가 잘 알고 있어야 한다. 엘지생건 마케팅 역량의 강점이기도 한데, CEO인 차 부회장은 실무자들이나 알 법한 자세한 사항까지 파악하고 매일 최신정보로 업데이트한다. 매일매일 보고를 듣고 소비자들이 있는 곳에 가보면서 머릿속으로 이렇게도 구상해보고 저렇게도 수정해보며 방향을 잡는다. 디테일한 부분을 챙기면서도 방향을 잃지 않으려는 노력이다.

보고받을 때도 그렇다. 보통 사업부장, 부문장들이 보고할 때에는 밑에 있는 팀장이나 팀원들이 올린 내용을 정리해서 보고하는 경우가 많다. 그러다 보니 한 방향으로만 보고 360도로 못 보는 경우가 많고, 평소에 해오던 대로 보고를 할 수밖에 없다. 차 부회장은 그럴 때마다 리더가 다각도로 보았는지 질문을 통해 구체적으로 점검한다.

## 성공사례와 아이디어를 모두와 공유한다

한 가지 사안을 입체적으로 보려는 노력의 일환으로 차 부회장은 실무진을 불러 제품이며 광고도 자주 보여준다. 다른 사람을 통해 전달하는 것이 아니라 실무진에게 직접 말한다.

성공사례를 조직 전체에 전파하는 것도 리더의 몫이다. 다른 시장이나 다른 사업에서 느낀 것들도 전 부서, 최대한 많은 사람들과 공유한다. 생활용품 쪽에서 낸 아이디어를 음료 쪽에

## 방향성에 대한 리더의 역할

조직을 이끌어가는 리더의 역할을 제대로 하려면 두 가지를 해내야 합니다.

첫째는 조직을 어디로 이끌 것인가 하는 방향을 제시하는 것이고, 둘째는 그 방향으로 조직 구성원들을 일사불란하게 이끌어가는 것입니다.

대부분의 리더들은 첫 번째 역할보다 두 번째 역할을 중요시하고, 그 역할에 대부분의 시간을 투자합니다. 그러나 두 가지 역할 중 더 중요한 것은 방향을 정하는 것입니다.

방향을 잘 잡기 위해서는 고민을 많이 해야 합니다. 생각만 한다고 해서 방향이 나오는 것은 아니지만, 생각하지 않으면 방향은 결코 나오지 않습니다. 즉 나오든 안 나오든 고민을 많이 해야 하는 것입니다.

성숙한 회사일수록 리더들이 어디로 갈 것인가에 대한 고민에 더 많은 시간을 투자합니다. 리더들이 방향에 대한 고민을 많이 하고, 더불어 인재육성 및 신사업에 대해서도 더 많이 고민하고 관심을 가질 때, 우리 회사도 더욱 성숙하고 발전할 수 있을 것입니다.

C.E.O. Message

이야기하고, 음료에서 아이디어 낸 것을 화장품 쪽에 이야기한다. 가령 생활용품의 MD가 어떤 사안을 보고하러 갔는데, 한창 이야기하다가도 "아참, 요즘 화장품에서 뜨는 제품이 있대요" 하고는 그 화장품을 가져오게 해서 구체적으로 조언을 준다. "요즘 화장품은 이런 컨셉이 잘되는 것 같아요. 이게 특징이래요. 이걸 생활용품에도 적용해보면 좋을 것 같지 않아요?" 구성원들은 그를 만날 때마다 늘 배우게 된다.

사내의 성공사례라도 모르고 지나갈 수 있는데, 차 부회장이 늘 이렇게 짚어주기 때문에 실무진들은 새로운 힌트를 얻고 성과도 이뤄낼 수 있다.

일례로 화장품 브랜드인 빌리프의 수분크림은 소비자 반응이 매우 좋아 3년 이상 매출을 견인했다. 이와 유사한 포뮬러를 숨 수분크림에 적용했더니 그 반응도 좋았다. 중국인들에게 숨 브랜드를 인식시키는 데에는 이 수분크림의 공이 컸다.

두 제품이 인기를 얻은 것은 소비자의 니즈와 맞는 무언가가 제품에 들어 있기 때문이다. 포뮬러에는 수십 가지 재료가 들어가고 소비자들이 만족하는 적정 비율을 찾기 어려운데, 엘지생건은 그것을 찾았고 잘 알고 있다는 뜻이다. 이러한 성공사례가 다른 브랜드로 확장되지 않는다면 너무 아깝지 않은가.

차 부회장은 "조직의 성장을 저해하는 벽을 없애고, 기회를 포착해 확장시키는 일은 리더의 가장 중요한 역할"이라고 말한다. 그런 점에서 그는 엘지생건이 다양한 장점에 비해 그것을 '확장'하는 데에는 상대적으로 소극적이라고 아쉬워한다. 내부의 좋은 잠재력이 부서의 벽을 넘지 못하고 확산되지 않는 이유에 대한 성찰과 반성, 노력이 필요하다고 강조한다. 이 일에는 차 부회장 본인이 앞장서고 있다.

"저는 최근 국내와 해외의 사업 시스템 및 제품 등을 비슷하게 가져가기 위해 애쓰고 있습니다. 하나가 성공하면 전 세계로 빠르게 펼쳐 우리의 성공을 더 거대하게 만들기 위함입니다. 물론 정착까지 시간이 걸리고 힘들겠지만, 단기간의 손해를 감수하더라도 꼭 맞춰 나가겠다는 것이 제 의지입니다."

## 리더의 모든 일은 고도화되어야 한다

집중력은 일하는 방식의 고도화로 직결된다. 고도화란 같은 시간 안에 고차원적이고 밸류가 높은 일을 할 수 있게 하는 것이다. 차 부회장은 항상 고도화를 강조한다. 최근 고도화의 개념을 이야기하는 사람들은 많지만 아직 제대로 적용하지 못하는 것 같다며, 고도화의 중요성을 설명한다.

"고도화는 점점 높은 단계로 올라가서 두뇌를 써서 고부가가치를 창출하는 것인데, 두뇌를 쓰는 일은 보통 일이 아닙니다. 여러 가지 수술 중에서도 뇌를 수술할 때는 어떤 것을 제거할지 이성적으로 잘 판단해야 합니다. 실수하면 크게 잘못될 수 있으니까요."

팔이 찢어져서 꿰맬 때는 꿰매는 시간이 조금 오래 걸리거나 설령 실수를 해도 생명에 지장이 없지만, 뇌수술은 빨리 판단해야 한다. 정확도가 높아야 하고, 늦거나 잘못 건드리면 큰일난다. 뇌수술하러 수술실에 들어오는 의사들의 날카로운 집중력은 이루 말할 수 없을 정도일 것이다.

"우리 리더들도 뇌수술하는 것처럼 최고의 실력을 쌓고, 정확히 상황을 판단하고 준비도 철저히 해야 합니다. 그리고 정말 그렇게 일하고 있는지 수시로 되돌아봐야 합니다."

리더라면 뇌수술처럼 고도화된 능력이 필요한 일을 하라는 것이다. 리더들이 매일 회사에 와서 하찮은 일로 분주하게 지내고는 '오늘 내가 열심히 일했다'고 생각하면 안 된다는 뜻이다. 매일 뇌수술하는 것처럼 열심히, 철저하게 일하려면 경영자들이 실력을 갖추고 상황을 판단하고 구성원들에게 명확하게 요구하는 훈련을 끊임없이 해야 한다고 차 부회장은 강조한다.

## 관객이 아닌 선수

리더는 관객이나 기자가 아니라 선수다. 사업이 축구 경기라고 하면 관객이나 기자도 있어야 하지만, 어쨌거나 가장 중요한 사람들은 선수다. 그리고 리더는 주장처럼 솔선하며 뛰어야 하는 선수다.

차 부회장은 현실에는 관객이나 기자처럼 일하는 리더가 너

## 일하는 방식의 고도화

우리 회사 직원들은 주어진 일을 정말 열심히 합니다. 하지만 저는 우리의 일하는 방식이 좀 더 고도화되면, 개개인이 느끼는 성취감도, 회사의 성과도 더 좋아질 것이라고 생각합니다.

'고도화'란 ① 어떠한 외부 환경의 변화에도 흔들리지 않으면서, ② 같은 일을 하더라도 보상이 큰 고부가가치 일들을 수행하여, ③ 한때 반짝 하고 사라지는 성과가 아닌, 지속가능한 성과를 만들어가는 작업입니다.

첫 단계는 윗사람을 철저히 믿고 따르며 열심히 일하면서 많이 배우는 것입니다. 이는 모든 일의 기본이 되는 중요한 마음가짐입니다. 그러나 앞으로 여러분이 우리 회사의 주인으로서 더욱 힘써야 하는 것은 솔선해서 주도적으로 끌어가고, 창의적인 대안을 제시하는 것입니다. 이러한 변화를 '일하는 방식의 고도화'라고 합니다.

어려운 일이 있을 때 너도 나도 주도적으로 '제가 한번 해보겠습니다'라고 손을 들고, 단순히 불만을 표출하기보다는 '이렇게 하면 더 좋지 않을까?' 하는 건설적인 대안을 제시하는 모습이 일상화된다면 좋겠습니다.

일하는 방식의 마지막 단계는 열정입니다. 단순히 하루 8시간 근무를 채운다는 수동적인 마음가짐을 가진 사람들이 아닌, 후배들에게 물려줄 훌륭한 회사를 만들고 말겠다는 열정을 가진 사람들로 회사가 가득 차기를 간절히 바랍니다.

C . E . O . **Message**

무 많다고 지적한다. 기자는 경기장의 팩트와 상황을 전달하는 역할을 하면 되지만, 리더는 그보다 더 많은 고민을 해서 해결 방안을 찾아야 한다. 차 부회장은 리더가 제삼자나 방관자처럼 겉도는 사람이 되어서는 안 된다고 누차 강조한다.

미국 최고의 갑부였던 록펠러는 자식에게 돈을 줄 때 단 1달 러도 그냥 주지 않고 바닥 일부터 시키고 훈련했다고 한다. 자 식이 미워서가 아니라 사업을 제대로 이해시키고 교육하기 위 해서였을 것이다. 그의 자녀가 훈련받았듯이 리더들도 현장과 현실에 부딪쳐가며 사업을 파악해가야 한다는 이야기다.

차 부회장은 상대방에게 "요즘 업무가 어때요?"라고 물었을 때 답을 들어보면 몸으로 부딪치는 사람인지, 방관자인지를 금 세 알 수 있다고 말한다. 부하직원의 대답을 그대로 옮겨오기 만 하면 결코 개선점이 나올 수 없다. 평소 자신이 원하는 것을 늘 생각하고 얼마나 집중해서 열심히 했느냐에 따라 결과가 달 라진다.

직원들의 의견을 그대로 위에 보고하면 안 되는 것처럼, 차 부회장이 요구하는 것을 임직원들이 무조건 따르기만 해서도 안 된다. 지시를 받았을 때 수긍이 안 되면 자신의 의견을 말해 야 한다. 회사를 다니는 것은 사업을 배우는 일이고, 따라서 새 로운 사업을 할 때에는 야심을 갖고 해야 하는데 그러한 태도 가 부족하다고 안타까워한다.

사업은 힘든 일이다. 하지만 그만큼 엄청난 기회들도 많다.

"회사에서 내가 어떤 역할을 하면서 무엇을 배울 것인지를 고민하고 실력을 쌓아야 합니다. 하루하루 편하게 지내면서 승진하는 게 아니라, 월급 받으면서 내 사업을 배운다고 생각하면서 일하기 바랍니다."

이것이 차 부회장이 임직원에게 기대하는 바다.

## 문제가 생기면 리더가 먼저 뛴다

직접 물에 뛰어들어 수영을 가르친 사람과 물 밖에서 "이렇게 해! 저렇게 해!" 하며 말로 가르치는 사람에게 배운 수영은 다를 수밖에 없다. 실행하지 않는 리더는 리더가 아니다. 차 부회장은 리더들이 많이 뛰어다닐 것을 주문한다.

리더는 책임을 지는 사람이지만 책임지는 것만으로 끝나서는 안 된다. 책임지는 것은 기본이고, 사건사고가 생기더라도 데미지를 최소화해 구성원들이 아무 일이 없었던 것처럼 일할 수 있도록 만들어야 한다.

엘지생건의 샤프란은 섬유유연제 시장의 1등 제품이지만, 2012년 P&G가 한국시장에 들여온 다우니의 거센 공세에 애를 먹은 적이 있다. 일반 섬유유연제 일색이었던 시장에 다우니가 고농축 제품을 선보이면서 화제를 모은 것이다. 그뿐 아니라 다우니는 향도 오래가는 등 전반적인 품질이 뛰어났다.

엘지생건은 당연히 제품을 상향 개선해야 했다. 하지만 시간이 걸리는 일이었기에 당장 효과를 볼 수 있는 전략은 아니었다. 일반농축 샤프란으로 눈앞의 위기를 막을 전략이 필요했다. 엘지생건은 보유하고 있는 막강한 채널 장악력을 활용해 소비자들이 다우니로 넘어가지 않도록 판촉을 강화하였다. 행사 매대를 다우니에게 빼앗기지 않도록 행사점유율도 높였다.

도전장을 던진 다우니도 만만치 않게 마케팅 공세를 펼쳤다. TV광고, 판촉, 유통투자, 어카운트와의 계약비용 및 매대계약 조정 등을 엄청나게 진행했다. 공세가 거세질수록 차 부회장도 "우리 입장에서는 샤프란만의 문제가 아니다. P&G가 한 번의 성공을 이룬 후 다른 카테고리를 갖고 들어오지 않도록 여기서 무조건 막아야 한다"고 밀어붙였다.

차 부회장은 개별 브랜드의 사소하지만 구체적인 실행방안 하나하나를 모두 체크하면서 진두지휘했다. 결국 다우니는 엘지생건의 벽을 넘지 못했고, 그 사이 획기적으로 품질을 개선한 샤프란은 지금까지 1등을 유지하고 있다.


겉으로만 보면 엘지생건이 무난히 성장해온 것 같지만, 차 부회장이 엘지생건에 와서 위기를 헤쳐 나간 사례는 수도 없이 많다. 어려운 상황이 올 때마다 늘 먼저 고민하고 시장이 어려울 때는 대안을 만들어왔다.

잔잔한 파도는 좋은 사공을 만들지 못한다. 파도를 몇 번 겪어야 노하우와 리더십이 생긴다. 리더라면 태풍이 올 때 "태풍이 온다고 합니다"라는 보고로 끝내면 안 된다. 직원들이 어떻게 움직여야 하는지까지 생각하고 있어야 한다. 수습할 수 있는 대안을 만들고 용의주도하게 실행하는 것이 바로 리더의 역할이다.

이를 위해서는 평소 '어떻게 대처할 것인가'에 대한 생각의 트레이닝이 필요하다. 차 부회장은 "위기에 대응하는 과정에서 리더는 단단해지고 리더십을 갖게 된다"고 말한다. 여러 어려움을 의연하게 겪으며 위기대응 능력을 갖춰야 좋은 리더가 될 수 있다.

사람들은 박지성의 물집 잡힌 발을 보며 진정 어린 응원을 보낸다. 김연아가 딱딱한 얼음바닥에 엉덩방아를 찧었다가 다시 일어나 연습하는 동영상을 보며 감동한다. 사람들은 고통을 겪으며 성장하는 모습에 박수를 보낸다.

## 리더는 뚜렷하게 바라는 바가 있어야 한다

한 번은 차 부회장이 어느 임원에게 영업에 바라는 게 무엇인지 물었다. 그 임원은 마케터 출신이었는데, 그렇다고 해도 임원인 이상 전체적인 시야에서 조망할 수 있어야 하기 때문이다.

그가 대답을 얼른 못하고 머뭇거리자 차 부회장의 질책이 이어졌다. "리더는 목표에 대한 구체적인 바람이 있어야 합니다. 그게 없는 리더가 가장 답답한 사람"이라며, 그냥 알아서 잘해줬으면 좋겠다는 것처럼 바보 같은 리더는 없다고 일침을

놓았다.

리더는 조직의 구성원 및 관련 부서에 구체적인 바람을 갖고 있어야 하고, 그 결과에 대해서도 항상 의견이 있어야 하며 즉시 피드백을 해줘야 한다. 이것이 차 부회장이 말하는 리더의 책임이다. 리더가 구체적인 바람을 이야기하지도 않고, 직원이 일한 결과에 대해서도 피드백하지 않으면서 무조건 알아서 잘하기를 바라는 것은 리더로서 자신의 일에 태만한 것이다.

'구체적인 바람'이라고 해서 숫자나 매출 같은 것을 닦달하라는 의미는 아니다. 그보다는 원하는 바가 뚜렷해야 한다는 뜻이다. 말하자면 비전을 보이라는 것이다. 비전을 제시하고 요구하려면 리더가 항상 깨어 있어야 한다. 구성원들이 무슨 생각을 하는지, 요즘 시대는 어떤 변화가 있는지, 트렌드는 무엇인지에 대해 항상 깨어 있으라는 것이다.

반도체나 자동차 같은 장치산업도 하루가 다르게 변한다. 하물며 엘지생건의 사업은 더 긴박하게 변화한다. 어제 다르고 오늘 또 다르기 때문에 졸면 그야말로 죽을 수 있다. 차 부회장은 하루이틀은 큰 차이가 안 보일지 모르지만, 세상의 변화를 몇 번 놓치다 보면 결과에서는 큰 차이가 난다고 강조한다.

노니샴푸가 그러한 사례다. 최근 엘지생건에서 노니샴푸를 내놓은 적이 있었다. 그런데 몸에 좋은 성분이라고 알려진 노니에서 중금속이 검출됐다는 뉴스가 나오며 상황이 돌변했다. 차 부회장은 노니샴푸 사례를 들면서 "어제는 노니를 먹는 게 훌륭했지만, 오늘은 노니를 먹으면 안 되는 세상이다. 항상 변화를 주시하면서 계속 몸부림쳐야 하고, 움직이고, 확인해야 한다. 졸면 절대 안 된다. 우리 항상 깨어 있자"라고 강조한다.

## 좋은 리더는 좋은 선생님

'알리바바 마윈의 나이별 조언'이란 동영상이 유튜브에 있다. "서른 전에 중요한 건, 어느 회사를 다니는지가 아니라 어떤 상사를 만나느냐입니다. 좋은 상사는 가르치는 것도 다르니까요"라는 말이 나온다.

차 부회장도 처음 어떤 상사에게 일을 배웠는지가 그 사람의 앞날을 결정한다고 말하곤 한다. 바꾸어 말하면 사람을 키우는 리더의 책임이 그만큼 막중하다는 것이다.

많은 사람들이 고수를 꿈꾸며 바둑을 배우지만, 모두가 이창호 9단이나 이세돌 9단이 되는 것은 아니다. 고수가 되기 위해서는 타고난 재능도 있어야 하고, 좋은 스승도 만나야 하며, 바둑에만 집중할 수 있는 환경도 필요하다. 이러한 조건이 조성된 후에도 본인이 피나는 노력을 쏟아부어야 몇 년 만에 한두 명의 고수가 배출된다.

고수가 될 수 있는 역량을 갖춘 인재를 채용하고, 글로벌 시장에 있는 많은 고수들과 싸울 수 있도록 키워내는 것, 차 부회장이 강조하는 리더의 일이다.

## 혼낼 때도 멘토링하듯

"차 부회장이 많이 혼내시나요?" 이 책을 준비하면서 임원들을 인터뷰할 때 한 번씩 물었다.

"어우, 종종 깨지죠."

심지어 방금 야단맞고 왔다는 임원도 있었다. 그런데 어째 표정이 그렇게 불편해 보이지 않았다. 의아해서 물어보니 야단맞는 것 같지 않고, 뭔가 또 하나 배운 것 같다는 것이다.

차 부회장은 회사를 경영한다기보다 구성원들을 끊임없이 교육시키고 있다는 느낌을 준다.

차 부회장이 야단칠 때는 눈에서 레이저가 나오나 싶을 정도라고 한다. 하지만 혼만 내고 끝나는 경우는 없다. 이 상황이 왜 문제인지 항상 설명을 해준다. 혼낼 때에도 마치 멘토링하듯 한다.

한 번은 새로운 제품 컨셉을 보고하면서 '이 컨셉이 요즘 대세이고 좋아 보이니 샴푸와 연계시켜도 될 것 같다'고 했다. 그랬더니 차 부회장은 "겉으로 보기에는 좋을 수 있지만, 마케팅은 인지의 과학입니다. 컨셉을 인지시키려면 스토리 안의 브릿지, 즉 연결고리가 굉장히 강해야 하겠죠? 이 브릿지가 사람들의 인지 속에 있는 무언가를 건드려줘야 하는 겁니다. 지금 가져온 컨셉이 그 정도로 튼튼한 브릿지를 갖고 있나 다시 생각해봐야 할 것 같아요"라며 조목조목 문제점을 짚어주었다.

당사자에게만 잘못된 점을 일러주는 것이 아니다. 반면교사로 삼아야겠다고 생각하면 다른 부서 사람들까지 불러들인다. A사업부에서 안 좋은 일이 생겼을 때면 차 부회장은 B사업부장, C사업부장, D사업부장을 다 불러놓고 이야기한다. "A사업부에서 이런 일이 있는데, 이건 우리가 경계해야 할 일이죠." 질책이 목적이라면 굳이 다른 임원까지 부를 필요도 없다. 혼내는 것이 아니라 함께 배우자는 의도이고, 잘못된 경험조차 독점하지 않고 함께 배우고 경계하자는 것이다.

오전에 혼낸 임직원들은 오후에 부른다. 이 자리에서도 차 부회장은 혼낸 이유를 설명하는 게 아니라 '혼날 수밖에 없는 거였구나' 하고 스스로 깨달을 수 있도록 멘토링을 한다.

차 부회장은 말도 조근조근 한다. "앞으로 큰 사람이 되셔야 하잖아요? 지금 광고비를 2억 쓰신다고 가져오셨잖아요? 그런데 효율이 나려면 6억 정도의 매출이 추가되어야 하잖아요? 이것에 대한 확신이 있으려면 여러 번 해봐서 '내가 2억 넣으면 6억 나오겠구나' 하고 체화가 되어야 해요. 체화하려면 어떻게 해야 하냐면, 매 건마다 효율이 나올 수 있는지 고민을 계속해야만 하거든요. 그래서 내가 지금 트레이닝하면서 비용 효율을 따져보는 거예요." 마치 학교에서 선생님이 학생을 가르치듯이 한다.

배움의 기회는 회사를 다니면서 얻을 수 있는 가장 큰 자산이다. 현장에서 몸으로 부딪치고 좌절해가며 얻은 배움은 근육에 새겨져 잊히지 않는다. 차 부회장은 지적하고 혼낼 때에도 '사업에는 굴곡이 있지만, 노력한 사람은 언젠가는 밝혀진다'는 격려를 잊지 않는다. 거꾸로 힘든 과정을 겪지 않고 운이 좋아서 성공한 사람들은 반드시 무너질 수밖에 없다는 뜻이다.

지금 당장은 힘들더라도 이것을 학습의 기회, 배움의 기회라고 생각하면 언젠가는 회사에 도움이 된다. 만약 회사에 도움도 안 되고 빛을 못 보더라도 괜찮다. 인생은 길기 때문에 이 회사를 떠난 후에도 결국은 본인에게 도움이 된다.

## 모든 고민에 빠짐없이 답한다

차 부회장은 실무진이 힘들게 일하는 것에 대해서는 빈말로라도 격려하지 않는 편이다. 대신 고민스러운 지점은 빨리 해결될 수 있도록 도와주려고 노력한다. '이런 게 고민이고 이런 게 해결되지 않고 있습니다'라고 하면, 함께 상의하고 협력부서에 직접 전화해서 조율하고 끝낸다.

더 깊은 고민도 마찬가지다. 직원들이 업무나 조직에 대한 고민을 말하면 즉시 해결해주려고 하고, 바로 해결하지 못하면 다음 날 아침에라도 당사자에게 전화를 한다. 직원의 고민을 집에서까지 생각하는 것 같다고들 이야기한다. 그리고 아침에 전화해서 "이렇게 해보면 어떨까요?" 하고 제안한다.

직원들이 사소한 보고를 해도, 한 번도 사소하다고 말하지 않고 매사에 빠짐없이 의견을 낸다. 사소한 컬러, 사소한 컨셉 문안, 사소한 제품 뒷면 컨셉 등도 다 의견을 듣는다. 너무 사소한 것까지 물어보면 누구나 짜증이 날 법하다. 하지만 차 부회장은 '왜 그런 것까지 물어봐요?'라고 하지 않는다. 그보다는 '이 사람이 이걸 왜 고민했나'를 생각하면서 의견을 낸다.

보고를 받을 때도 보고서를 들여다보면서 듣지 않는다. 담당자와 눈을 맞춰가며 집중해서 듣고, 설명한다. 대화에 방해가 된다고 생각하면 상대방이 수첩에 메모도 못하게 한다.

차 부회장은 새내기 직원들에게도 항상 멘토링을 해주려고 하고, "내가 이걸 결정한 이유는 이거예요"라고 설명한다. 멘토링을 할 때도 목적을 설명해주고, 첫째는 이것, 둘째는 이것, 셋째는 이것 하는 식으로 요약을 빼놓지 않는다. 아무리 좋은 이야기라도 듣고 나오면 '뭘 하라는 거야' 하며 헷갈릴 수 있기 때문이다. 이를 방지하기 위해 디렉션direction을 명확하게 주고 목적을 설명해 납득하게 하는 것이다.

### 의사결정의 과정을 학습시킨다

이쯤에서 의문이 생긴다. 리더가 이렇게 디테일한 면까지 세세하게 체크하고 의사결정을 해주면 조직의 창의성이나 자율성이 떨어지는 것 아닐까?

그러나 의사결정의 상당수는 처음부터 윗선에서 답을 정해놓고 시작하는 것이 아니라 사업부에서 시작된 아이디어를 확정하는 것이다. 실무자의 의견이 반영된 최종안이 올라가는 것이기 때문에 조직의 창의성을 해치는 것이라기보다는 함께 고민하는 과정으로 이해하는 것이 맞을 것이다.

실무자들 입장에서는 여러 대안 가운데 어떤 것을 택해야 할지 모를 때, 차 부회장으로부터 의사결정의 기준을 학습하는 과정이기도 하다. 이 훈련을 오래 거칠수록 CEO와 동일한 기준으로 의사결정을 할 수 있게 된다. 이것이 차 부회장이 기대하는 바이기도 하다. 조직의 구성원이라면 누구나 직급에 관계없이 같은 원칙에 따라 의사결정하는 체계가 확립되기를 바라는 것이다.

이런 과정이 10년 넘게 반복되면서 양자택일하는 사안뿐 아니라 디자인이나 가격 등 '정답이 없는' 까다로운 의사결정도 빨라지고 있다. 실무단에서 '우리 회사의 디자인 방향은 이런 쪽이다'라는 기준이 잡혀 있어서 차 부회장이 일일이 방향을 조정하고 수정해서 다시 컨펌하는 과정이 줄어든 덕분이다.

가격 책정에 대해서도 과거에는 차 부회장이 제품 원가가 얼마이고 영업이익 목표가 얼마인지, 경쟁사 대비 어느 정도인지 자세하게 체크했다. 그러나 지금은 사업부에서 이 제품의 영업이익 목표가 얼마이고 소비자들이 어느 가격대까지 받아들일 수 있는지에 대한 기준을 가지고 세팅하기 때문에 의사결정이 간결해졌다. 질문과 피드백을 통한 학습효과다.

## 공감적 표현으로 지혜를 전달한다

많은 이들이 엘지생건의 'CEO 리스크'를 염려한다. 차 부회장이 온 뒤로 놀라운 성장세를 이어갔다는 것은, 거꾸로 차 부회장이 물러나면 그만큼 회사가 어려워질 것이라는 예상을 가능케 한다. 모든 의사결정이 차 부회장에게로 집중되고 조직차원의 의존도도 높은 편이므로 충분히 있을 수 있는 우려다. 차 부회장은 '포스트 차석용'을 어떻게 대비하고 있을까?

최근 차 부회장은 리더들의 변화와 성장에 많은 에너지를 쏟는다. MD나 사업부장들이 사업을 깊이 있게 볼 수 있도록 다양한 역량을 키워내고자 의도적으로 노력한다. 신년 인사이동을 많이 하는 편인데, 음료 사업부장과 럭셔리 화장품 사업부장처럼 전혀 다른 분야의 헤드를 맞바꾸기도 한다.

전적으로 육성의 의미다. 언젠가 CEO가 될 사람들이므로 다방면의 경험이 필요하다고 생각한 것이다. 그렇다면 리스크가 있지 않을까. 차 부회장에게서 직접 들은 답은 이렇다. "제가 있잖아요. 제가 서포트할 것이니 그렇게 하죠. 그런데 다른 분야에 가서도 잘들 합니다." 후계자를 잘 키우는 것도 리더의 덕목인 것이다.

차 부회장은 리더들을 다그치기보다는 스스로 고개를 끄덕이며 공감할 수 있는 메시지로 변화하게 하는 방식을 택한다. 조직문화 부문장이 차 부회장의 메시지를 전달해주거나, 차 부회장이 직접 작성한 'CEO 메시지'를 회사 이곳저곳에 붙여놓고 직원들이 보게 하는 것도 이러한 노력의 일환이다.

이 책에도 일부 소개된 'CEO 메시지'에는 좋은 이야기들이 많다. 하지만 성경이든 불경이든 듣는 데서 그치지 않고 개인이 실제로 실행해야만 의미가 있다. 구성원들은 그 글들을 읽으면서 '회사를 위해 열심히 해라'보다 '이 글은 개인적으로도 정말 도움이 되는 이야기다'라는 느낌이 든다고 말한다. 읽다 보면 '회사 일에 이렇게 적용하면 되겠구나', '이런 건 나에게 도움이 되겠구나' 하고 자연스럽게 와 닿는 것이다.

차 부회장은 CEO 메시지뿐 아니라 직원들에게 이야기할 때에도 공감할 수 있는 표현을 많이 쓴다. 특히 분기마다 컴퍼니 미팅을 할 때면 맨 마지막 혹은 맨 처음에 공감할 수 있는 말을 꼭 더한다. 정보나 지식조차 상대를 공감하게 하는 것이 중요하다는 것을 알기 때문이다.

## 질문으로 성장하게 한다

차 부회장은 리더들에게 "품의를 대충 결재하지 말라"고 누누이 말한다. 직원들이 노력해서 올린 품의인데, 건성으로 보지 말고 섬세하게 살핀 후에 잘못된 건 짚어내고 가르칠 건 가르치라는 것이다.

차 부회장 역시 보고를 받으면 세세한 부분까지 체크하며 "이 부분은 어때요? 이 사이드에서는 생각해봤나요?"라는 질문을 한다. 보고한 사람 입장에서는 생각 못한 질문을 받게 되니 "더 생각해보고 오겠습니다"라며 다시 고민하게 된다. 그러면 "이러저러한 측면을 다시 고려해서 가져오세요"라고 자연스럽게 가르치는 것이 차 부회장이 직원을 대하는 스타일이다.

인터뷰에 임한 임원들은 차 부회장이 질문을 굉장히 잘한다고 입을 모았다. 게다가 재무부터 M&A, 마케팅, 기업경영 등 밸류체인에 대한 이해가 워낙 뛰어나기에, 깊이 있고 디테일한 질문들은 사업부장들이 감당하기 어려울 때도 많다고 말한다. 하지만 대개는 일일이 지적하기보다는 이슈에 따라 중요한 부분이 달라지기에 미처 체크하지 못한 것들을 짚어주는 식이다.

또 하나는 무조건 '해와! 해와!' 하고 다그치면 안 된다며 리더의 가르침을 강조하는 것이다.

차 부회장은 "내가 공부를 잘했다고 모든 사람이 공부를 잘할 수는 없지 않습니까. 그러면 공부를 잘해서 성과를 내기 위한 방법을 리더들이 직원들에게 체화시켜야 하는데, 많은 경우 무조건 직원들을 쪼기만 합니다. 직원들은 열심히 한다고 생각했지만, 정말 제대로 한 건지 본인은 모를 수 있습니다. 하루 8시간 동안 뭘 해야 하는지에 대해 묻고 대화하며 명확한 가이드를 줘야 하는데 윗사람들이 그렇게 하지 못하고 있는 경우가 많습니다"라고 말한다.

### 자기 사업처럼 생각하게끔 훈련한다

가끔은 중소기업의 대표가 나에게 경영을 도와줄 사람을 소개해달라는 부탁을 한다. 그래서 대기업에서 갓 퇴직한 유능한 임원을 소개하곤 했는데, 접목에 성공한 경우는 거의 못 봤다. 왜 그럴까 곰곰이 생각해보니 그들은 잘 갖춰진 시스템 하에서 자신이 맡은 일을 아주 잘하는 사람들이었다. 중소기업에서는 자기가 돗자리를 깔아가며 일해야 하는데 말이다.

구멍가게라도 주인은 큰 그림을 가지고 운영한다. 차 부회장은 임원들도 그런 주인의식을 가지고 일할 것을 주문한다. 일컬어 '사업가 정신이 충만한 조직'이라고 하는데, 그러려면 끊임없이 질문을 던지고 다각도로 고민하여 답을 낼 줄 알아야 한다는 것이다.

보통, 기업에서는 관리자가 그야말로 관리만 하는 경우도 많다. 하지만 차 부회장은 관리자(manager)가 아니라 사업가(entrepreneur)를 원한다. 업무를 잘 관리하는 관리자가 아니라, 사업가 마인드를 가지고 실체를 들여다보며 내 사업처럼 할 수 있는 사람을 높게 평가한다.

반면 내 사업처럼 하지 않는 것, 사업가적인 관점을 생각하지 않고 보여주기식 쇼만 하는 것을 굉장히 싫어한다. 자기 사업이라면 그렇게 하겠냐는 것이다. "자기 사업처럼 해야 합니다", "나중에 큰 사람이 돼야 하잖아요"가 그가 흔히 쓰는 표현이다.

자기 사업처럼 하면 회사에서 이 비용을 썼을 때 그만큼 효과가 나오는지를 판단할 것이다. 항상 비용 효율화를 염두에 두고 부자재 폐기하는 것도 아까워하게 된다. 보통 사업부장들은 부자재 폐기 품의서가 올라오면 하나하나 살피지 않고 바로 결재하는데, 차 부회장은 '혹시 다시 쓸 수 있는 건 없나' 하고 자세히 들여다본다고 한다. 그렇게 많은 의사결정을 하고, 많은 일에 관여하면서도 자재 폐기까지 다 확인하는 것이다. 근검절약, 회사 비용 절약을 중요시하기 때문이다.

하지만 단시간 내에 그런 능력을 키울 수는 없으므로 직원들을 계속 트레이닝한다. 실제로 해봐야 '이 정도 비용을 넣으면 이 정도 아웃풋이 나오는구나'를 학습할 수 있기 때문이다. 차 부회장은 이것이 몸에 밸 때까지 계속 트레이닝시키고, 계속 알려준다. 훈련해서 자기 사업처럼 일하는 버릇을 들이도록 하는 것이다.

패스트 팔로워(fast follower, 빠른 추격기업)였을 때는 가야 할 방향이 확실하므로 관리형 인재가 많이 필요했다면, 시장을 선도하는 리더로서 방향설정 능력이 요구될 때는 사업가형 인재들이 더 필요하다. 1등이 되려면 회사 내에 진정한 의미의 '사업가'가 많아져야 한다.


## 레거시를 남기는 리더

엘지생건을 조사하고 인터뷰하면서 받은 전체적인 느낌은 일단 '일하는 태도가 전문가 조직'이라는 것이다. 조직 전체적으로 맡은 일을 매우 잘해야 한다는 데 초점이 단단히 잡혀 있는 회사다.

동시에 지금 잘하고 있다는 자부심도 적잖이 읽힌다. 어느 조직이나 그렇든 엘지생건에서도 조직에 대한 불만이 없을 수는 없겠지만, 그러면서도 조직에 대한 자부심이 있다. 그런데 이것이 단순히 일하는 방식에 대한 자부심이나 성과에 대한 자부심만은 아니다.

이들의 독특한 자부심을 설명해주는 단어가 바로 '레거시 legacy'로, 말 그대로 물려받는 유산이나 족적을 말한다. 엘지생건은 자주 100년 후, 200년 후를 말한다. 지금 자신이 하는 일이 100년 후 200년 후에도 물려줄 수 있는 것이어야 한다는 의식이다. 이집트의 피라미드를 만들 당시 굉장히 힘들고 어려웠고 엄청난 희생도 따랐겠지만, 덕분에 인류는 소중한 문화유산을 얻었다. 말하자면 이런 레거시를 만들어야 한다는 것이다.

나쁜 레거시를 만들면 오히려 미래를 망칠 수도 있다. 지속가능하기 위해서는 지금의 성과뿐 아니라 지금의 문화가 후배들에게 전달되어야 하고, 또 물려줄 만한 것이어야 한다. 차 부회장이 지속가능성을 염두에 두면서 숱하게 하는 고민이 이것이다.

이를 위해 차 부회장은 리더의 덕목을 특히 강조한다. 전문가적 역량 못지않게 그가 강조하는 것은 다름 아닌 따뜻함과 치열함이다. 서로 상반되는 개념 같지만, 손바닥의 앞뒤와 같은 말이다.

어떠한 상황을 볼 때 권리로 보는 관점과 의무로 보는 관점이 있다. 만약 어떤 고을의 사또가 '사또로서 대접을 받아야겠다'고 생각한다면 그것은 권리적 관점이다. 반면 '내가 이 고을을 위해 무엇을 할 것인가? 고을 사람들에게 부족한 것을 채워주고 억울함을 해결해주어야겠다'고 생각한다면 그것은 의무적 관점이다. 이 두 가지 관점에 따라 모든 상황은 180도 바뀔 수 있다.

차 부회장은 회사도 마찬가지라고 말한다. 리더들이 직원들에게 대접받겠다는 생각을 버리고 오히려 '우리 직원들을 위해 내가 무엇을 해야 하는가', '그들이 억울한 일을 당하지 않도록 무엇을 해야 하는가', '그들이 일하는 데 불편한 것은 없는가'를 당연한 의무로 여겨 먼저 살펴야 한다는 것이다.

이를 위해서라도 리더는 항상 깨어 있어야 하고, 항상 불안한 마음을 품어야 한다. 그는 '오늘 하루 편안하게 보냈네'라고 생각하는 날은 무언가 잘못된 날이라고 말한다. 리더가 편안하다는 것은 깨어 있지 않다는 것인데, 가족을 지키는 부모처럼 리더가 직원들을 항상 생각하면서 깨어 있지 않으면 불행이 스며든다는 것이다.

"리더가 늘 깨어 있으면서 무엇이 문제인지 관찰하고 찾으며 고쳐나간다면 자연히 경쟁사보다 좋아질 수밖에 없습니다."

어찌 보면 경쟁을 잘하는 방법은 단순하다. 매일 열심히 치열하게 하면 된다. 차 부회장은 리더들에게 마음의 치열함을 키우라고 주문한다.

"마음속에 치열함을 키웁시다. 치열함이란 내가 추구하고자 하는 것들에 대해 남들보다 더 많은 열정과 사명감을 갖는 것입니다. 황수관 박사의 말씀에 따르면 전쟁이 났을 때 아버지는 '도망가자, 따라와'라고 말만 하지만, 어머니는 자식들은 물론 생활에 필요한 도구까지 챙긴다고 합니다. 이런 어머니의 자세로 우리 삶의 터전인 직장은 물론, 향후 우리 회사에 들어와서 꿈을 펼칠 신입사원과 기존 사원들이 잘되도록 보호하고 육성하는 데 사명감을 갖고 매 순간 노력합시다."

거대한 변화의 소용돌이 앞에서 외부적인 요인은 컨트롤할 수 없다. 그러나 내부적으로 할 수 있는 것을 꾸준히 해나가는 것, 그것이 깨어 있는 리더의 일이다. 개인으로서는 피곤한 삶이다. 어느 임원의 표현대로라면 "선비정신을 실천하는" 삶이다. 선비정신에서 가장 중요한 건 솔선수범이고, 남에게는 관대할지언정 자신에게는 엄격해야 한다. 또한 모든 게 원칙을 벗어나지 않아야 한다. 차 부회장을 비롯, 레거시를 남기려는 리더들은 그렇게 살고 있다는 것이다.

## 유산비용

제가 1970년대 미국에서 공부할 때 결코 무너지지 않을 것으로 여겨지던 회사가 IBM과 GM이었습니다.

하지만 IBM은 그 당시 시장을 지배했던 컴퓨터 사업을 현재는 완전히 접었고, GM은 2010년 부도가 났습니다. 100년 동안 변하지 않았던 유가와 성공에 안주했던 GM은 고유가로 인한 소형차 유행 트렌드에 적응하지 못하고 일본과 유럽 차와의 경쟁에서 완패하게 됩니다.

GM이 회복하지 못하는 가장 큰 이유는 지불해야 하는 유산비용(Legacy Cost)이 너무 막대했기 때문입니다.

비용에도 유산이 있습니다. GM은 잘나갈 때 성공에 안주한 나머지, 퇴직자에게 죽을 때까지 월 급여의 99%를 물가변동률을 반영하여 지급하고 임직원의 가족보험까지 모두 보장했습니다. 그때와 비교해 직원 규모가 30분의 1로 줄어든 상황임에도, 직원들에게 나가는 급여보다 퇴직자에게 나가는 비용이 6배나 많다고 합니다.

여기서 우리가 배울 것이 있습니다. 성공에 안주하면 반드시 큰 위기를 맞게 되고, 큰 위기는 우리가 초래하는 것이 아니라 외부에서 오기 때문에 유산비용을 최소화해야 한다는 것입니다. 우리가 우리 회사를 100년간 책임지고 이끌 수는 없습니다. 우리의 결정 때문에 후배들이 도저히 회사를 회복시킬 수 없는 상황이 벌어지지 않아야 합니다. 유산비용을 최소한도로 만드는 것이 우리의 의무입니다.

C.E.O. Message

조직문화 개선과 정도경영

7장

과하도록 바른 길로 간다

차 부회장은 '고정비를 줄이라'는 말을 자주 한다. 여기서 말하는 고정비는 두 가지 맥락이다. 우선 사업상 발생하는 실제 고정비를 의미한다. 불필요한 인원이 투입되거나 매몰비용이 발생하는 등 고정비가 높다는 것은 효율이 떨어지는 구조라는 의미이니 그것을 없애자는 것이다.

두 번째는 조직문화적인 고정비를 없애라는 것이다. 관습적으로 하는 허례허식 같은 것들도 일종의 고정비다. 그 자신이 뭔가를 꾸며서 하는 것을 워낙 싫어해 의전도 일절 못하게 한다.

회의 자리도 미리 세팅하지 않고 들어오는 순서대로 앉고, 하다못해 이메일에 인사말 쓰는 것도 불필요한 일종의 고정비라 생각해 쓰지 않도록 한다. 그런 것들 없이 실용주의로 가는 것이 고정비를 줄이라는 의미 아닐까. 실제로 '술, 담배, 골프, 회식, 의전' 없는 차 부회장의 5무無 경영은 언론을 통해서도 널리 알려진 바다.

## 정도경영의 체화

LG는 한국 기업 중에서도 정도경영에 철저한 것으로 정평이 나 있다. LG는 그룹 차원에서 정도경영에 대한 원칙을 담은 책자를 만들어 전 계열사가 공유한다. 일하느라 바쁘다 보면 책자만 만들어놓고 뒤로 미뤄두기도 하겠지만, 요새는 그룹 차원의 관리가 강화되어서 인화원에서 입사 교육받을 때 정도경영 교육을 반드시 이수하게 되어 있다.

입사하면 사원계약할 때 정도경영 실천 서약을 똑같이 한다. 윤리 규범을 준수하겠다, 윤리 규범에 어긋난 행동을 했을 때에는 어떤 처분도 달게 받겠다는 게 주된 내용이다. 그다음에도 진급할 때마다 어떤 교육과정이든 정도경영은 반드시 배워야 한다.

차 부회장에게는 LG의 이런 가치관이 도움이 된다. P&G에서 익힌 윤리경영의 글로벌 스탠더드를 구성원들에게 이야기하기가 한결 쉬웠을 테니 말이다. 이미 정착된 정도경영이라는 정신을 엘지생건에 어떻게 잘 구현할 것인가 하는 부분에서 본인의 생각을 접목할 수 있고, 실행에 철저히 집중할 수 있으니 그의 실용주의 마인드에도 부합한다.

그래서인지 엘지생건의 정도경영은 유별나다. 정도경영에 걸림돌이 된다고 생각되면 매출목표도 없앨 정도다.

## 호칭에서부터 마음가짐이 달라진다

정도경영을 체화시켜 나가는 데에는 교육이 큰 역할을 한다. 엘지생건은 국내외 임직원 전원을 대상으로 매년 1회씩 오프라인 교육을 실시한다. 명칭은 '전사원 일등 품격 교육', 말 그대로 LG생활건강인으로서 지켜야 할 조직문화에 대해 교육하는 것이다.

상호존중과 배려의 문화를 지키기 위해 명칭 하나도 조심한다. 상사가 직원을 부를 때는 '김 대리', '이 파트장' 하고 부르는 것이 일반적이다. 그런데 엘지생건에서는 부회장조차 "김 대리님", "이 파트장님 계시면 와보시라 그래요"라고 호칭한다. 기존 관습에 익숙한 사람들은 부하직원에게 경어체 쓰는 습관을 익히느라 상당히 애를 먹는다. 처음에는 가식적이라 느껴질 정도다.

이런 문화에서 부하직원에게 욕설을 하거나 신체적으로 터치했을 때 관용을 베풀 리 없다. 직장 내 갑질이나 협력회사에 대한 갑질, 성희롱 등에 대해서는 일벌백계라 할 만큼 한 치의 양보도 없다. 의도된 것이든 실수든 개인의 특질이든 따지지 않는다.

교육을 하는 것은 잘못된 관행이나 유혹이 있더라도 휩쓸리지 않고 멀리하도록 예방한다는 차원이다. 그럼에도 잘못된 행동을 했을 경우에는 당사자가 누구냐에 따라 다른 잣대를 두거나 상황논리를 고려하지 않고 예외 없이 동일한 수준으로 징계

한다. 성과가 아무리 좋더라도 말이다.

"자칫 잘못하면 경영하는 분들은 '아, 이 사람은 일 잘하던 팀장인데 이만 한 일 갖고 야단인가. 조금 징계하는 척만 하고 계속 쓰자', 이런 유혹에 많이 빠질 수 있거든요. 그런데 부회장님은 절대 안 그렇습니다. 일 잘하고 못 하고는 관계없습니다. 직장 내 성희롱, 갑질 이런 것에 매우 단호하십니다."

엘지생건의 정도경영 부문을 담당해온 임원의 말이다. 더 중요한 것은 이러한 원칙을 전 구성원이 다 알고 있다는 사실이다.

이렇게 교육을 많이 하니 이제는 의도를 가지고 잘못된 행동을 하는 경우는 거의 없다. 대부분 의도나 실수라기보다는 순간적으로 어려운 상황을 모면하기 위해 하는 경우다. 성과는 내야 하는데 당장 성과가 안 나면 그런 척이라도 해야 할 것 같아서 유혹에 빠지는 것이다. 물론 그렇더라도 조직에서는 결코 용납하지 않는다.

## 술 한잔 정서도 삼가게 하라

차 부회장의 정도경영이 남다른 비결은 주저 없이 실행한다는 데 있다. 특기할 것은, 정도경영을 실행하면서 성과를 낸다는 것이다.

한국 정서에서 영업이나 관계를 생각하면 칼같이 선을 지키는 게 쉽지는 않다. 밥을 한 끼 먹을 때도 있고, 그러다 보면 술도 한잔하기가 예사인데 너무 선을 그으면 한국 정서에서 벗어나는 것은 아닐까.

더욱이 엘지생건은 '을'인 경우가 많다. 유통에 대해서도 그렇고 금융에 대해서도 그렇고 정부기관에 대해서도 그렇다. 대형마트에 납품해야 할 경우 접대비를 어떻게 할 것이냐는 여전히 고민거리다. 이런 관행들을 어떻게 고쳐나갔을까?

필요하면 식사하면서 분위기를 좋게 해야 하는 것이 현실이므로 아예 접대비를 없애기는 어렵고, 지나치게는 하지 말라는 정도로 이야기한다. 서로의 선을 넘지는 말라는 것이다. 상대방의 조직에도 진단 시스템이 있을 텐데 아무리 좋은 뜻으로 접대해도 그 회사의 규정에 위배돼 상대방이 다치면 접대한 게 오히려 화가 되지 않겠나. 그 선을 항상 상대방에게 확인해보고 행동하라고 교육한다.

특히 '김영란법'이 생기면서 더 조심한다. 그럼에도 접대를 요구하면 정도경영 부문장 핑계를 대라고 말한다. "회사의 정도경영이 엄격해서 감사받으면 제가 잘리니 봐주십시오"라고 하라는 것이다. 얼핏 보면, '유도리'라는 영업의 유연성을 다 끊어버리는 것 같다.

그러나 10년 넘게 개선해보니 '유도리'의 결과가 나중에는 좋지 않다는 것을 이제는 구성원들도 인지하고 받아들이고 있다. 단기적으로 재주를 부려서 좋게 보이게 할 수는 있지만, 2~3년 안에 반드시 폐단이 드러난다. 영업현장에서도 잔뜩 밀어내서 매장의 재고를 늘려놓고 1~2년은 갈 수도 있지만 결국

## 디드로 효과

프랑스 계몽주의 사상가 드니 디드로가 한 번은 친구에게 고급스러운 실내 가운을 선물받았습니다. 디드로가 이 가운을 입은 이후 그의 서재에 변화가 생겼습니다. 그동안 문제없어 보였던 자신의 낡은 서재 가구들이 고급스러운 실내 가운과 대비돼 책상부터 의자, 벽걸이, 벽장 등 모든 가구를 바꾸게 된 것입니다.

한 가지 물건을 구입하면 다른 물건들도 그것과 어울리는 것으로 교체하게 되는 현상을 경제학에서는 '디드로 효과'라 합니다.

우리 회사에서도 디드로 효과를 찾아볼 수 있습니다. 협력회사와 선물을 주고받던 오랜 관행이 개선되자 업무담당자는 매 순간 원칙과 기준을 명확히 할 수 있게 되었고, 협력사들에게는 더욱 신뢰할 수 있는 회사가 되었습니다. 이러한 변화는 궁극적으로 더 좋은 품질이라는 결실을 낳았습니다.

조직 내 오래전부터 이어져오던 잘못된 행동이 관행이라는 이름으로 지속되는 경우가 있습니다. 관행이 뿌리박힌 구성원들은 그것의 옳고 그름을 구분하기보다는 그동안 해왔기 때문에 당연한 것으로 인식하고 개선의 노력을 하지 않게 됩니다.

쓰레기가 쌓이는 장소에 꽃 한 송이를 심자 주변이 꽃밭이 되어 그 자리가 깨끗하게 변하는 것처럼, 조직 내 누군가의 올바른 행동 하나가 조직 전체에 디드로 효과로 나타나 우리 회사 전체가 항상 바른 방향으로 변해갈 수 있도록 합시다.

C.E.O. Message

에는 다 엉망이 될 뿐이라는 것을 담당자들이 잘 안다. 물론 영업혁신에는 끝이 없기 때문에 지금 시스템도 완벽할 수는 없고, 그래서 계속 새로운 시도를 하며 개선하고 있다.

## 편법의 유혹

누구나 정도경영을 말하고, 특히 사회적으로도 정도경영이 기업의 평판을 좌우하게 되면서 정도경영의 중요성은 더 커지고 있다. 그런데 한편으로는 의아하다. 왜 이렇게 정도경영이 힘들까? 관련 교육도 하고 캠페인도 하는데, 그만큼 힘드니까 자꾸 강조하는 것 아닐까. 정도경영이 어려운 이유가 단순히 성과에 대한 압박 때문일까?

### 은연중에 편법을 쓰게 된다

"저녁 한번 하시죠." "술 한잔 하시죠." "골프 한번 치시죠."

우리는 사회생활을 하면서 이런 말을 종종 듣고, 많은 경우 별생각 없이 받아들이기도 한다. 하지만 이렇게 가볍게 받아들이는 만남들이 나중에는 어려운 부탁으로 돌아오는 경우가 많다. 이렇게 돌아오는 부탁은 대개 규정대로 해서는 들어줄 수 없는 것들이기 때문에, 부탁을 들어주기 위해서는 정도경영을 벗어나는 업무처리 방식을 택하게 된다.

정보 교환도 마찬가지다. 어떤 정보를 받으려면 통상 그에 상응하는 정보를 줘야 한다. 주변에 경쟁업체의 최근 매출이 얼마인지, 요즘 중국사업 현황은 어떤지 쏙쏙 잘 알아오는 사람이 있다면 그 재주를 칭찬할 것이 아니라 그런 정보를 얻어내기 위해 우리 회사의 기밀이 경쟁사에 넘어간 것은 아닐지 걱정해야 한다.

과거 우리나라 기업인들 중에는 정부 관료와 비공식적인 관계를 통해 사업을 따내 큰돈을 번 사람들이 많다. 당시만 하더라도 이런 인적관계와 사업수완을 부러워하는 사회 분위기가 지배적이었지만, 지금 와서 보면 이런 방식으로 부를 축적한 대부분의 기업인들이 좋지 않은 결말을 맞이한 것을 알 수 있다. 정정당당하지 않은 사업방식은 그 자체가 지속가능하지 않을뿐더러, 나아가 회사 전체를 무너뜨릴 수 있기 때문에 큰 문제가 된다.

'공짜 점심은 없다'라는 미국 속담이 있다. 깊은 생각 없이 받아들인 한 번의 저녁, 한 번의 술, 한 번의 골프… 시간이 지나면 이는 모두 덫이 되어 돌아온다. 물론 술, 식사, 골프와 같은 자리를 아예 가지지 말라는 것은 아니다. 이런 좋은 시간은 가까운 가족, 친구들과 함께하면 된다. 이해관계에 있는 사람들을 대할 때는 원칙과 정도에 어긋남이 없는지 항상 되돌아보는 마음가짐이 필요하다.

## 부탁의 부메랑

제가 회사생활을 하면서 반드시 실천하고자 하는 것 중 하나가 '외부 사람들에게 무리한 부탁을 하지 말자'입니다. 세상은 굉장히 공평해서 나의 부탁을 들어준 사람은 나중에 반드시 나에게 어려운 부탁을 하기 때문입니다.

주변에 보면 넓은 대인관계를 이용해서 안 될 일도 되게 만드는 재주꾼들이 계십니다. 얼핏 능력 있고 멋있어 보일 수 있지만, 사실은 그렇지 않습니다. 대개의 경우, 재주꾼들도 부탁을 받게 되는데 이런 부탁은 회사의 정책과 반하는 것이 많아 공식적인 업무처리 방식을 따를 수 없습니다. 이러한 음성적인 부탁이 오가다 보면, 결국 정도경영에 반하는 일을 하게 되어 좋지 않은 결말을 맞게 될 수 있습니다.

그래서 처음 일을 배울 때부터 문제의 소지가 있는 부탁을 하지 않으면서 자신의 업무를 수행할 수 있는 자생력을 키우는 것이 중요합니다. 한번 신세를 지게 되면, 다음번에 부탁을 받았을 때 거절할 명분을 찾기가 쉽지 않기 때문입니다.

부탁이란 게 나중에 꼭 반대 요청이 있을 수 있다는 사실을 명심하시고, 어렵더라도 자생력을 키우는 노력을 지속해주시기를 부탁드립니다.

C.E.O. **Message**

## 부정은 막을 수 있다

부정이나 비리 등 잘못된 행동을 하는 이유는 크게 3단계로 나누어볼 수 있다.

처음에는 '동기요인'에서 유발된다. 당장 내가 돈이 필요하다, 아이가 아프다, 집을 옮겨야 한다, 이달 매출을 해야 한다 등이 모두 동기가 될 것이다.

두 번째는 그걸 할 '기회'가 있어야 한다. 돈이 필요하지만 돈을 만질 수 없는 자리라면 기회가 없으니 부정이나 비리가 일어나기 어렵다. 돈이 필요한데 돈을 만지는 자리에 있으면 기회가 생긴 것이다. 이 단계에서 부정, 비리가 싹튼다.

부정이나 비리가 더 커지고 고착화되는 데에는 '합리화'라는 과정이 있다. '내가 이 회사에서 10년, 20년 동안 고생했는데 이 정도는 해도 되는 거 아니야?', '남들도 다 하는데 이 정도면 괜찮은 거 아니야?' 이런 생각이 들면 3단계까지 온 것이다.

이 중 어느 단계에서 끊어주어야 할까? '동기요인'에 대해서는 회사가 일일이 컨트롤하기 어려울뿐더러 동기는 모두가 다 갖고 있다고 보는 게 맞을 듯하다. 100명이 있으면 100개의 동기가 있다. 누구는 실적에 상당히 압박을 느끼는가 하면, 개인적 이유로 돈이 필요한 사람도 있다. 대접받지 못하면 욱하는 성격이 갑질로 나타날 수도 있다. 인간인 이상 이 본능을 아예 없앨 수는 없을 테고, 한 사회가 성숙하면서 제어되는 것 같기는 하다.

그런 반면 '기회요인'은 회사가 컨트롤할 수 있다. 순환근무를 시킨다든지, 조직 간에 좀 더 촘촘하게 서로를 견제하게 한다든지, 직원들이 액션을 취했을 때 크로스 체크할 수 있는 시스템이 있다면 부정을 저지를 기회가 줄고, 기회가 있더라도 실행 가능성을 낮출 수 있다. 많은 회사가 신경 쓰는 지점이 이것이다. 경영학의 조직론으로 보면 통제의 관점에서 제도를 강화하는 것이다. 엘지생건에서도 그런 기회를 어떻게 억제할 것인지 계속 고민한다.

'합리화' 단계에 들어선 직원에게는 사후조치가 중요하다. 모종의 동기도 있고 기회도 있어서 액션을 취했을 때 회사가 얼마나 잘 찾아낼 것인가다. 한 번 했는데 안 걸리면 부정과 비리는 자꾸 커지게 마련이다.

엘지생건의 정도경영 부문에는 윤리사무팀과 경영진단팀이 있다. 윤리사무팀은 주로 직원들이 불합리한 점을 고쳐달라고 하거나 누군가의 잘못을 제보하면 조사하는 일을 하고, 경영진단팀은 정기적으로 특정 팀을 지목해 정도경영에 위배되는 사례가 없는지 감사하는 업무를 한다. 이들로서는 부정이나 비리를 얼마나 잘 찾아낼 것인지가 한 가지 이슈이고, 그 행위를 강하게 징계해서 '그렇게 하면 안 되겠구나'라는 것을 본인도 느끼고 주변 사람들이 알게끔 하는 게 또 다른 이슈다. 교육을 통해 어떤 잘못을 하면 어떤 징계를 받게 되는지 자꾸 이야기하는 것도 직원들이 잘못된 행동을 합리화하지 못하도록 견제하는 활동의 일환이다.

## 사내접대도 가볍게 넘기지 마라

사외에서 정정당당함을 추구하는 것 못지않게 사내에서의 정도경영도 소홀히 할 수 없다. 으레 접대라 하면 사외 접대를 떠올리지만 사내 접대도 있다. 힘 있는 부서에 잘 보여서 예산을 더 많이 따낸다든지, 아니면 인사부서에 잘 보여서 고과를 잘 받는다든지 하는 행위들이다.

이런 것들이 횡행할수록 아무리 좋은 회사라도 경쟁력이 급속도로 떨어질 가능성이 있으므로 엘지생건에서는 철저히 차단한다. 사내접대로 사용될 만한 예산을 아예 주지 않는 것은 물론 서로 아는 사람들, 같이 근무했던 사람들, 같은 학교 출신들이 끼리끼리 그룹을 만드는 것도 용납하지 않는다. 차 부회장이 의전만큼이나 싫어하는 게 '라인', 즉 파벌이라는 점을 임원들도 잘 알고 있다. 그래서 '차 부회장이 누구를 아낀다더라', 'A는 B임원 라인이다'라는 말이 나오는 것 자체를 경계하는 분위기가 역력하다.

이처럼 교육을 하고 징계를 철저히 해도 문제를 100% 예방할 수는 없다. 윤리경영에 저촉돼 징계를 받은 직원들이 여전히 있다. 잘못한 줄도 모르고 부지불식간에 저지르는 경우도 있고, 의도를 갖고 하는 경우도 있고, 실수로 하는 경우도 있다.

몰라서 잘못하는 경우를 막기 위해 교육이 있으니, 몰라서 그랬다는 해명은 통하지 않는다. 정도경영 교육을 시키면서 항상 "이 윤리규범에 대해 숙지해라. 윤리규범에 반하는 행동을 해놓고 '내가 몰랐습니다'고 하는 건 말이 안 된다"고 강조한다.

무지는 더 큰 문제라 보고 차 부회장도 어떤 이슈가 생기면 다시 교육시키라고 한다. 이렇게 교육하는 만큼 이제는 잘못된 행위를 한 사람들이 몰라서 그런 것은 아니라고 판단한다. 그런 만큼 정도경영 부문에서 징계안을 올리면 경우에 따라서는 "그 정도로는 안 될 것 같아요. 조금 더 세게 하세요"라고 더 엄격히 주문하기도 한다.

## 쇄신할 수 있는 장치가 필요하다

항상 감사하고 개선조치를 내놓고 징계하는데 왜 계속 문제가 나오는가? 예컨대 싱가포르는 쓰레기 하나 버리는 것도 조심할 정도로 질서가 잘 잡히고 안정적인 국가다. 정도경영 관점에서 보면 부러운 조직이다. 하지만 싱가포르는 잘못을 저지르면 체벌하는 나라다. 벌금을 매기는 게 아니라 때리는 정도로 가혹한 사후조치를 취해야 부정부패가 사라진다면, 과연 이걸 기업 경영에 적용해도 될까?

징계 건으로 해고하거나 고발하는 경우도 간혹 있지만, 대개는 경각심을 주어 다음부터는 하지 말라는 경고성이다. 가끔은 "누가 이런 잘못을 했기 때문에 이런 징계를 받습니다"라고 게시를 하는데, 그러는 이유는 직원들이 보고 '저 정도 하면 징계

받을 수 있으니 조심해야겠다'고 억제하기 위함이다.

그런데 둔감한 직원들은 "아, 그런 일이 있었습니까?" 하고 대수롭지 않게 넘긴다. 개인차가 많이 난다. 기업들의 모럴은 대체로 비슷하다 해도 한 사람 한 사람이 인지하는 수준은 개인차가 크다. 정도경영을 실천하는 현장의 영원한 숙제이자 고민거리다.

고민 끝에 엘지생건은 '자진신고' 제도를 고안했다. 그전까지는 제삼자가 잘못한 사람을 회사에 '찌르거나' 진단팀에서 현장 감사를 하며 문제점을 발견해 처벌하는 경우가 대부분이었는데, 스스로 자정할 기회를 주면 어떻겠냐는 것이었다. 철저하게 원칙에 맞게 사후조치를 하는 것과 별도로 스스로 잘못됐다고 자정할 수 있는 쪽으로 조직을 만들면 좋겠다는 취지에서다. 이러한 의도하에 이 기회에 자신의 과오를 자진신고하면 아무리 큰 잘못이라도 회사를 내보내지는 않는다는 큰 원칙을 두고 제도를 시행했다.

제도가 생긴다고 자진신고를 할까? 우리 사회가 아직 자진신고에는 익숙하지는 않은데 말이다. 신고하더라도 해고될 만큼 심각한 사안은 신고하지 않는 것 아닐까? 시작할 무렵에는 이런 우려가 없지 않았다.

그런데 제도를 만들었더니 아주 활발하지는 않지만 신고 사례가 나오기 시작했다. 해외출장을 가서 회삿돈을 쓸지 개인 돈으로 할지 헷갈릴 때가 있는데, 개인적인 지출에 회사 비용으로

청구했다며 털어놓은 직원이 있었다. 부회장에게 보고해서 잘못 쓴 돈만 회수하고 해당 직원에게 경고하는 선에서 끝냈다.

이 정도로 '흔히 일어나는' 실수가 접수되는가 하면, 대리점 사장들에게 돈을 빌려 쓴 심각한 사안이 자진신고로 접수되기도 했다. 엘지생건은 이해관계자와의 금전대차도 금품 수수로 보는데, 상당히 많은 거래선에서 돈을 빌린 경우였다. 비록 내보내지는 않았지만 꽤 심각한 잘못이라 직급을 많이 낮추는 중징계를 했다.

단, 이런 경우라도 회사에 공지는 하지 않고 조용히 처리한다. 대개의 징계 건은 회사에 공지가 되는데, 그러면 아무리 익명이라도 주위에서 눈치 챌 수 있다. 그래서 자진신고 건은 사내 게시를 하지 않는다. 이것이 자진신고의 두 번째 원칙이다.


## 동반성장과 동업자 정신

최근 '동반성장'이라는 말이 정도경영과 관련해 많이 나온다. 우리만 살 게 아니라 협력업체도 계속 살아갈 수 있도록 해야 한다는 건데, 개념이 조금 모호하게 느껴질 때가 있다. 협력 관계면 무조건 같이 가야 한다는 걸까?

공정위에서 평가하는 동반성장 등급에서 엘지생건은 항상 A+를 받고 있다. 그런 엘지생건도 퍼주기식 동반성장은 경계한다. 기본적으로 각자 해야 할 영역에 대해서는 서로 챌린지하는 게 맞다는 것이다. 품질이 못 미치는데도 그 업체를 데려간다는 것은 같이 망하자는 것밖에 안 된다. 구매자 입장에서 엘지생건이 생각하는 동반성장은 품질이나 성능에 대해 요구할 것을 요구하고 평가하며 자극을 주어, 그 과정에서 서로가 긍정적으로 성장하는 것이다.

후나 숨이 잘되면서 용기 등을 납품하는 업체들도 큰 이익을 내며 업계의 부러움을 샀다. 그런 게 대표적인 동반성장이 아닐까. 구매단가를 올려주느냐 덜 주느냐보다는 우리 사업을 제대로 함으로써 그 일에 참여하고 있는 파트너들도 같이 잘되는 것이 가장 바람직하다. 마찬가지로 엘지생건은 구매나 R&D 부문에서 코워크(cowork, 협업)를 많이 하는데, 협력사와 함께 연구해 전체 코스트를 낮추는 것 또한 동반성장의 한 형태가 될 것이다.

### 노력하는 자와 상생한다

동반성장과 관련하여 일반적으로 불만이 많은 것이 납품과정이다. 이에 엘지생건에서는 1년 반에 걸쳐 구매 프로세스를 대대적으로 손보았다.

과거에는 제품 사양이 나오면 후보 업체들을 불러서 설명하고, 그들이 봉투에 입찰가를 밀봉해서 가져온 다음 이해관계자들이 모인 자리에서 오픈해 "이번에는 A사의 가격이 가장 낮으니 A사가 낙찰됐습니다" 하고 결정했다.

그런데 차 부회장이 온 이후 이 과정을 IT로 구축했다. 특정 사양이 나오면 그에 해당되는 벤더풀vendor pool 가운데 몇몇 업체를 선정해 입찰 설명회를 한다. 품질, 납기, 기술 등의 신용 사항을 전반적으로 평가해 70점 이상이 된 업체만이 시스템에 등록돼 입찰에 참가할 수 있다. 시스템에 등록된 업체라도 연간평점이 70점 이하로 떨어지면 개선 요청을 하고, 개선되지 않으면 입찰에서 배제된다. 노력하지 않으면 상생은 없다는 원칙이다.

그런 다음 "시스템에 몇 월 며칠 몇 시까지 입력해주십시오"라고 공지하면 해당 업체들이 시스템에 입력하는 방식이다. 입찰이 진행되는 동안은 내부에서도 입찰현황을 볼 수 없고, 입찰시한이 끝나면 시스템에서 어느 업체 단가가 낮은지 파악해 자동으로 낙찰업체를 확정한다.

사회적 이슈가 되는 '단가 후려치기' 같은 것은 물론 금물이다. 차 부회장도 "일시적으로 단가를 낮추면 우리 이익이 올라가는 것 같지만, 협력사가 망하거나 힘들어지면 우리도 똑같이 어려워지는 것이기 때문에 밸런싱을 잘하라"고 당부하곤 한다. 협력사의 안정적 경영을 위한 기금을 조성해두었다가 협력사가 자금을 필요로 할 때 무이자로 빌려주는 등의 지원활동도 한다.

## 동업자 정신을 실천하다

2003년 투르 드 프랑스 사이클 대회에서 있었던 일이다.

미국의 랜스 암스트롱이 선두를 달리고, 15초 정도 뒤처져 독일의 얀 울리히가 2위로 달리고 있었다. 그러던 중 갑자기 튀어나온 구경꾼 때문에 암스트롱이 넘어져버렸다. 암스트롱에게 매번 패하며 만년 2위에 머물던 울리히에게 절호의 기회가 찾아온 것이다.

그러나 울리히는 기회를 이용하지 않았다. 페달을 천천히 밟으며 암스트롱이 일어나기를 기다렸고, 암스트롱이 넘어졌을 때의 거리만큼 자신을 앞서가기 시작했을 때에야 다시 힘차게 페달을 밟기 시작했다. 말 그대로 '정정당당한 2등' 정신이다.

이 이야기는 경쟁자의 불행을 나의 기회로 삼지 말라는 메시지를 담고 있다. 실로 감동적인 미담이지만, 이런 정신을 실천하자고 하면 냉혹한 비즈니스 세계를 모르는 한가한 소리라고 할지도 모른다. 그런데 엘지생건에서는 이런 일이 실제로 있었다.

2016년에 A사에서 만든 치약에 살균제 성분이 포함돼 있다고 해서 크게 논란이 된 적 있다. 엘지생건의 치약에는 아무런 문제가 없으니, '우리는 그런 문제가 없다'고 마케팅하면 어떻겠느냐는 의견이 있었다. 그러나 부회장이 허락하지 않았다. 오히려 그런 식으로는 절대 커뮤니케이션하지 말라고 다짐을 받았다. 남의 불행을 가지고 마케팅하는 것은 정정당당한 경쟁이

## 상생의 동반자

주위를 둘러보면 임직원들 사이에서는 젠틀하고 좋은 사람으로 알려져 있지만, 유독 협력회사 직원들에게는 함부로 대하고 협력회사 직원과의 약속이나 회의 시에는 어김없이 늦게 나타나는 사람이 있습니다.

이러한 모습은 우리 회사가 추구하는 협력과 상생과는 반대되는 행동으로, 협력회사를 우리 사업의 성장수단으로만 인식하거나 과거의 갑을관계 관행을 아직까지 버리지 못한 것입니다.

작은 도시국가에서 초라하게 출발했지만 지중해를 중심으로 거대한 제국을 건설한 로마와, 로마보다 앞서 찬란한 문명을 꽃피웠으나 협소한 그리스 반도를 벗어나지 못하고 소멸해버린 그리스의 차이는 '동포'라는 단어를 다르게 이해한 데 있었습니다.

로마는 인종, 출신지역, 신분에 상관없이 누구나 로마시민권을 얻게 하고 해방노예의 아들이 황제가 되는 등 '동포'라는 단어를 '뜻을 함께하는 자'로 이해한 데 반해, 그리스는 혈연적 사고에서 벗어나지 못한 채 단순히 '피를 나눈 자'로 이해한 것입니다.

협력회사를 수직적 갑을관계로 인식하고 함부로 대하는 관행을 버리지 않는 것은 그리스와 같은 협소한 이해로, 우리 회사를 더 이상 성장할 수 없게 만들 것입니다.

'고객만족'이라는 같은 뜻을 안고 우리와 함께 나아가는 협력회사를 상생의 동반자로 인식하도록 해야겠습니다.

C.E.O. Message

아니라는 이유에서다. 차 부회장의 말대로 그건 동업자 정신이
아닌 것이다.

## 좋은 품질이 정도경영

엘지생건의 R&D를 책임지는 CTO는 제품 개발을 앞두고 직
원들에게 입버릇처럼 말한다. "이 제품은 우리 자식이에요. 자
식이 세상에 나가는데 좋은 얘기 듣고 싶지 않나요? 우리 자식
이 남들에게 나쁜 소리 들으면 기분 나쁘잖아요. 좋은 소리를
들을 수 있도록, 내 자식처럼 우리 제품을 만들어갑시다."

엘지생건은 품질에 유독 신경 쓴다. 정부규제 이상의 자체 기
준을 만들어두고 그걸 지키려 애쓴다. 화장품 원료에도 문제가
될 수 있는 동물성 원료는 '후'에 들어가는 녹용 정도 말고는
거의 안 쓴다. 그 녹용도 시베리아산만 고집한다.

납의 국내기준이 100ppm인데 엘지생건은 그것의 5분의 1
정도 수준으로 관리한다. 한국, 일본, 중국, 유럽, 미국 등 나라
마다 규제가 조금씩 차이가 있어서 아예 모든 항목에 대해 전
세계에서 가장 낮은 수치로 관리하는 것이다.

화장품에는 기능품질이라는 게 있는데 주름개선 효과, 탄력
효과 등이 그것이다. 화장품 부문에서는 이것을 5등급 처방으
로 나눈다. 엘지생건에서는 원료와 제품에 대한 실험 데이터가

다 갖춰진 3등급 이상의 처방으로만 제품을 만들고, 럭셔리는 4~5등급 처방만을 고집한다. 자기 스스로 부끄럽지 않고 소비자에게 오픈해도 당당하기 위해서다. 그런 진정성을 굉장히 중요하게 생각한다.

유해물질이나 소비자의 안전성과 관련된 것에 대해서도 철저히 검사한다. 예전에는 제품을 생산하는 루트에 안전성 문제가 없는지 1년에 한 번씩 검사했는데 이제는 원료가 들어올 때마다 검사한다. 처방은 똑같아도 원료를 공급하는 원료회사의 생산조건이 그때그때 조금씩 달라질 수 있기 때문이다. 간혹 유해물질이 들어오는 경우도 있는데, 만약 완제품 루트를 검사해서 문제가 생기면 제품 출시를 하지 않는다. 그래야 소비자의 안전을 충족시킬 수 있고, 수출할 때도 문제가 생기지 않는다. 대신 돈이 너무 많이 들기는 한다.

이렇게까지는 안 해도 되지 않을까 싶기도 하지만, 그들은 "그렇지 않다"고 단언한다.

"최근 지속가능 이야기가 많이 나오지 않습니까? 이런 문화, 이런 연구, 이런 레거시를 후배들에게 물려주지 않으면 기업이 지속가능할 수 없어요." 엘지생건 CTO의 말이다.

### 품질은 선택사항이 아니다

정도경영은 지속가능경영을 위해서도 반드시 필요하다. 준법 또는 제품 관련 이슈가 회사를 한 번에 망하게 할 수 있기 때문이다. 어렵지만 정도경영을 반드시 지켜야 하는 이유다. 직원 한두 명의 잘못된 행동으로도 하루아침에 회사가 망할 수 있다. 영화로도 만들어진 베어링 은행 파산사건도 주식거래 담당 직원 한 명 때문에 일어난 일 아닌가. 정도경영 교육 때 이런 사례를 종종 이야기한다. 정도경영은 하면 좋고 안 해도 되는 선택사항이 아니라 제대로 하지 않으면 누구든 회사를 망하게 할 수 있다는 메시지를 계속 준다.

품질이나 규정준수(compliance)에 대한 차 부회장의 엄격함은 점점 집요해지고 있다. 준법이나 품질 리스크를 철저히 따지는 엘지생건도 돌이켜보면 과거에는 지금보다는 느슨한 부분이 있었다고 한다. 지금은 상당수 바로잡았지만 아직도 개선할 문제점이 남아 있다. 더욱이 최근 몇 년 사이에 회사가 급격하게 커지고 글로벌화되면서 리스크 관리 차원에서 규정준수에 더욱 엄격해졌다.

더욱이 엘지생건처럼 화학약품을 다루는 회사들은 한 번의 사건으로 훅 갈 수 있다. 제품을 개발할 때 성분을 잘못 넣는다든지, 생산공정에서 이물질이 들어가 사회적으로 문제가 된다든지, 심지어 그 제품이 세계 각지로 팔렸다 하면 감당을 못한다는 걸 알기에 대충 할 수 없다. 그래서 품질관리를 엄청나게 챙기고 원칙을 강조하고, 그런 부분들에 문제가 생기면 단호하게 처리한다. 특히 유해성분 등에 대해서는 예외가 없다.

그러한 고심의 산물이 엘지생건의 '소비자안심센터'다. 옥시 가습기 사태 이후 많은 기업에서 기존의 품질보증 업무를 더 강화했지만, 대부분 단위조직의 활동에 머물렀다. 그런데 각자 자기 분야에서만 검증하면 전체적으로 볼 때 사각지대가 나올 위험이 있다. 품질이라는 것은 한 단위에서만 관리될 사안이 아니므로 기존방식의 품질보증 시스템으로는 완벽하게 예방될 수 없었다. 언제든지 큰 사고가 나서 회사를 위험하게 할 수 있었다.

이를 어떻게 할지 고민한 끝에 전체를 다 관리할 수 있는 조직이 필요하다는 결론을 내고 소비자안심센터를 만든 것이다.

센터에서 가장 집중적으로 하는 활동은 원료의 유해물질을 검증하는 일이다. 2017년에 센터를 만든 이후 사전에 품질을 점검하는 일을 조직적으로 시행할 수 있도록 프로세스도 만들고, 필요한 투자와 인적자원도 확보하는 활동이 진행되었다. 처음에 연구 파트에서 '어떤 신규 원료를 써야겠다'고 하면 안전성평가 부문에서 해당 원료에 유해물질이 있는지 검증한다. 이를 '큐게이트(Q-gate)'라 하는데, 이 단계를 통과해 그 원료로 처방을 연구한 다음에는 또 다시 미생물적인 측면, 유해물질 측면, 안전성 측면을 검증한다. 그런 다음에야 처방이 확정되는 중복 검증체계다.

그렇게 해서 만들어진 새로운 품질보증 시스템이 '안심품질 인증제도'다. 2018년부터 엘지생건의 자체 생산공장은 물론 협력회사에도 인증제도를 적용하고 있다. 구매나 생산 등 소비자들의 눈에 보이지 않는 영역이야말로 신뢰가 중요하다는 점을 인지하고 리스크 관리를 하는 것이다.

내용물만이 아니라 포장도 검증한다. 새로운 부자재가 개발되면 포장연구팀에서 해당 소재에 유해물질이 있는지, 그 소재에서 나온 물질이 내용물에 용출돼 변질되지는 않는지, 성능이나 기능적인 측면에서 문제는 없는지 등을 다 검증해 통과되어야 부자재로 확정된다. 구매 단계에서 이런 검사를 필수적으로 하게 돼 있다.

듣다 보면 하나같이 비용 얘기다. 후 같은 고가 브랜드에는 그 정도 비용을 써도 되지만 더페이스샵에 들어가는 매스 제품에까지 이렇게 검증하면 비용이 너무 많이 들지 않겠나. 그럼에도 예외는 없다. 회사가 망할 수 있는 품질, 환경, 안전 문제는 럭셔리든 중저가든 가리지 않기 때문이다.

만에 하나 더페이스샵에서 심각한 오염물질이 나왔다면 기자들이 더페이스샵이라고 쓸까? 천만에, LG그룹, LG생활건강이라고 쓴다. 더욱이 대표제품인 후까지 언급하며 '후를 만드는 LG생활건강의 자회사 더페이스샵'이라고 쓸 것이다. 그 자체가 회사에 치명적인 이미지 손상이 되므로 철저하게 경계하는 것이다. 소비자안심센터를 만든 것도 그런 리스크를 확실히 예방하기 위해서다.

## 엘지는 믿을 수 있겠다

이렇게 철저히 관리한 덕분인지, 엘지생건의 제품들은 가습기 살균제 사태 등 사회적으로 문제가 됐던 품질 이슈들이 전혀 없었다. 그런 위험한 순간을 돌이켜보며 구성원들도 '우리가 맞구나' 하고 생각하게 된다. 유통사나 소비자들도 '잘 생각해보면, 엘지는 그런 문제가 생긴 적이 없네? 엘지는 믿을 수 있겠다'라는 신뢰가 조금씩 쌓여간다. 특히 유통사에서는 이점을 높게 평가한다.

예컨대 2017년의 생리대 발암물질 검출 논란 당시 엘지생건의 유니참 제품이 거론되었을 때에도 "그렇다면 우리는 기준을 더 강화해서 다시 만들자"고 해서 다시 분석하고 처방을 다 바꾸었다. 유니참은 자체 생산이 아니라 일본 유니참과의 조인트 벤처라 제품 개발은 일본에서 한다. 일본기업들은 품질에 대한 자부심이 높기로 유명하지만 "국가적 이슈가 있었으니 일본 기준보다 더 엄격하게 해달라"고 설득해서 처방의 함량이나 원료의 비율 등을 재조정했다. 일본기업이 처방을 바꾼 드문 경우다. 일본 유니참에서 엘지생건의 품질관리에 대한 이해가 있었기에 흔쾌히 받아들였지만, 자칫 제휴가 깨질 수도 있는 민감한 상황이었다는 후일담이다.

이런 예는 비일비재하다. 엘지생건에서 수입판매하는 제품으로 '메소드'가 있는데, 미국의 친환경세제 브랜드다. 컨셉 자체가 친환경인데, 우리나라에서 가습기 살균제의 원료가 됐던 것들이 워낙 이슈가 된 터라 소비자들이 불안해하니 엘지생건 자체 기준에 맞춰달라고 요구했다. 그러나 메소드 측에서 받아들이지 않았다. 법적으로 문제가 없는 원료이고 세계적으로도 전혀 문제없이 잘 팔리고 있는데 한국 때문에 처방을 바꿔줄 수는 없다는 것이었다.

그래서 수입을 못하게 됐을까? 아니다. 대신 "그러면 우리가 판매하는 제품은 우리가 생산하겠다"고 해서 지금 메소드 제품들은 엘지생건 OEM으로 국내 생산해서 판매하고 있다. 이것이 반응이 좋아서 지금은 우리나라뿐 아니라 일본이나 호주, 대만 등에도 공급한다.

## 뉴욕타임스 룰

정도경영과 관련해 차 부회장의 원칙을 한마디로 설명해주는 것이 '뉴욕타임스 룰(New York Times Rule)'이다. 회사에서 일어나는 어떤 일이든 〈뉴욕타임스〉 헤드라인 기사로 나왔을 때 부끄럽지 않고 떳떳할 수 있어야 한다는 P&G의 행동기준이다. P&G라는 크고 오래된 기업이 자신에게 요구되는 가장 큰 덕목은 도덕성이라며 이 룰을 한결같이 지켜가고 있다. 그곳에서 차 부회장이 배운 가장 큰 가르침이 이것이다.

## 진정으로 진정성을 생각한다

우리 사회는 최근 기업에 투명한 경영을 요구한다. 투명한 경영이란 뭘까?

회계를 투명하게 처리하는 것은 글로벌 경쟁시대에 당연한 일이다. 더 나아가 제품이나 서비스나 직원들의 일처리를 누구나 납득하고 신뢰할 만하게 만드는 것, 지켜야 할 기준에 부합되도록 하는 것이 경영의 투명함 아닐까?

사람들이 기업에 투명함을 요구하는 이유도 여기에 있을 것이다. 속일 여지가 없다는 점에서 말이다. 이 맥락에서 투명함은 진정성과도 연결된다. 화장품은 품질 이슈와 과대광고 이슈가 종종 생기기 때문에 각별히 조심해야 한다.

예를 들어 화장품의 성분 표기는 가장 많이 함유되는 성분 함량부터 쓰게 되어 있다. 가령 스킨에는 물이 가장 많이 들어가니 '정제수'가 가장 먼저 나온다. 반면 크림은 오일 성분이 먼저 나오고 정제수는 중간에 나온다. 그런데 소비자들은 '99% 함유' 같은 표현에 반응하니 정제수에 장미를 살짝 넣고는 정제수 자리에 '장미수 99% 함유' 같은 표기를 한다. 엄밀히 말해 소비자를 우롱하는 처사다.

차 부회장은 이런 걸 싫어하고, 절대 못하게 한다. 99%라는 표현에 진정성이 있으면 몰라도 진정성도 없으면서 남들 하듯이 하지는 말라는 것이다. "우리가 1년만 하거나 한 번만 할 거면 뺑을 쳐도 될지 모르지만, 뺑을 치는 그 순간 우리는 지속가능성을 잃습니다." 지속가능한 사업을 하려면 절대 거짓말하지 말고 진정성 있게 마케팅해야 한다는 뜻이다.

## 진정성 마케팅은 소박한 마케팅을 말한다

진정성 있는 마케팅이란 한마디로 '과장하지 않는 것'이다. 이 세상에 100%라는 것은 존재하지 않는다. 유기농 100%, 항균 99.9% 이런 것은 존재할 수 없다. 그러니 뻥치지 말라는 것이다.

마트에 가면 '항균 99.9%', '100% 천연성분 함유' 이런 표기가 숱하게 보인다. 그런데 조금만 꼼꼼히 보면 엘지생건 제품에는 그런 표현이 없다. 차 부회장이 오버하는 걸 워낙 싫어해서다.

예전에는 "경쟁사도 다 하는데 우리도 그냥 합시다" 하고 넌지시 어필한 적도 없지 않았다고 한다. 그럴 때도 차 부회장은 "경쟁사를 보지 말고, 법을 보지 말고, 우리 기준을 가지고 의사결정을 하는 것 아니냐?"고 답한다. 실무에서는 아무래도 답답할 수밖에 없다. 저것만 풀어주면 더 잘할 수 있는데, 부회장은 그런 사소한 이익추구가 길게 보면 다 리스크라고 말한다.

예컨대 최근 소비재 흐름 중 하나가 내추럴 제품을 선호하는 것이다. 하지만 차 부회장은 내추럴이 광고 멘트로만 사용되는 것을 용납하지 않았다.

"요즘 내추럴을 강조하는데, 우리 회사가 지향하는 내추럴은 내추럴 성분이 들어간 것이 아니라 그 이상이어야 합니다."

내추럴 제품을 표방하려면 단순히 친환경 성분 자체가 중요한 게 아니라 자연을 보호하는 데 도움을 줄 수 없는지 고민하고 반영해야 한다는 것이다. 설령 당장은 매출에 도움이 되지 않는다 하더라도 말이다.


## 원칙이 이긴다

하지만 곳간에서 인심 난다고, 잘나갈 때는 정도경영을 할 수 있겠지만 어려워질 때에도 정정당당할 수 있을까?

지금이야 엘지생건의 실적이 괜찮지만 차 부회장이 부임할 때만 해도 전체적으로 어려운 시기였다. 생활용품은 1위이긴 했지만 이익은 바닥이었고, 화장품에는 아모레퍼시픽이라는 절대강자가 있었다. 그 상황이 주는 압박이 엄청났을 텐데 어떻게 버티면서 계속 정도경영을 추구할 수 있었는지 궁금해지기도 한다.

그러나 정도경영 부문장은 "오히려 반듯하게 해서 살아남은 것 같은데요?" 하고 반문한다. 차 부회장이 오기 전에는 영업 쪽 질서가 상당히 어지러워서 감사도 하고 사람들도 많이 내보냈다고 한다. 물품을 공급하는 업체와 직원 간의 유착관계가 적발되기도 하고, 거꾸로 대리점에서 영업직원에게 돈을 주고 잘 팔리는 물건을 먼저 받는 등의 문제가 있었다. 차 부회장은 정도경영의 원칙대로 제대로 하지 않았기 때문에 그런 문제들이 생겼다고 보았다.

정도경영을 강력히 시행하면서 협력사들도 '엘지생건은 우리를 공정하게 평가해주겠구나' 하는 기대를 하게 되었다. 영업대리점들도 마찬가지다. 잘 팔리는 물건을 먼저 받으려면 영업직원에게 뒤로 돈을 빼주기도 했는데, 그런 폐단을 엄격히 금지하면서 '엘지생건은 공정하다'고 여기고 스스로 열심히 하는 분위기가 형성되었다. 한마디로 정도경영을 실천하면 다른 것에 신경 쓰지 않고 본연의 일에 집중하게 된다.

회사 내부에서도 마찬가지다. 정도경영 위반으로 처벌받는 사람은 처벌하는 사람을 싫어하고 반발도 하지만 그것은 어찌 보면 인지상정이다. 나머지 직원들은 '그게 페어fair하다, 그게 맞다'고 생각하고 지지하기에 일부 반발이 있어도 과하도록 정도경영을 추진하였다.

이처럼 차 부회장은 원칙에 맞는다면 타협하기보다 일관성을 갖고 밀어붙이는 스타일이다. 그 편이 나중에 더 좋은 결과를 낳는다는 경험칙을 갖고 있는 듯하다.


엘지생건의 생활용품 브랜드 가운데 '닥터그루트'가 있다. 탈모방지용 샴푸 브랜드 네임을 검토하다가 '자라다(grow)'와 '뿌리(root)'를 합쳐서 만든 시안인데, 차 부회장이 반색을 하며 좋아했다. 그러면서 들려준 이야기가 있다.

"내가 P&G에 있을 때 보스 이름이 그루트였어요."

이 네덜란드 상사의 장점은 '정직'이었다고 한다. 아니, 너무 정직해서 사내정치를 못했다고 하니 사회생활에서는 손해도 많이 봤을 것이다. 오명을 뒤집어써도 그저 묵묵히 일할 뿐이었다고 한다.

반면 다른 팀 상사는 자기 PR도 잘해서 실력 이상으로 인정받기도 했다고 한다. 지켜보던 차 부회장이 답답하고 억울해서 "저 사람 잘못이라고 빨리 말하시라"고 했지만 그루트는 "어차피 정직은 다 통하는 법"이라고 다독였다. "남이 바르건 정직하건 신경 쓰지 말고, 우리만 바르게 일하면 된다."

차 부회장은 지금도 "그분 덕에 내가 어떻게 살아가야 할지 배웠다"며 고마워한다. 안 그래도 차 부회장은 한국인의 기준으로는 '지나치게 합리적'이라고 해석될 여지가 많다. 의전이나 형식적인 일을 싫어하는 것도, '유도리' 없이 원칙대로 밀고 나가는 것도 기존의 한국기업 정서에는 조금 낯선 것이 사실이다. 하지만 남의 기준이 어떻든, 남이 어떻게 포장하든 신경 쓸 것 없이 엘지생건은 원칙대로 간다는 차 부회장 철학은 상사의 가르침, LG의 정신을 근거로 더 힘을 얻은 것 아닐까.

또한 이는 낯설고 힘들어하면서도 그 길이 맞다고 생각해 CEO를 좇는 구성원들이 있기에 가능하다. 'ㅇㅇ라인' 같은 파벌이 있었다면 불가능했을 일이다. 성과도 없이 제도만 요란했다면 가십거리에 그쳤을 텐데, 성과도 좋고 조직도 안정적으로 발전하고 있기에 구성원들은 '차석용 스타일'을 받아들이고 그렇게 하는 게 맞다고 해석하게 된다.

　한국적인 관례로 보면 꼬장꼬장하다고 여길 법한 합리성이지만, 빠르게 변화하는 세상에서는 좀 더 합리적인 방향으로 올곧게 간다는 점이 오히려 긍정적인 결과를 가져오지 않을까.

# 차석용 부회장과의 대화

임직원들과 면담을 마치고 정리한 후, 차석용 부회장과 면담 시간을 가졌다. 시종일관 어린아이처럼 깔깔대기도 하고 활짝 웃으며 매우 편안하고 화기애애한 분위기에서 진행되었다. 이런 것까지 말씀하셔도 되나 싶을 정도로 진솔한 이야기들이었다. 원래 돌려 말하거나 적절히 미화하는 성격이 아닌 것을 느낄 수 있었다.

그 대화 일부를 아래에 말투 그대로 옮긴다.

그동안 임원들과의 면담을 통해 이 작은 책에 다 담지 못할 정도로 좋은 얘기를 많이 들었습니다. 오늘은 같은 사안에 대해서 부회장님의 관점을 질문하고, 더불어 개인적인 생각 같은 것들도 좀 여쭐게요. 하지만 답하기 싫으신 것, 예를 들어 "하루에 몇 시간 주무세요?" 같은 건 대답 안 하셔도 돼요.

8시간 잡니다. 대답 안 할 것도 없죠. 하하.

회사 이곳저곳에 붙여놓았던 'CEO 메시지' 중에 '잔잔한 파도는 좋은 사공을 만들지 못한다'는 내용이 있더군요. 그동안 사드라든지 메르스 사태처럼 잔잔한 파도가 아니라 큰 파도도 있었는데요, 그 외에 큰 파도라고 생각하는 게 있으세요?

한 번도 고요한 적은 없었어요. 남들이 보기에 큰 파도인지 작은 파도인지는 둘째 치고, 저는 편한 적이 한 번도 없었어요. '올해는 왜 이렇게 일이 없지' 했던 적은 없었고, 내부적으로나 외부적으로나 항상 일이 있었지요.

'편안하지 않은 마음을 가지고 있어야만 편한 것이다'는 말씀도 하셨죠. 이런 파도를 이겨내는 능력은 어떻게 기르나요?

이제 와 생각해보면, 제가 어려서부터 위기를 극복하는 능력이 꽤 뛰어났습니다. 왜 그런지는 모르겠는데, 처음 직장생활할 때부터 보통 일은 별로 뛰어나지 않았고요, 남들이 가서 몇 번 전사戰死하고 온 전쟁터에 나가면 꼭 이기고 왔어요.

개인적으로는 저도 그게 굉장한 장점인 것 같은데, 보통 때는 풀려 있다가 어떤 위기가 닥치면 정신이 바짝 나는 거 같아요.

마치 사자 같은데요. 사자가 하루 종일 자다가 먹을 게 있으면 그때 확 뛰잖아요.

그런 상황들을 저는 굉장히 즐겨요. 그래서 다른 기업들이 잘 안 될 때 오히려 우리는 더 잘됐어요. 가만 보면 그런 어려움에 반응하는 시스템이 몸속에 있는 것 같아요.

보통 사람도 그런 점을 배울 수 있을까요? 저 같은 사람은 평소에 차분하다가 큰일이 생기면 덤벙대거든요. 그런데 거꾸로란 말씀이시죠?

스트레스 테스트라는 게 있잖아요. 스트레스를 꽉 줬을 때 대부분은 떨어져 나가고 살아남는 사람이 얼마 없는데, 저는 단순히 살아남는 스타일이 아니라 오히려 평소에 없던 능력까지 발휘되는 스타일, 그게 제 특징인 것 같아요.

제가 고등학교 2학년 때 아내를 만났어요. 불같이 사랑을 했죠, 학교도 잘 안 가고. 그때 대입 예비고사가 있었어요. 제가 "너는 이화여고에서 처음 떨어지는 애가 될 테고, 나는 경기고에서 처음 떨어지는 애가 될 거 같다"고 했어요. 그렇지만 한번 시험 보러 가보자고.

예비고사는 붙었는데, 본고사가 있잖아요. 저는 이미 재수를 했기 때문에 대학 못 가면 바로 군대 가더라고요. 그래서 보니까 딱 30일 남았어요. 그 30일 동안 1년치 공부를 다 한 것 같아요. 그리고 고려대 법대에 가게 됐는데, 나중에 교수님에게서 고려대 전체수석과 몇 점 차 나지 않는 성적으로 합격했다고 들었어요.

제가 좀 그런 면이 있긴 해요. 위기의 국면에 꽉 몰리면 그걸 치고 나오는 능력이 있어서, 지금까지 성과가 좋았지 않았나 싶어요.

## 간첩은 모두 이중간첩이다

LG그룹이 예전부터 정도경영을 각별히 강조했고 실천하는 기업이라 생각되는데, 특히 부회장님은 정도경영을 거론하지 않더라도 문제될 만한 행위를 체질적으로 매우 싫어하시는 것 같더라고요. 특별한 계기가 있나요?

정도경영은 사실 당연한 거고요. 그에 더해서, 일하면서 불편한 경우는 만들지 말아야겠다는 점도 있어요.

예를 들어 제가 직원들하고 점심을 안 먹는데요. 식사하러 가면 대개 가던 사람들과 자주 가게 되잖아요. 직원이 지금 1만 명이 넘는데 제가 같이 가게 되는 사람은 100명도 안 될 겁니다. 그리고 밥 먹으면서 자연스레 개인적인 이야기도 주고받고, 회사 돌아가는 이야기도 하게 되는데, 그러면 그 사람들에게 정보가 편중돼요. 그분들하고 저하고 어떤 끈이 생기는 것 같은 느낌이 들어요. 그러다 직원들을 진급시키고자 할 때면 아무래도 그 풀pool에 있는 사람들에게 정이 가겠죠. 그런 게 결국은 파벌이 되고, 객관적이지 못한 것이 된다는 생각이 많이 들었어요.

같이 밥 먹다 보면 가족 상황도 다 나오니까 '저 사람 정말 딱하다' 그럴 때도 있고요. '이번에 진급 안 되면 참 어렵겠네' 하고 동정이 갈 때가 있어요. 그러니까 공정성을 잃는 느낌이 들게 되죠.

또 이야기하다 '어느 부서에서 무슨 일을 시작한다던데' 하는 이야기를 먼저 들으면 내부정보가 되는 거고요. 그래서 완전히 객관적인 회사를 만들려면 식사를 피해야겠다는 생각을 하게 되었어요.

식사를 같이 안 하시는 것도 정도경영의 일환이네요.

정도경영에서 그것까지 하지 말라고 하는지는 모르겠는데, 제가 생각하기에 회사는 공정해야 하고 파벌이 없어야 하고, 객관적인 퍼포먼스에 의해 진급하거나 회사를 떠나야 하는 것이지, 거기에 주관이 개입되면 안 되겠더라고요.

파벌이라는 건 원래는 친한 사람들의 모임이죠. 무슨 나쁜 일을 도모하는 게 아니라 골프 치러 가고, 저녁에 한잔할까 그러면 눈이 반짝거리면서 모이는 몇 사람들이 있어서 친해지는 건데, 그게 잘못 운영되면 모종의 라인으로 변질되는 거죠.

정도경영을 어긴다는 것은 어떤 면에서는 범죄입니다. 도덕적으로나 문화적으로 객관적인 기준으로 정말 일 열심히 하는 사람이 진급하고, 일 잘하는 사람이 돈도 많이 받고 이렇게 되어야지, 줄을 잘 서서 잘되는 건 좋지 않다고 생각합니다.

객관적으로 하시는 건 참 좋고 다른 데서도 그렇게 하려고 하지만, 그레이프바인(grapevine, 비공식 의사전달 통로)이라는 게 있잖아요. 비공식 루트에서 들어온 정보가 더 정확할 때도 있고요. 솔직한 피드백이라든지 그런 건 어떻게 캐치하세요?

간첩은 모두 이중간첩입니다. 어딜 가서 비밀을 알아올 수가 없어요, 주지 않으면. 그레이프바인으로 정보가 온다는 건 뭔가 나갔다는 뜻이거든요. 결국 그런 것 없이 해야 돼요. 그러려면 아무하고나 지위의 고하 없이 대화를 해야 하죠.

직원들을 만나는 시간이 오전 3시간, 오후에 3시간인데, 저는 사람을 길게 안 만나는 편이라 3~5분 얘기 나눕니다. 한 명이 오는 경우는 없고, 3~4명씩 오면 하루에 70~80명도 더 만날 겁니다.

제가 질문하고 싶은 걸 다 질문하고, 그분들이 대답하고 싶은 것도 다 진솔하게 대답합니다. 그러니까 제가 상당히 많은 걸 알게 되죠. 그리고 제게 이메일로 보내는 사람도 많습니다. 전혀 예상하지 않았던 분이 '부회장님께 대통령에게 보내는 심정으로 보냅니다' 그러면서 '이러저러한 일이 있습니다' 하고 보내오는 이메일들을 저는 100% 비밀보장하면서 확실히 처리해 줍니다.

그런 진솔한 정보 루트를 갖고 싶어요. 그래서 공식적으로는 〈나라면?〉이라는 익명 제안코너를 온라인에 만들어서 사람들이 조금이라도 불편한 걸 올리도록 하고 있습니다. 그런 것들을 통해 많이 듣고 있고, 여전히 못 듣는 게 많겠지만, 그래도 꽤 듣는 편입니다.

편안하게 비공식 정보를 올리는 분위기를 만드셨군요. 그동 안 이렇게 좋은 성과를 만드셨지만 그래도 후회되는 일들이 있 으셨을 것 아니에요. 그중 혹시 생각나는 게 있으세요?

글쎄요. 후회하는 것보다는 아쉬운 것들이 무척 많은데요. 아 쉬운 것들은 정말 정직하게 회사를 위해 일했던 분들이 기술적 위반(technical violation)이 있어서 회사를 떠날 때, 그걸 CEO가 방어해줘야 하는데 막아주지 못한 경우가 있어요.

예를 들면 어떤 분이 회사일이 급해서 서둘러 이동하다가 과 속하여 사람을 다치게 했고, 경찰에 잡혔다고 가정해보죠. 그 사람은 빨리 가야 한다는 생각 때문에 서두르다 그렇게 됐는 데, 전혀 악의가 없어도 정도경영에 위배된 거예요. 그랬을 때 에는 제가 충분히 설명하고 구해줘야 해요. 그런데 원칙을 지 키는 모습을 보이다 보니 그러지 못한 경우가 몇 번 있었어요. 왜냐면 정도경영은 목적을 보기보다는 그 결과를 보기 때문이 죠. 그런 경우는 아쉬운 정도가 아니라 죄스럽게 생각합니다, 지금도.

여하튼 제가 여러 회사를 경험하면서 느낀 건데, 일하는 방식 이나 사람 만나는 원칙을 정했으면 그것을 칼같이 지키는 것이 최선이라고 생각합니다. 예를 들면 '옛날에는 사장님하고 가 끔 밥 먹었는데 저 사장은 밥도 안 사주고 왜 이리 드라이하냐' 이런 생각을 하는 것도 압니다. 하지만 장단점을 비교하면 저 는 장점이 더 많다고 생각해서 그렇게 하는 거죠. 그래서 혹시

라도 마음 상한 분들이나 섭섭한 분들이 있다는 것에 대해서는
상당히 안타깝죠.

## 화장품의 이노베이션은 이제 시작이다

세상으로 이야기를 돌리자면, 구글, 아마존, 페이스북 등
10~20년 전에는 없던 회사들이 세상을 휘젓고 있잖아요. 그런
상황은 어떻게 보세요?

저는 굉장히 좋다고 봅니다. 우리나라에 그런 사례가 없다는
게 굉장히 아쉽습니다. 그렇게 혁신적인 생각들이 나오지 않고
있다는 게 아쉬워요.

아이디어가 나와도 실행되기 어려운 구조죠.

그래도 외국 나가서 해도 되니까 생각이나 아이디어가 있으
면 좋을 것 같은데, 분위기가 경직되어 있고 그런 게 나오게 놔
두지 않습니다. 대체로 미래에 대한 생각 없이 너무 단기적 시
야에 머물기 때문이라고 생각해요.

우리 회사에서는 그런 게 나오길 바랍니다. 아직도 부족한 점
이 많지만, 다행히 우리 회사는 시간이 좀 있다고 봐요. 아직 세
계적으로 진출하지 않은 곳이 많습니다. 그렇기 때문에 수평적
확장(horizontal expansion)을 하면서 시간을 벌 수 있어요. 이

런 성장을 계속하면서 10년, 20년 후에는 정말 큰 이노베이션을 준비할 시간이 있다는 것이 엘지생건의 가장 큰 잠재력이라고 봅니다.

그런데 이노베이션이라는 것이, 기술집약적 기업에서는 하루가 다르게 발전하지만 화장품 등은 몇 천 년 된 성숙기 제품이잖아요. 여기서 이노베이션한다 한들 혁신적 브레이크스루 breakthrough가 나올까요?

그럼요. 저는 나온다고 봅니다. 아무리 잘생긴 사람이라도 늙으면서 모습이 변하잖아요. 그게 전부 유전자 때문이에요. 수만 개의 유전자 조합으로 인간이 만들어지는데, 한창 젊어 꽃이 필 때야 좋지만 그 후로도 수십 년을 살아야 하는데 그게 어떤 경로로 전환될지 예상이 불가능한 거예요. 저는 미용이나 건강에서 가장 중요한 게 유전자 연구라고 봅니다.

그러니까 엘지생건도 그쪽으로 R&D한다면 발전해야 할 게 굉장히 많다는 말씀이군요.

서양인 유전자와 동양인 유전자를 비교해서 제품의 효능 테스트(efficacy test)를 했을 때, 서양 화장품을 동양인이 바르면 서양 사람이 느끼는 체감의 70%도 못 느끼게 되어 있습니다. 동일한 성분인데도요. 반대로 동양 피부에 맞춘 화장품을 서양 사람이 발라도 효과가 떨어져요.

이것은 서양인, 동양인으로만 나눈 것이고요. 서양인 중에도, 동양인 중에도 다양한 인종이 있죠. 옛날 한의학에서는 4가지 사상으로 분류했지만 40가지로도 나눌 수 있어요. 이렇게 구분할 수 있는 것이 메디컬이나 화장품의 미래라고 봐요.

굉장히 신비한 덩어리들이 여전히 분석되지 않은 채 있는 거죠. 저는 아직 멀었다고 봅니다. 재원을 축적해서 거기에 누가 먼저 가느냐에 따라 생명과학과 화장품의 미래가 달라진다고 봅니다.


아까 구글이라든지 아마존 같은 기업이 우리나라에서 안 나오는 게 안타깝다고 하셨잖아요.

저는 그런 기업이 안 나오는 데에는 두 가지 배경적 이유가 있다고 봅니다. 하나는 소비자 시장이 너무 작아요. 아마존을 한국에서 했더라면 중소기업체에 머물렀을지 모릅니다.

또 미국 같은 곳은 자본시장이 발달되어서 벤처 캐피털이라든지 프라이빗 에쿼티(private equity, 사모펀드) 같은 자금들이 떠돌면서 조그만 씨가 있을 때 돈을 집어넣을 수 있는 시스템이 잘되어 있어요. 그런 인프라의 문제가 아닌가 싶습니다.


대학교육은 어떻게 변해야 한다고 생각하세요?

물론 변해야겠지만 우리 때보단 엄청나게 잘하고 있으니까요. 제가 학교 다닐 때는 시위하고 어쩌고 해서 사정이 훨씬 나

빴지요. 그럼에도 오늘날 이 경제를 만든 사람들이 다 그때 교육받은 사람들 아닙니까.

제가 보기에 대학은 선별기능이 대단히 중요합니다. 정말 똑똑한 인재를 선별하는 기능이 필요하지요. 지금의 대학 선발기준은 정말 똑똑한 사람을 잘 뽑는 건지 모르겠어요.

잘 선별해서 똑똑한 사람들이 모여 있기만 해도 셀프 모티베이션self motivation이 됩니다. 서로 대화하며 서로가 어떤 식으로든 경쟁해서 자신의 상대적인 위치를 파악할 수 있도록 만들어주면 되는 것 같더라고요.

그런 것들이 좀 아쉬운 점이지, 대학에서 가르치는 건 옛날보다 훨씬 잘 가르치죠.


실리콘밸리나 스탠퍼드 대학 같은 곳에 똑똑한 사람들이 잔뜩 모이기 때문에 서로 자극이 된다는 말씀이군요.

그런 것 같아요. '너는 그런 생각을 어떻게 하니?' '난 왜 그런 생각을 못하지?' 서로에게 자극받는 거죠. 그런 게 굉장히 중요하지 않나 싶고, 공부는 본인이 하고 싶으면 하면 되고요.


그동안 중국시장을 많이 경험하셨잖아요. 대부분 중국시장에서 손 털고 나오는데, 중국시장에서도 끊임없이 성과가 좋으시네요.

저도 잘 모르겠어요. 다들 그 질문을 합니다. 중국시장에서 어떻게 성공하셨습니까? 중국시장에서 저희 매출과 이익 성장세가 굉장히 좋습니다. 그런 회사가 없지요. 특히 한국회사들이 많이 힘들어해요. 그런데 왜 우리는 잘됐는지 질문할 때, 정말 이야기를 드릴 게 없어요. 그게 저의 딜레마입니다.

이 책은 그걸 파헤치고자 하는 거예요.

어떤 면으로 보면 그런 것 같기도 합니다. '너 어떻게 공부 잘하니? 공부 잘하는 방법을 좀 가르쳐다오.' '예습복습을 잘하고, 교과서 위주로 공부했습니다.'

저는 이 말이 틀리지 않다고 봐요. 그런데 '그런 건 나도 다 알아. 네가 어떻게 했는지 솔직히 좀 얘기해봐' 이러는데 정말 특별한 게 없는 거예요. 그래서 정말 답답합니다.

'성실하게 경영했습니다' 하면 다들 웃어요. 이 세상에 성실하게 경영하지 않는 사람들도 있냐. 그런데 그렇게 말씀을 하시면, 성실한 것에도 정도가 다르지 않나 생각을 합니다.

## 소비자는 의외로 대답을 잘해준다

엘지생건 광고 중에 젊은 광고인이 만들어 육두문자 욕도 나오고 하는 광고 있었잖아요. 그 광고가 이미 유튜브에 나가버려서 '큰일 났다. 부회장님께 야단맞겠다' 했는데 부회장님이 보시고 좋다고 했다는 거예요. 부회장님은 그 젊은 감각에 어떻게 동의하셨어요?

아, 제가 젊건 나이 들었건 관계없이 젊은 사람들이 어떤 걸 좋아하겠다는 건 알죠. 그래서 잡지를 16개 정도 보잖아요. 전부 다 읽습니다.

그 많은 걸 다 읽으세요?

어떤 분은 제가 점심에 2시간 동안 방에서 식사하며 뭐하는지 궁금해 죽겠대요. 그래서 제가 얘기해줬어요. "신년사도 쓰죠, 컴퍼니 미팅 자료도 쓰죠, 해외에서 온 이메일에 답변도 하죠, 외부에 나갈 문서도 쓰죠" 했더니 "그런 문서는 비서실에서 써주는 거 아닌가요?" 그래요. 그런 글 쓰는 거 까다로워요. 직접 해야 해요. 그런 일이 시간 많이 걸려요.

그리고 저도 뭔가 충전해야 하잖아요. 책도 요즘 사람들이 읽을 만한 것 다 읽고요. 잡지를 읽다 보면 깜짝깜짝 놀랄 만한 것들이 거기 다 있어요. 그런 것을 읽는 사람과 그렇지 않은 사람의 이해도는 많이 다르다고 생각합니다.

부회장님이 임직원들에게 세상과의 소통 속에서 변화를 감지하라고 강조하시는데, 아무리 젊은 사람들을 이해하려 해도 요새 하도 빨리 변하니까 공조하기 쉽지 않잖아요. 부회장님 말고 다른 사람들은 어떻게 노력해야 해요?

그러니까 젊은이들과 그냥 쓸데없어 보이는 이야기를 자주 해야죠. 올리브영 같은 데 가서, "이런 거 왜 사세요?" 물어보세요. 그럼 대답 안 해줄 것 같죠? 정말 대답 잘해줘요.

요전에 고데기 사는 젊은 여성분한테 "요즘 사람도 고데해요?" 물었더니 "하죠~" 그래서 "왜 요즘도 고데를 좋아해요?" 그랬더니 딱 설명을 하는 거예요. 예전에는 또르르 마는 고데기가 있었는데, 요즘은 다 이렇게 펴는 거래요. 이거는 여행 갈 때 좋고, 저거는 뭐에 좋고, 이건 누르면 스펀지가 있어서 푹신 푹신하고, 그런 걸 소비자들이 다 꿰고 있어요. 그런 걸 말해주는 것도 굉장히 즐거워하고요. 그러니까 말을 안 걸어서 그렇지, 대화를 시작하면 별 이야기를 다 들을 수 있어요.

저는 백화점에 가서도 소비자들하고도 얘기 나누고, 점원하고 30분 이상 대화하는 때도 있어요. '요즘 남자들이 무슨 옷 많이 사가요?' 물으면, 이것도 사가고 저것도 사간다고 설명해주죠. 왜 사는지 이유도요.

부회장님이 4시에 칼퇴근하는 건 다 아는데, 그럼 백화점이나 상점 말고 또 어디 자주 가세요?

삼청동도 가고, 인사동도 가고, 가로수길도 가고… 온갖 곳을 다 돌아다니죠. 자꾸 가보면 사람들이 변하는 것들이 보이잖아요.

저희 영업하는 직원들 중에도 뉴욕에 10년 전에 가보고는 지금도 뉴욕이 그런 줄 아는 사람이 있어요. 그래서 뉴욕에 대해 이야기해보라고 하면 모르는 게 없는 것처럼 얘기 잘해요. 그런데 사실은 모르는 거예요.

가로수길도 다 아는 것 같고, 압구정도 다 아는 것 같겠지만 대부분 잘 모를 거예요. 세상은 끊임없이 변하고 있는데 가본 지 3~4년 되었다면 늦은 거예요. 자기가 아는 것이라 생각하는 것과 실제와의 괴리가 생기는 거죠. 우리 업종은 그 괴리가 크면 클수록 실수를 합니다. 그렇기 때문에 무조건 가봐야 되는 거죠.

가본다고 다 보이는 건 아닐 텐데요. 촉을 어떻게 키우세요?
그건 약간 타고나는 면도 있죠. 저는 어려서부터 꽤 뾰족했던 것 같아요.

다만 뾰족한 것들을 닳지 않게 하는 것은 굉장한 노력입니다. 그러려면 계속 갈아야 하는데, 그게 쉽지 않지요. 제가 8시간 자야 하는 사람이니 유행하는 영화나 드라마 같은 거 안 볼 것 같죠? 밤 새워서라도 봅니다. 아내와 둘이 앉아서 보면서 젊은 사람들이 저렇게 생각하는구나 느끼고, 잡지도 다 읽으면서 뾰족함을 유지하려고 노력을 많이 하죠. 그래도 옛날보다는 엄청나게 닳았죠.

## 내실과 성실이 성공의 키워드다

제 주변에서야 엘지생건의 성과를 부러워하고 부회장님에 대해 궁금해하죠. 그런데 제가 2030 청년들 가르치는 일을 하잖아요. 그 친구들은 부회장님도 잘 모르고, 엘지생건을 치약 파는 회사 정도로나 알지 잘 몰라요.

저는 그런 점이 아주 좋아요. 아침이면 신문에 난 업계 소식이 편집되어서 이메일로 와요. 그런데 기사가 가장 많이 나는 회사라고 제일 잘되는 회사는 아니에요.

저는 평생 그런 걸 아주 많이 봤습니다. 밖에 알리는 것, 남에게 보이는 걸 신경 쓰는 회사는 내실이 적어요. 왜냐하면 커페시티(capacity, 역량)를 100이라 볼 때, 굉장히 많은 기업은 120, 적은 기업은 80을 쓰는데, 그 역량을 회사 알리는 데 쓰면 정작 내실에는 못 써요. 내실에 쓰는 기업은 그럴 시간이 없고요.

궁극적으로는 내실이 있어야 하고, 내실이 있어서 오래 가면 알리지 않아도 스미듯 알려지게 되죠. 개인적으로도 저는 알려지고 싶은 생각이 전혀 없고, 지금 갖고 있는 자유가 너무 좋아요.

한 번은 어떤 행사장에 갔다가 이영애 씨를 만났어요. 그래서 인사를 했는데 전혀 못 알아보고 가시더니, 남편분이 오더라고요. "왜 그러시냐?"고 묻길래 "제가 LG생활건강 사장이고, 이영애 씨가 후를 광고해주셔서 고마워서 인사했다"니까 그러시냐고, "여보, 와서 인사드려" 그러더라고요.

전 그런 게 좋아요. 아무도 저를 의식하지 않는 거. 그래서 제가 누구와도 이야기할 수 있는 자유가 너무 좋아요. 제가 알려져서 사람들이 부회장이라고 불편해하면 저는 이 업종을 떠나야 해요, 대화가 없어지니까.

그런데 한편으로는 요즘 이런 것도 있잖아요. 건물도 멋지게 만들고 문화적인 소양이라든지 문화적인 가치를 보여주면 그것 때문에 그 회사의 가치도 올라가지 않나요?

제가 P&G에 채용 인터뷰 갔을 때 깜짝 놀랐어요. 네덜란드인Netherlands Inn이라는 비싸지 않은 모텔에 저를 재우더라고요. '이 사람들이 나를 뭘로 보길래 이런 데서 재우나' 했죠. 다음 날 인터뷰를 하러 갔더니 5층 건물인데, 엘리베이터도 옛날식이고 라디에이터에서 치익~ 하고 스팀이 나와요. 그런 데서 인터뷰하고 일을 하더라고요.

나중에 회사에 입사해서 왜 그러는지 알게 되었는데, 그 사람들은 가식이 없어요. 보이는 걸 굉장히 싫어하고, 신문에 기사 나면 야단맞아요. 그런 회사가 지금 180년 가는 거예요.

회사는 결국 직원들에게 잘해야 하고, 주주들에게 잘해야 하고, 소비자들에게 잘하면 된다고 생각해요. 그렇지 않은 사람들에게까지 잘하려면 예산과 리소스의 낭비가 너무 크죠. 그래서 저는 보여지는 데 신경 쓰는 것에는 철학적으로 동의하지 않습니다. 그렇게 하는 건 본질에 자신이 없어서 그렇다고 생각합니다.

우리 구성원들에게 전문성 키우라는 말씀 많이 하시잖아요. 전문성이 어떻게 키워져요?

P&G에서는 '여기서 평생 다니다 은퇴하려 생각한다면, 여기는 좋은 직장이 아니다. 빨리 배워서 나가라'고 공공연히 이야기합니다. 왜냐면 회사 구조가 피라미드이기 때문에 몇몇 사람만 위로 올라가고, 결국은 잘려서 나가니까요. 다 진급할 수 있는 게 아니니 있을 동안 빨리 많이 배워서, 다른 데 가서 자리 잡으라고 해요.

그리고 다른 회사 간다고 하잖아요? 그러면 어디 가냐고 묻고 좋은 데 간다면 가라, 두 번 말을 안 합니다. 탁탁 보냅니다. 그래서 직원들은 '나는 여기서 꼭 성공하지 않아도 되고, 여기서 많이 배워 밖에 나가서 성공할 수 있다'는 자신감을 가져요.

그렇기 때문에 회사 안에서 절대로 비굴하게 하지 않습니다. 비굴하게 구는 건 회사에서 살아남기 위한 겁니다. 언짢은 이야기를 들어도 꾹 참고, 비리를 봐도 꾹 참고 '나는 못 봤다' 이러는 건데, P&G에서는 봤으면 봤다고 하고 나는 나간다고 하고 나가요. 저는 엘지생건도 그런 회사가 되면 좋겠어서 구성원들이 배울 수 있는 대로 많이 배우면 좋겠어요.

온더잡(on-the-job training, 현장 학습)에서 배우란 말씀이군 요.

온더잡에서 배워야죠. 그리고 자기가 찾아서 배워야죠. 일을 하라고 해서 하는 게 아니라, 여기저기서 찾아서 배운 다음 여기에만 머물지 말고 다른 데 가서도 훌륭한 사람이 되면 좋겠다는 생각을 저는 아주 많이 합니다.

P&G에서 항상 그랬어요. '너 월급 받으려고 다니려면 다니지 말고, 배우려고 다니려면 다녀라.' 이런 말을 저희 보스들이 정말 많이 했어요. 우리 회사도 그런 회사면 좋겠어요.

미국에서도 정시퇴근을 장려하는데, 열심히 하는 친구들은 집에 안 갑니다. 배울 게 너무 많기 때문에 집에 안 가죠. 하긴 저도 그랬어요. 저도 미국에 있을 때 새벽 4시에 출근했고, 10시 전에는 퇴근한 적이 없습니다. 왜 10시에 퇴근하냐면, 그때 회사가 문을 닫기 때문이에요. 문을 열고 문을 닫을 때까지 엄청나게 배울 게 많았죠. 지금도 젊은 사람들 중에 욕심 있는 사람들은 일을 찾아서 엄청나게 배웁니다.

엘지생건은 직원들이 6시에 퇴근하는 게 일찍이 습관화되어 있던데, 퇴근 후에 임직원들이 뭘 하기를 바라세요? 내 취미 살리고 놀고 편하게 지내면 시간이 흐지부지되잖아요.

미래를 대비하기 위해 고객가치를 최대한 창출할 수 있는 신제품을 준비해야 합니다. 이것은 과학적인 작업이 아닌 예술가적인 작업이라고 생각합니다. 예술가들에게 왜 이런 음악이나 그림을 만들었는지 물어보면 설명을 잘 못하죠. 그저 자기가 좋다고 생각해서 만든 것이기 때문입니다. 이런 것은 매우 주관적이고 예술가적인 것이겠죠.

우리 회사의 제품 대부분은 이런 예술가적 안목이 매우 중요해요. 이런 안목을 키우기 위해 제가 항상 강조하는 것이, 회사 밖에서 창의적인 시간을 가지라는 겁니다. 회사에서 아침부터 저녁 늦게까지 일과 씨름한다고 해서 이런 안목이 생기지는 않겠죠.

업무시간에는 최대한 성과가 나도록 점심 먹을 시간도 잊을 만큼 집중적으로 일하되 업무가 끝나면 일찍 퇴근해서 책도 읽고, 이런저런 방송도 보고, 거리를 다니며 사람들이 무슨 얘기를 하는지, 어떤 옷을 입는지, 또 무슨 영화를 보는지 관심 있게 지켜보면서 창의적인 안목을 업그레이드해 나가길 기대합니다.

이런 것들이 차곡차곡 쌓이다 보면 자연스럽게 안목이 높아지고, 그런 예술가적 안목과 마인드가 모일 때 그 누구도 따라올 수 없는 뛰어난 회사를 만들게 되리라 생각합니다.


엘지생건은 예전부터 워라밸을 자연스럽게 했잖아요. 워라밸은 어떻게 받아들여야 하나요?

현실적이지 않을지 몰라도 저의 바람은 이래요. 직장생활 오래 하다 보면 직장밖에 없어요. 가족이 없어요. 친구도 없고요. 그런 사람은 되지 않았으면 좋겠다는 생각을 많이 해요.

결국 남는 건 가족하고 친구거든요. 가족하고도 시간을 많이 보내서 부모 역할도 하고, 배우자 역할도 하면 좋겠다. 은퇴했을 때 같이 밥 먹을 수 있는 친구가 유지되면 좋겠다. 이런 생각을 많이 하고 있어요.

요즘 스타트업들 많은데 선배 경영자로서 하실 말씀이 있다면? 이런 것 좀 주의하라든지, 이런 걸 챙겨야 한다거나.

긴 호흡을 가지면 좋겠어요. 시작한 지 얼마 안 되어서 몇 백억을 투자받았느니 하다가 엑시트$^{exit}$하고 즐거워 보이는 생활을 하는 사람들이 있는데, 진짜 즐겁냐고 물어보면 그렇지 않다는 이야기를 하곤 해요. 왜 그러냐면 일하는 즐거움이 없기 때문이잖아요. 일은 어려움이기도 하지만 즐거움이기도 하니까요.

어떤 책에서 보니까 미국 원주민들이 소멸한 이유가 일이 없었기 때문이라는 거예요. 미국 사람들이 대륙을 정복하고 원주민들이 머물 장소를 지어주고 충분한 지원을 했다고 합니다. 그게 그들을 멸종시켰다는 거예요. 일을 안 해도 살게 만들었기 때문에 100년도 안 되어서 멸종했다는 거예요.

## 꿩 잡는 게 매

막연한 질문 할게요. 마케팅을 한마디로 정의한다면 뭘까요.

제 보스가 이야기해준 건데요, 많이 팔고 돈 많이 버는 게 마케팅이라는 겁니다. 그래서 P&G에서는 마케팅에서 상 받아오지 말라고 해요. 상 안 받아와도 좋으니까 물건 많이 팔라고요.

조용히 엄청나게 많이 팔리는 광고가 있는가 하면, 광고가 멋져서 미디어에 많이 오르고 상까지 받았는데 제품은 안 팔리는 광고가 있습니다. 그런 마케팅은 빵점짜리라고 생각합니다. 비결이 뭔지는 모르겠는데 매출이 나고, 이익이 올라가는 마케터가 훌륭하다고 생각해요. 우리 회사에도 그런 사람들이 있어요. 말수는 별로 없는데 그들이 손대서 비즈니스가 안 된 게 없어요.

그분들의 숨겨진 장점은 뭘까요?

내공이 장점이죠. 손을 대서 뭔가 만들어내는 거잖아요. 그게 마케터거든요. 그게 사업가고.

'생활의 달인' 있잖아요. 그런 사람은 뭐 만들려고 하면 가위를 갖고 와서 착착착 잘라서 붙이니까 물건이 딱 됐는데, 어떤 사람은 자로 가로세로 재고 컴퍼스로 그려서 해도 잘 안 돼요. 이게 차이인데 이걸 어떻게 설명하느냐, 못해요.

언젠가 강의하실 때, 마케팅이 차별화 게임이라고 하신 기억이 납니다.

그때 말씀드린 것이 'different, better, special'이었죠.

기존의 것과 달라야(different) 하는 건 분명합니다. 다른 건 사람들이 항상 신선하게 보니까. 넥타이도 두꺼워졌다 얇아졌다가 바지통도 넓어졌다 좁아졌다가 치마 길이도 길어졌다 짧아졌다가, 다른 것들을 추구해야 팔리거든요. 사람들 눈에 달라야 하고.

그런데 다르다고만 해서 되는 게 아니라 다르면서 더 좋아야(better) 하겠죠. 기존 것보다 좋아야 하거든요. 이 두 가지는 필수요소인 것 같아요. 사업을 하는 데 기존 제품과 뭐가 다르냐, 기존 제품보다 더 좋으냐 이런 것들은 기본이죠.

그러다 이제 특별한(special) 관계로 엮이는 거죠. 다르지도 않고 낫지도 않지만 내 배우자이고 내 애인이니까, 즉 특별하니까 계속 같이 사는 것과 같죠. 후 같은 브랜드가 다른 화장품과 다르다는 이유만으로 2조가 되는 건 아닐 겁니다. 스페셜한 관계로 묶이는 겁니다. 그러니까 그걸 자꾸 쓰면서 거기에 익숙해지는 거죠. 그러다 보면 이것이 나의 화장품이라고 결론을 내리게 되겠죠. 그런 것들이 쌓이면서 브랜드 파워가 되는 것이고요.

벤치마킹하고 싶은 회사가 있으신가요?

화장품 회사 중에서 로레알이나 에스티로더 같은 곳은 굉장히 벤치마크하고 싶어요. 그런 회사들은 오래되고 굉장히 잘되는 회사인데도 계속 새로운 것들을 낼 수 있는 능력을 잘 갖추고 있는 것 같아요.

오래된 회사나 잘되는 회사들은 대개 배부른 돼지가 되잖아요. 그래서 스티브 잡스가 'Stay hungry'라고 이야기했죠. 'Stay foolish'도 크게 공감하는데, 자기가 많이 안다고 생각하면 그 다음부터 교만해지기 시작합니다. 자기가 아직도 모른다고 생각해야 하고, 또한 여전히 배고프다고 생각해야 합니다.

그런 회사가 100년 넘게 저렇게 최고의 위치에서 굉장히 좋은 성과를 내왔고, 그 직원들도 지금의 제품에 상당히 익숙할 텐데, 거기서 또 다르고 더 좋은 제품들을 계속 내는 것을 보면 깜짝깜짝 놀랍니다. 그런 데서 새로운 싹을 틔울 수 있는 동력이 무엇인지가 가장 궁금해요.

우리 회사도 가장 걱정인 게 뭐냐면 직원들이 어느 정도 위치에 가면 '우리가 경쟁사보다 낫다, 우리가 더 많이 안다, 나는 그렇게 배고프지 않다'고 생각할까 봐 걱정이에요. 그러면 배고픈 사람에게 지거든요. 그런데 어떻게 그렇게 큰 회사들이 새로움에 대한 배고픔과 갈증을 유지시키는지 궁금합니다. 아마 서양식 사고방식으로 굉장히 차갑게 평가해서 'dead wood(죽은 가지)'를 쳐내며 새순을 키우는 것 같은 느낌이 있는데, 한국은 그런 기업문화는 아니거든요.

## 사업은 바둑 9단들의 게임이다

슬기롭게 경영한다는 말이 한마디로 무슨 말일까요?

바둑 9단 되려면 일단 머리가 좋아야 해요. 바둑 두다 보면 1
단, 2단은 노력으로 되지만 비상한 머리가 없으면 9단까지 못
갑니다. 사업이 9단 바둑의 세계거든요. 전부 다 세계적인 기업
들이에요. 최고 고수인 알파고와 이세돌이 바둑 두는 거예요.
그래서 똑똑한 사람이 필요합니다. 헤드들이 똑똑해야 경영을
잘하죠.

CEO가 의사결정하는 비중이 굉장히 중요한데 제가 직원들
에게 하는 말이 '결국은 결정의 과학'이라는 겁니다. 하루에도
백번 천번 결정을 하는데, 결국 컴퓨터의 알고리즘이 1 아니면
0인 것처럼 리더들도 예스 아니면 노의 결정을 계속해야 하는
거예요. 그걸 매일 비교적 맞게 결정하는 사람과 오늘 30% 덜
맞게 결정하는 사람이 있다면, 시간이 쌓일수록 결과로 나타나
지 않겠어요? 바둑하고 똑같다고 봐요. 한 수 한 수 놓지 않습
니까. 그 한 수가 판을 전부 좌우하지 않습니까.

그런데 머리 좋으면서 나쁜 사람들이 많잖아요. 머리 좋은 사
람들이 나쁜 생각을 하기 시작하면 진짜 나쁜 사람 되거든요.
머리 좋고 정직하고 성실해야 한다고 봐요. 그래야 기업이 섭
니다.

이렇게 말하면 너무 당연한 이야기 아니냐고 하는데요. 막

상 정말 당연한 그 기준에 맞춰보면 그런 자격을 갖추지 못한 CEO가 꽤 많습니다.

아툴 가완디Atul Gawande라는 인도 의사가 있는데 그 사람은 책을 정직하게 써요. 자기가 정말 믿는 이야기, 인기에 영합하지 않는 이야기를 하는데, '좋은 의사가 되는 방법을 가르쳐주겠다. 몇 가지 있다. 환자 보기 전에 손 씻어라. 성실하게 환자 봐라. 정말 헷갈리면 체크리스트를 만들어라.' 책 한 권 읽으면 그게 메시지의 전부예요.

그 사람이 지금까지 알려진 가장 훌륭한 의사예요. 이번에 아마존과 버크셔해서웨이, JP모건이 공동 설립한 헬스케어 합작사 '헤이븐(Heaven)'의 CEO로 모셔갔더라고요. 결국 가장 훌륭한 의사가 되는 법이 손 씻어라, 성실해라, 체크리스트 만들어라, 그런 게 책이 될지 모르겠지만 정말 진실이라고 봅니다.

수술하는 사람이 손 안 씻는 바람에 감염돼서 죽은 환자가 한두 명이 아니랍니다. 그리고 성실하지 않아서 사람 죽인 게 한두 명이 아니랍니다. '체크리스트가 왜 필요해? 내 머릿속에 다 있는데' 이런 거죠. 아툴은 그거 하라는 거예요. 그러면 중간 의사는 될 수 있다. 제 생각에는 경영자를 선택할 때의 기준도 그만큼 단순하다는 거죠. 똑똑하고 성실하고 정직한 사람.

제가 하는 이야기도 너무 뻔해서 아무도 책을 안 살 겁니다. 하하.

아니 왜요, 그래도 스피디하게 하라 등등 임원들이 좋은 이야기를 실감나게 많이들 해주셨어요.

스피드는 정말 중요한 것 같아요. 기업처럼 사람의 역량도 거의 비슷하다고 봐요. 100 하고 80 하고 120 이야기했잖아요. 120 정도면 굉장히 파워풀한 겁니다. 80~100을 오가는 사람과 120을 유지하는 사람은 장기적으로 보면 매우 다르죠. 그래서 똑똑한 것도 얘기하는 것이고, 성실도 중요하다는 겁니다.

성실해야 한다는 것은 주어진 시간을 최대한으로 써야 한다는 거죠. 예컨대 회의를 계속 늘어지게 하고서 '다음 보고는 다음 주에 하자'고 하면 일주일 동안 또 기다리잖아요. 그런 것보다 박진감 있게 하는 게 좋지 않겠어요? 그게 저는 성실한 거라고 봐요.

그전에 정직해야 하는데 정직하지 않은 사람이 너무 많습니다. CEO나 임원이 되잖아요? 그 위치에 가면 그 위치에서 자기가 누릴 수 있는 것들을 생각하게 되거든요. 그런데 그런 행위가 조직 내에 미치는 부정적 파급효과가 엄청납니다.

부정적 파급효과라면?

두 가지인데요. 하나는 회사 돈을 자기 돈처럼 쓰는 게 나쁘고요. 두 번째는 이걸 어떻게 썼다고 말해야 할까 거짓말하는 게 더 나쁩니다.

회사에서 보면 부서활동비나 회식비, 영업비 같은 항목이 있잖아요. 이 돈을 어디에 썼는지 매달 보고서를 작성해와요. 누구랑 만나서 밥 먹고, 누구랑 만나서 뭐 하고.

그래서 제가 그랬어요. 이걸 그냥 주자고요. 회사 돈 빼서 쓰는 것도 비용이고 아까운데, 그걸 어디다 썼다고 수십 군데를 매달 적어 내다 보면 거짓말이 섞일 수 있잖아요. 그렇게 거짓말 시키는 것을 용납할 수 없으니 그냥 주자. 회사가 직원에게 거짓말을 하도록 조장하지 말자는 거죠.

물론 이런 관행이 정도경영에 어긋나는 이슈는 아니라고 생각해요. 하지만 도덕적으로 그래서는 안 된다고 봅니다. 그런 회사와 그렇지 않은 회사의 10년, 100년 후는 운명이 달라질 겁니다. 정직해야 하는데 정직하지 못한 회사가 정말 많습니다.

부회장님에게는 일하는 게 즐거움이고 재미인 것 같습니다. 그럼 휴식은 언제 취하세요?

잘 때요, 확 잘 때. 저는 정말 환상적으로 너무 잘 자는 것 같아요.

# 성장의 DNA를 조직에 심다

LG생활건강. 참으로 불가사의한 성장을 이룬 회사다.

수많은 증권 애널리스트와 기자, 학자들이 그 성장의 비결을 알아보려 했으나 누구도 시원하게 답을 찾지 못하는 금광처럼 느껴졌다. 그래서 기어코 그 비법을 캐내어 한국 경영계에 전파하고자 삽을 들고 광산에 들어갔다.

나는 마케팅 전공의 교수다. 그러다 보니 기업의 성패를 마케팅 관점에서 찾으려는 성향이 있다. 그 광산 안에서 뭔가 기발하고 참신하며 톡톡 튀는 마케팅의 성배를 찾아 헤맸으나 기대했던 답은 없었다. 그러나 그에 못지않게 소중한 성과를 얻었다.

미다스의 손이라고도 불리는 차석용 부회장은 '마케팅을 화려하게 구사하는' 경영자가 아니었다. 그는 '일이 되게끔 하는' 경영자다. 단순한 수치적 외적성장이 아니라, 경영시스템을 개선하여 내부성장의 토대를 만든 점에서 의미가 크다.

성장이라고 하면 대부분 더하기를 떠올린다. 수치적으로 얼마나 성장했는지, 나아졌는지에 집중한다. 그런데 엘지생건은 덜어내기와 빼기에 먼저 주목했다. 불필요한 회의와 관습, 의전

등을 없애고 과도한 마케팅도 하지 않고 비용절감에도 신경 썼다. 그리고 한편으로 럭셔리 마케팅에 전략적으로 집중하여 중국시장을 공략하고, 제품 다양화 및 지역 다변화를 통해 유기적 성장을 꾀했을 뿐 아니라 M&A를 통한 비유기적 성장으로 멈춤 없는 성장을 실현하고 있다.

말하자면 빼기와 더하기를 거듭하면서 회사 전체에 성장의 DNA를 심은 것이다. 지속적인 성장가능성이 있는 조직으로 탈바꿈시킨 것이야말로, 어떤 숫자보다 의미 있는 결과이자 진정한 '그로잉 업growing up'이다.

## 아마도 반신반인인가 보다

F-1 자동차 경주를 보면, 평균 시속 250~300km 이상으로 달린다. 그런 속도라면 차 간격이 수백 미터 떨어져야 안전하다. 그러나 범퍼와 범퍼가 닿을 듯이 붙어 달린다. 트랙이 직선이 아니고 심한 커브길인데, 코너에서도 시속 250km를 유지한다. 그저 잠깐만 잘못해도 목숨을 잃거나 심하게 다칠 수 있다. 1시간 이상 손에 땀을 쥐는 경기 끝에 10분의 1초 차이로 1등과 2등이 결정된다. 신체적으로뿐 아니라 정신적으로도 탈진되는 경주다.

차석용 부회장을 보면 F-1 경주를 하는 드라이버 같은 느낌이 든다. 매일매일의 일정에 F-1 경주와 같이 혼신을 다한다. 그런 강렬한 집중력을 15년째 흐트러짐 없이 유지하고 있다.

차 부회장을 오래 접한 임원들이 자기들끼리 부르는 그의 별명은 '반신반인半神半人'이다. 중역들과의 면담을 진행하면서 내가 가장 감동한 부분도 이것이다. 어떻게 지치지 않고 강력한 페이스pace를 15년 넘게 지속하는가.

그가 엘지생건에 몸담은 이후, 일에 대한 열정은 단 한 번도 꺾이지 않았다. 일하는 패턴도 바뀐 적이 없다. 새벽 6시에 출근하여 8시에 부회장실 문을 연다. 11시까지 보고받은 다음 문을 닫고 1시까지 부회장실에서 혼자 식사하면서 오전 업무를 재검토한다. 1시부터 4시까지 다시 문을 열어 보고받고 오후 4시에 퇴근하는 루틴을 바꾼 적도 없고, 결근도 한 번 없었다. 외부인들과 불필요한 미팅도 안 하고, 골프도 치지 않고, 집에 가서도 오로지 비즈니스만 생각하며, 주말에도 종종 회사에 나온다.

일이 취미고, 취미가 일인 사람이다. 인간이면 때로는 쉬고 싶기도 하고 느슨해지기도 하며, 어느 정도 잘했으면 여유도 부리고 싶어 한다. 취미생활도 하고 싶고, 남들처럼 즐기는 인생을 살려고 하는 게 일반적이다. 하지만 차 부회장은 이런 인간으로서의 삶은 내려놓은 것 같다. 이게 '반신'의 면모다.

이렇게 이야기하니 차 부회장이 차갑게 일만 하는 사람 같지만, 그를 가까이 한 임직원들은 그가 누구보다도 마음이 따뜻한 사람이라고 말한다. 사업하기 위해서는 어쩔 수 없이 이성적이고 냉정하게 행동할 수밖에 없었을 것이다. 가끔 직원들을 혼내고 싫은 소리 할 때도, "이런 싫은 건 내가 다 해야 하고! 아이고!" 하고 웃으면서 엄살 같은 한탄을 하기도 한다. 악역은 반드시 본인이 한다는 거다.

사업을 하다 보면 회사를 끌고 가야 한다는 책임감 때문에, 마음에도 없는 말을 하거나 뜻과는 안 맞는 일을 강행해야 할 때가 있다. 따뜻한 말 한마디 하고 싶고 선물을 주고 싶어도, 다른 오해를 불러일으킬 수 있다. 차 부회장이 식사 자리도, 만남도 자제하는 이유는 이 때문이다. 겉으로 냉정하게 말하지만, 그 이면에는 인간적인 따스함이 숨어 있다.

## 스스로 학습하는 조직이 되다

업무변화가 가져온 장점을 엘지생건 직원들의 입장에서 보면, 보고서 작성하느라 시간 쏟지 않고, 회의하느라 시간 뺏기지 않고, 격의 없이 대화하고, 의사결정 빨리 해주니 더없이 좋을 것이다. 그리고 이 효과는 매출이나 이익 등의 성과로 나타났다. 다른 회사에서 부러워할 법한 이야기다. 하지만 업무시간의 집중도는 대단하다. 사무실에 들어서면 조용한 열기가 훅 느껴질 정도다.

이러한 변화가 결코 한 방에 이루어진 것이 아니다. 꽤 오랜 시간이 걸렸다. 앞에서도 말했지만 수십 장짜리 보고서를 5장에 욱여넣어 만드는 것만도 1년이 걸렸고, 정말 필요한 사항만 한 장에 넣기까지는 4~5년이 걸렸다.

대신 변화의 시간이 쌓이면서 학습효과가 생겨 상부에서 일일이 지시하지 않더라도 '이건 이렇게 하는 게 좋겠다'고 스스로 이해하는 영역이 넓어지고 있다. 이제는 정해진 형식이 없어도 각자가 생각하는, 자신이 가장 잘 정리할 수 있는 방식으로 보고서를 준비한다. 형식에 얽매이지 않으니 '내가 어떻게 어필하고 설득시켜야 하지?' 라는 근본적인 고민을 더 많이 하게 된다.

임직원들과의 면담을 시작하기 전에는 강력한 리더십을 가진 CEO가 언젠가 물러나면 자칫 회사가 추락하지 않을까 염려되었다. 그러나 더 깊이 들여다보니 엘지생건은 스스로 학습하는 조직이 되어 있음을 알 수 있었다. 차 부회장이 당부한 대로 각자가 '사업가처럼 일하는 사람'이 되어가고 있는 것 같다. 내가 다니는 회사가 바로 나의 회사라는 마인드로 일을 해나가니, 스쳐 지나갈 만한 사소한 것도 고민하며 사업에 어떻게든 연결시켜 매출과 수익을 창출하려 한다. 한마디로 매일매일 성과를 고민하는 사람이 되어가는 것이다.

이 책이 말하는 '성장'이라는 화두가 어쩌면 경영자에게만 긴요한 이슈이지 개개인에게는 해당사항 없다고 여길지도 모르겠다. 그러나 맡은 일의 경중을 떠나 내가 하는 일이 우리 조직에 얼마나 도움이 되는지 생각해보는 관점은 중요하지 않겠는가.

이러한 사업가적 마음가짐은 회사뿐 아니라 개인의 지속적

성장의 DNA를 조직에 심다

인 성장가능성도 더욱 높여줄 것이다. 그런 관점에서 이 책에서 말하는 그로잉 업을 조직의 성장전략이나 출중한 경영자의 성공 스토리로만 읽지 말고 개인의 삶에도 적용해보기를 기대한다.

"역사학자 아놀드 토인비는 '성공의 반은 죽을지 모른다는 절박한 상황에서 비롯되고, 실패의 반은 잘나가던 때의 향수에서 비롯된다'고 말합니다. 우리 모두가 절박한 마음으로 우리만의 무엇을 끊임없이 갈고닦으며 최고의 혁신을 실현해갈 때, 출발선에서 막 발걸음을 뗀 지금에서 머지않은 미래에 '세계적인 명품 화장품 회사'가 되어 있을 것이라 믿습니다."

절박한 심정으로 15년을 이끌어오며, 세계적인 명품 회사의 반열에 오르기 위해 이제 겨우 초석을 깔았노라고 겸손하게 다짐하는 깐깐한 원칙주의자, 차석용 부회장의 말이다.

# 그로잉 업
## LG생활건강 멈춤 없는 성장의 원리

2019년 7월 1일 초판1쇄 발행
2023년 9월 1일 초판9쇄 발행

지은이 홍성태
펴낸이 김은경
펴낸곳 ㈜북스톤
주소 서울특별시 성동구 성수이로7길 30 빌딩8, 2층
대표전화 02-6463-7000
팩스 02-6499-1706
이메일 info@book-stone.co.kr
출판등록 2015년 1월 2일 제2018-000078호

이 책의 국립중앙도서관 출판예정도서목록(CIP)은 서지정보유통지원시스템 홈페이지(http://
seoji.nl.go.kr/)와 국가자료공동목록시스템(https://www.nl.go.kr/kolisnet/)에서 이용하실 수
있습니다.(CIP제어번호: 2019023086)

책값은 뒤표지에 있습니다. 잘못된 책은 구입처에서 바꿔드립니다.

북스톤은 세상에 오래 남는 책을 만들고자 합니다. 이에 동참을 원하는 독자 여러분의 아이디어와 원
고를 기다리고 있습니다. 책으로 엮기를 원하는 기획이나 원고가 있으신 분은 연락처와 함께 이메일
info@book-stone.co.kr로 보내주세요. 돌에 새기듯, 오래 남는 지혜를 전하는 데 힘쓰겠습니다.